Wolfgang Kahl

Hochschule und Staat

Entwicklungsgeschichtliche Betrachtungen eines schwierigen Rechtsverhältnisses unter besonderer Berücksichtigung von Aufsichtsfragen

Mohr Siebeck

Wolfgang Kahl, geboren 1965; Studium der Rechts- und Politikwissenschaften in Augsburg und München; 1992 Promotion; 1999 Habilitation; seit 2000 Professor für Öffentliches Recht an der Justus-Liebig-Universität Gießen.

ISBN 3-16-148414-2

Die Deutsche Bibliothek verzeichnet diese Publikation in der Deutschen Nationalbibliographie; detaillierte bibliographische Daten sind im Internet über *http://dnb.ddb.de* abrufbar.

Das Buch wurde von Computersatz Staiger in Rottenburg/N. aus der Bembo Antiqua gesetzt, von Gulde-Druck in Tübingen auf alterungsbeständiges Werkdruckpapier gedruckt und von der Buchbinderei Held in Rottenburg gebunden.

„Heute wird die Reform der Universität als eine für den Staat lebensentscheidende Aufgabe erkannt. Große organisatorische Vorarbeiten sind geleistet worden. Trotzdem sind viele der um die Reform Bemühten: Forscher und Gelehrte wie die Beauftragten der Regierungen, von der Sorge bedrückt, ob es in Zukunft noch Universitäten oder unter ihrem Namen etwas ganz anderes geben wird. Das Bekenntnis zur Traditionsform genügt nicht mehr. Die Alternative ist heute: Entweder gelingt die Erhaltung der deutschen Universität durch Wiedergeburt der Idee im Entschluß zur Verwirklichung einer neuen Organisationsgestalt oder sie findet ihr Ende im Funktionalismus riesiger Schul- und Ausbildungsanstalten für wissenschaftlich-technische Fachkräfte."

(*Karl Jaspers/Kurt Rossmann*, Die Idee der Universität, 1961, S. III)

Inhaltsverzeichnis

§ 1 Einleitung: Die Hochschule zwischen Tradition und Wandel

Wissenschaft und Politik suchen in Deutschland seit einigen Jahren „Wege aus der Hochschulkrise“[1]. In dieser Phase des Umbruchs[2], welche maßgeblich durch Sparzwänge des Staates diktiert wird, ist es „so gut wie ausgeschlossen, derzeit die zukünftige Entwicklung des deutschen Hochschulsystems auch nur mittelfristig einigermaßen zuverlässig vorauszusehen“[3]. Verunsicherung und Orientierungsschwierigkeiten prägen das Bild. Sie betreffen zahlreiche Einzelfragen wie die Stellung des Lehrpersonals (Stichwort „Dienstrechtsreform“)[4], der Finanzierung (Stichwort „Studiengebühren“) oder die Modularisierung des Studiums (Stichwort „Bachelor-Master-Struktur“). Sie zeigen sich aber auch – und allein hierum soll es in dieser Studie gehen – in der Entwicklung des Grundverhältnisses von Hochschule und Staat. Gleichsam als Seismograph für den jeweiligen Zustand dieses komplexen Rechtsverhältnisses kann pars pro toto die Ausgestaltung der Aufsicht gelten[5].

Der gegenwärtige Prozess struktureller Veränderung des Verhältnisses von Hochschule[6] und Staat wird, vereinfacht gesagt, von zwei Meinungsgruppen begleitet, die beide für sich beanspruchen, im Interesse der Autonomie und Selbstverantwortung der Universität zu handeln: Einerseits die „Traditionalisten“, die eine Rückbesinnung auf das zeitgemäß fortzuschreibende humboldtsche Bildungsideal mit seiner gesellschaftlichen Distanz, seiner präsenten Staatsgewalt sowie seinen Grundsätzen der Kollegialität und Universalität anmahnen[7]. Andererseits die „Progessiven“, die für eine

---

[1] So der Titel eines Beitrags von *Schmoll*, in: FAZ Nr. 52 v. 2.3.2004, S. 12. Deskriptiv zur „Krise des deutschen Hochschulsystems“ *Hödl/Zegeling*, Hochschulreform und Hochschulmanagement, S. 22 ff.

[2] Vgl. zum Befund einer sich gegenwärtig im Umbruch befindlichen deutschen Hochschullandschaft nur *Görisch*, DÖV 2003, S. 583 (583); *Sterzel/Perels*, Freiheit, S. 20; *v. Trotha*, in: Kämmerer/Rawert, Hochschulstandort Deutschland, S. 3 (6 ff., 16 f.). Vgl. auch den Titel der 2001 erschienenen, von *Peter Hanau* u.a. hrsg. Gedächtnisschrift für Hartmut Krüger: „Wissenschaftsrecht im Umbruch“.

[3] *v. Trotha*, in: Kämmerer/Rawert, Hochschulstandort Deutschland, S. 3 (16).

[4] Berichtend *Knopp/Gutheil*, NVwZ 2002, S. 2828 (2828 ff.).

[5] Eingehend *Mayr*, Aufsichtsverhältnisse; vgl. auch *Kahl*, Die Staatsaufsicht, S. 546 ff.

[6] Der Begriff der Hochschule wird in dieser Schrift abweichend von den meisten Hochschulgesetzen untechnisch als Synonym für Universität gebraucht.

[7] Hierfür etwa *Bullinger*, JZ 1998, S. 109 (111); *Frotscher/Pieroth*, Verfassungsgeschichte,

Relativierung oder Aufgabe von „Humboldt" im Interesse von Paradigmen wie Hochschulmanagement, Effizienz und Professionalisierung[8] eintreten[9] und gerade im dem „typisch deutsche(n) ‚half-way-house' von Etatismus und Teilautonomie gesellschaftlicher Funktionsbereiche" eine Ursache für die diagnostizierte „bürokratische Verflechtungsfall mit paralysierender Wirkung für alle Beteiligten"[10] ausmachen. Gleichsam begrifflich auf den Punkt bringen lässt sich dieser Streit, welcher um die Modelle „Gelehrtenrepublik" oder „wissenschaftliches Dienstleistungsunternehmen"[11] kreist, in dem Für und Wider um die „Ökonomisierung" der deutschen Hochschulen.

Gerade in Phasen der Umgestaltung empfiehlt sich eine historische Rückbesinnung, Reflektion und Standortvergewisserung, um sich der „Idee der Universität"[12] im Spannungsfeld von Tradition und Zukunftsgerichtetheit und damit der Grundlagen jeglicher Reformpolitik aufs Neue bewusst zu werden. Zumal den Juristen, die mehrheitlich über das Grundrecht der Wissenschaftsfreiheit in Art. 5 Abs. 3 S. 1 GG bzw. den entsprechenden landesverfassungsrechtlichen Bestimmungen in deren Wirkung als institutionelle Garantien die Hochschule in ihren historisch überkommenen zentralen Strukturmerkmalen geschützt sehen („Grundrecht der Universität")[13], muss der Aspekt der Tradition bei den gegenwärtigen und zu-

---

Rn. 206; *Glotz*, Im Kern verrottet?, S. 65 (69 ff.); *Gutjahr-Löser*, FuL 2000, S. 122 (125); *Löwer*, in: Ruffert, Recht und Organisation, S. 25 ff.; *Mittelstraß*, in: FAZ Nr. 10 v. 13.1.2004, S. 8; *Schiedermair*, FuL 2002, S. 243 ff.; *ders.*, FuL 2003, S. 246 (248); idealistisch geprägter Wissenschaftsbegriff auch noch bei BVerfGE 35, 79 (113, 121) mit Bezugnahme auf Humboldt. Zur Aktualität der Bildungstheorie Friedrich Schleiermachers vgl. *Grigat*, FuL 2001, S. 467 ff.

[8] Deutlich in diesem Sinne etwa *Herberger*, in: Haug, Hochschulrecht, Rn. 204 ff. Hierfür auch unter Hinweis auf die Berufsvorbereitungsaufgabe der Hochschulen gem. § 7 HRG, die fehlende verfassungsrechtliche Festschreibung der kulturstaatlichen Tradition und die Rechtsvergleichung *Groß*, DÖV 1999, S. 895 (895, 901); ähnlich *G. Turner*, Hochschule, S. 233; *ders.*, Hochschulpolitik, S. 99 f.

[9] Vgl. den instruktiven Problemaufriss bei *Fehling*, Die Verwaltung 35 (2002), S. 399 (399 ff.), der selbst vom einem fruchtbaren Ergänzungsverhältnis von idealistischem Wissenschaftsbegriff und „New Public Management" ausgeht (vgl. insbesondere ebd., S. 403) und für eine „aufgabenspezifisch optimierte Mischung zwischen wissenschaftsadäquater professioneller Organisation, administrativ-bürokratischen Leitungsstrukturen und neuen unternehmensähnlichen Konzepten" plädiert (ebd., S. 410).

[10] So *Vorländer*, FuL 2003, S. 429 (430), der in der universitären Selbststeuerung den „Weg aus der Misere" sieht: „Die Humboldtsche Reform ist heute nur als Reform ohne Staat zu haben. Nicht der Humboldt des preußischen Innenministeriums, sondern der junge Humboldt, der versuchte die Grenzen der Wirksamkeit des Staates zu bestimmen, ist heute die Herausforderung" (ebd., S. 431).

[11] So die – nicht ganz glückliche – begriffliche Antithese bei *Herberger*, in: Haug, Hochschulrecht, Rn. 202.

[12] *Jaspers*, in: ders./Rossmann, Die Idee der Universität, S. 35 f., 41 ff.; vgl. auch *v. Bruch*, FuL 2004, S. 136 f. in Erinnerung an die Berliner Universitätsgründung 1810: „Am Anfang war keine Elite, sondern eine Idee".

[13] Vgl. dazu an dieser Stelle nur stellv. für die h.M. *Geis*, in: Hailbronner/ders., Kom-

künftigen Ausgestaltungen der akademischen Selbstverwaltung durch den Gesetzgeber wichtig bleiben[14]. Gerade im Hochschulrecht darf daher für die Zwecke der Vergewisserung und der Bestandsaufnahme der Ansatz „entwicklungsgeschichtlich belehrter Gegenwartsdogmatik" (Eduard Pickert) „in seiner Bedeutung und seinem fruchtbaren Potential nicht unterschätzt werden"[15]. Er kann dazu beitragen, vor einseitig-übertriebenen Bewertungen und teilweise eher aktionistisch anmutendem, wenig konsistentem Reformeifer zu bewahren, Forderungen der Tagespolitik durch Einordnung in den größeren zeitlichen Kontext und durch Einnahme einer Langzeitperspektive zu relativieren und das Urteil insgesamt zu mäßigen[16]. Manches was als bahnbrechende „Reform" oder „Innovation" firmiert, entpuppt sich bei historisch aufgeklärtem Zusehen als alter Wein in neuen Schläuchen[17]. Die Gesamtentwicklung des Rechtsverhältnisses von Hochschule und Staat, eines schon immer prekären und labilen Spannungsverhältnisses zwischen den Polen Freiheit und Bindung[18], zeigt teilweise zyklenhafte Züge im Sinne eines Kommens und Gehens von Entwicklungstrends[19], ohne dass ein simpler monokausaler Zusammenhang zwischen einer bestimmten staatsnahen bzw. staatsfernen organisationsrechtlichen Stellung der Hochschulen einerseits und einer blühenden Wissen-

mentar zum HRG, § 58 Rn. 28; *Grupp*, in: FS für Roellecke, S. 97 (105); *Hendler*, Selbstverwaltung als Ordnungsprinzip, S. 209 f.; *Lorenz*, JZ 1981, S. 113 (114); *Zinn/Stein*, Die Verfassung des Landes Hessen, Art. 60 Anm. 2 unter Verweis auf *Fr. Klein*, Institutionelle Garantien, 1934, S. 72 ff.; skept. *Roellecke*, in: FS für Thieme, S. 681 (683 f.); ausführlich dazu, insbes. zur Kritik an der Lehre der Einrichtungsgarantien, siehe unten bei und in Fn. 398 ff.

[14] Zur historischen Prägung institutioneller Garantien *Geis*, in: Hailbronner/ders., Kommentar zum HRG, § 58 Rn. 32; *Hendler*, Selbstverwaltung als Ordnungsprinzip, S. 211 ff.; *Kluth*, Funktionale Selbstverwaltung, S. 36; *Scholz*, in: Maunz/Dürig, Grundgesetz, Art. 5 Abs. 3 Rn. 131; *Wolff/Bachof*, Verwaltungsrecht, Bd. 2, § 93 IV d 2 (S. 302) unter Bezugnahme auf StGH Bad.-Württ. ESVGH 24, 12 (15 f.). *Hendler* (ebd., S. 211) betont aber auch zutreffend, dass der historische Ansatz „nicht den Sinn haben kann, eine bestimmte geschichtliche Erscheinungsform der akademischen Selbstverwaltung verfassungskräftig festzuschreiben". Dies wäre mit der Entscheidungs- und Gestaltungsfreiheit des Gesetzgebers unvereinbar; in diesem Sinne auch BVerfGE 35, 79 (116 ff.).

[15] So mit Recht allgemein *Hense*, Die Verwaltung 36 (2004), S. 548 (551).

[16] Noch immer gültig die Kritik von *G. Turner*, Hochschulpolitik, S. 93: „Politik und Universität seit dem Zweiten Weltkrieg haben in der Bundesrepublik Deutschland keine stets schlüssige Entwicklung genommen. Vielmehr ist sehr viel Sprunghaftes zu registrieren, Reaktionen auf tatsächliche oder vermeintliche Veränderungen, die nicht die Langzeitwirkungen von Maßnahmen im Bildungswesen berücksichtigen."

[17] Zur Gesamtentwicklung der Hochschulreformwellen siehe *Schiedermair*, in: HWissR, Bd. 1, S. 37 ff. Vgl. auch *Glotz*, Im Kern verrottet?, S. 79; *Groß*, WissR 35 (2002), S. 307 (310 ff.).

[18] Vgl. dazu *Jaspers*, in: ders./Rossmann, Die Idee der Universität, S. 149 sowie für die Universitäten Preußens und des Deutschen Reichs von 1871 *Löwer*, in: ders./Tettinger, Kommentar, Art. 16 Rn. 3.

[19] Ähnlich *G. Turner*, Hochschulpolitik, S. 90: „Festzustellen ist ein Auf und Ab, eine Art Zick-Zack-Kurs."

schaftslandschaft andererseits hergestellt werden kann[20]. Jede gegenteilige Behauptung bedeutete eine Simplifikation und eine Überschätzung der Steuerungsfähigkeit des Rechts[21] in Relation zu sonstigen, möglicherweise sogar wirkungsvolleren Steuerungsfaktoren wie insbesondere Geld und Personal[22].

Den nachfolgenden Betrachtungen geht es nicht um das historiographische Neue, nicht um die Nachzeichnung der Feinheiten der einzelnen Epochen; hierzu muss auf die allgemein-geschichtlichen Abhandlungen und auf die hochschulgeschichtlichen Einzelstudien verwiesen werden. Beabsichtigt ist auch keine Stellungnahme zu der aktuellen hochschulpolitischen Reformdiskussion im Sinne eines naiven „Lernens aus der Geschichte“[23]. Worum es uns geht, ist die geschichtliche Entwicklung für sich sprechen zu lassen und gleichsam im Zeitraffer des gedrängten Rückblicks eine Beantwortung der Frage zu versuchen, woher die deutsche Universität in ihrem Verhältnis zum Staat kommt, wo sie unterwegs Halt gemacht hat und wo sie im Jahre 2004 angekommen ist – ganz im Sinne des Petitums von Odo Marquard, dass Zukunft Herkunft braucht, die es zu vergegenwärtigen gilt[24]. Dazu sollen in makrohistorischem Zugriff die großen, grundsätzlichen Entwicklungslinien herauspräpariert und memoriert werden. Auf diese Weise kann vielleicht so etwas wie eine verständnisfördernde Folie entstehen, welche als Basis, jedenfalls aber als Hintergrund der aktuellen Strukturreformdebatten um die Zukunft der deutschen Universität dient. In diesem Sinne, und nur in diesem Sinne, versteht sich die Schrift dann doch auch als Einwurf zur aktuellen hochschulpolitischen Reformdiskussion.

---

[20] Vgl. auch *Groß*, DÖV 1999, S. 895 (902).

[21] Problemübersicht bei *Voßkuhle*, VerwArch. 92 (2001), S. 184 (194 f.); *ders.*, Der Staat 41 (2002), S. 487 (488 f.).

[22] Allgemein zur staatlichen Steuerung von Wissenschaft *Trute*, in: Hoffmann-Riem/Schneider, Rechtswissenschaftliche Innovationsforschung, S. 208 (212 ff.), speziell zur Finanzierung als Steuerungsmodus, ebd., S. 226 ff.

[23] Grundlegend zur Leistungsfähigkeit eines historischen Ansatzes in der (Verwaltungs-)Rechtswissenschaft *Möllers*, in: Schmidt-Aßmann/Hoffmann-Riem, Methoden der Verwaltungsrechtswissenschaft, S. 131 ff.; vgl. auch *Hendler*, Selbstverwaltung als Ordnungsprinzip, S. 212.

[24] *Marquard*, Philosophie des Stattdessen, S. 39 f., 66 ff.; wie hier die Bedeutung der Evolution für die Hochschulreformdiskussion betonend *Hödl/Zegelin*, Hochschulreform und Hochschulmanagement, S. 359 f.

§ 2 Die frühe deutsche Universität als kirchlich beherrschte Magisterkorporation mit Privilegien

Die ersten deutschen Universitäten wurden im 14. und 15. Jahrhundert gegründet. Die Universitäten des Hoch- und Spätmittelalters waren am Vorbild der Pariser Universität und des dortigen Studium Generale orientierte Magisterkorporationen[25]. Die innere Struktur der „universitas magistrorum et scholarium" zeichnete sich durch eine zunftmäßige, ständisch-genossenschaftliche Verfassung mit Vermögensfähigkeit sowie durch zahlreiche Privilegien aus, zu denen unter anderem das Recht zum Erlass eigener Statuten, zur personellen Selbstergänzung, zur Eigenverwaltung und zur Jurisdiktion gehörte[26]. Vor der Reformation bildete das Unterrichtswesen einen Gegenstand des Kirchenrechts[27]. Gestiftet von der Landesobrigkeit oder einer Stadt, bedurften die Universitäten der päpstlichen Bestätigung, welche das Recht verlieh, allgemein anerkannte akademische Würden zu erteilen oder römisches und kanonisches Recht zu lehren. Hinzu trat gegen Ende des Mittelalters die den bestehenden Rechtszustand nur noch anerkennende kaiserliche Gründungsbestätigung[28].

---

[25] Genauer dazu *Clobes*, Entwicklung, S. 9 ff.; *Paulsen*, in: Lexis, Die deutschen Universitäten, Bd. 1, S. 3 (10 ff.).

[26] Vgl. *Bley*, Universitätskörperschaft, S. 12 ff.; *Ellwein*, Die deutsche Universität, S. 23 ff.; *Gallas*, Staatsaufsicht, S. 42; *Grundmann*, Ursprung, S. 16 f.; *Kluge*, Die Universitäts-Selbstverwaltung, S. 1 ff., 20 ff.; *Pleyer*, Vermögens- und Personalverwaltung, S. 5 ff.; *Scheidler*, in: v. Rotteck/Welcker, Staats-Lexikon, Bd. 12, S. 621 (625 f.); *Willoweit*, DVerw-Gesch., Bd. 1, S. 369 (369 f.); eingehend *L. v. Stein*, Die Verwaltungslehre, 6. Teil, S. 205 ff.; die gesamteuropäische Perspektive in den Blick nehmend *Gieysztor*, in: Rüegg, Geschichte der Universität in Europa, Bd. 1, S. 109 ff. mit dem Fazit (S. 109): „Das erste und wichtigste war die Autonomie, das Recht der Universität, als genossenschaftliche Rechtsperson nach außen zu handeln, über die Aufnahme ihrer Mitglieder zu befinden, ihre eigenen Verhaltensregeln zu bestimmen und deren Einhaltung durch die Ausübung eines bestimmten Anteils interner Gerichtsbarkeit durchzusetzen."

[27] Vgl. *H. Thieme*, Die geschichtlichen Voraussetzungen, S. 7.

[28] Vgl. *Bornhak*, Rechtsstellung, S. 1 ff.; *Gallas*, Staatsaufsicht, S. 42; *Gerber*, HSW, Bd. 10, S. 471 (472); *Holstein*, Hochschule und Staat, S. 127 (127 f.); *Pütter*, Kurzer Begriff, S. 173; eingehend und noch immer grundlegend zur Rechtsstellung der mittelalterlichen Universität in Deutschland vgl. *Denifle*, Entstehung; *Kaufmann*, Geschichte, Bd. 1 und 2; vgl. ferner *Grundmann*, Ursprung, S. 10 ff.

Nach dem Gründungsakt und der Ausstattung mit den päpstlichen oder kaiserlichen Privilegien waren die hohen Schulen des Hoch- und Spätmittelalters als universitates anerkannt. Ihnen kam der Status von dem Staat nicht unter-, sondern nebengeordneten freien Genossenschaften bzw. Korporationen zu[29]. Als solche hatten sie unterschiedlich weit reichende Rechtsetzungsbefugnisse[30] und waren der aufsehenden Staatsgewalt weitgehend entzogen[31]. Sie spielten eine vermittelnde Rolle zwischen der geistlichen und der weltlichen Macht. Nach einem Ausspruch Herders waren sie „ein Freistaat im Staate“[32]. Gleichwohl kann für die mittelalterliche Universität noch nicht von Selbstverwaltung im heutigen Sinne gesprochen werden[33]. Ihr Freiheitsstatus beruhte im Wesentlichen nur auf praktischer Übung. Rechtlich behielt sich der Stifter zu jeder Zeit das Aufsichtsrecht vor, wovon er in der Praxis unterschiedlich, bei Missständen aber auch einschneidend Gebrauch machte[34]. Bei Gelegenheit der Privilegienerteilung setzten der Papst oder der König hohe Geistliche, (Erz-)Bischöfe, Dekane, Propste oder Äbte als Kanzler oder Konservatoren (conservatores privilegii) der Universität ein. Sie hatten die universitären Freiheiten und Immunitäten im Hochschulalltag, mitunter auch allgemein die Einhaltung von Ruhe und Ordnung in der Universität zu bewahren. Universitätsmitglieder konnten an sie appellieren, wenn sie sich in ihren Rechten verletzt sahen[35]. Konkret reklamierte der Stifter der Universität für sich das Recht zur Visitation, zur Bestätigung und Reformation von Statuten, zur Berufung der Professoren und zur Kontrolle über das Universitätsvermögen[36].

Staatliche Überwachung und Regulierung waren somit bereits der mittelalterlichen Universität keineswegs fremd und sind nicht erst eine Erscheinung der Reformationsära[37]. Thomas Ellwein bemerkt hierzu treffend: „Im übrigen kam es aber auch schon im Mittelalter zu deutlichen Eingriffen in das Satzungsrecht oder in die Vermögensverwaltung der Universitä-

---

[29] Vgl. *Bley*, Universitätskörperschaft, S. 12; *v. Gierke*, Das deutsche Genossenschaftsrecht, Bd. I, S. 437 ff.; *Kaufmann*, Geschichte, Bd. 2, S. 111; *F. Stein*, Die akademische Gerichtsbarkeit, S. 45 ff.; einschränkend *Bornhak*, Rechtsstellung, S. 6.

[30] *Karpen/Freund*, Hochschulgesetzgebung, S. 22; *Reiß*, Rechtsetzungsbefugnis, S. 6 f.

[31] Vgl. *Bornhak*, WDStVerwR, Bd. 3, S. 634 (634); *ders.*, Geschichte, S. 43, 47; *v. Rönne*, Unterrichts-Wesen, Bd. 2, S. 373; *Scheidler*, in: v. Rotteck/Welcker, Staats-Lexikon, Bd. 12, S. 621 (625); *Schulze*, Das Preussische Staatsrecht, Bd. 2, S. 357 (358); *Welcker*, in: v. Rotteck/ders., Staats-Lexikon, Bd. 8, S. 484 (487).

[32] Zit. nach *Scheidler*, in: v. Rotteck/Welcker, Staats-Lexikon, Bd. 12, S. 621 (627).

[33] Ebenso *Gallas*, Staatsaufsicht, S. 42 m. Fn. 5; *Tomerius*, Hochschulautonomie, S. 12.

[34] *Beyer*, Verfassungsentwicklung, S. 163: „Schon das Mittelalter zeigte z.T. einen starken Einfluß des Landesherrn, der in Anspruch nahm, bei Mißständen selbst Regelungen bis hin zu Verfassungsänderungen zu treffen.“; vgl. auch *dies.*, ebd., S. 227 ff., 243.

[35] Vgl. *Gieysztor*, in: Rüegg, Geschichte der Universität in Europa, Bd. 1, S. 109 (128).

[36] Vgl. *Bornhak*, VerwArch. 18 (1910), S. 1 (6 f.); *Seifert*, in: Hammerstein/Buck, HBG, Bd. I, S. 197 (201, 277); vgl. auch *H. Thieme*, Die geschichtlichen Voraussetzungen, S. 7.

[37] Stellv. für den neueren Forschungsstand *Seifert*, in: Hammerstein/Buck, HBG, Bd. I, S. 197 (277) m.w.Nachw.

ten, galt ein ius reformandi der Obrigkeit und nahm diese immer wieder ganz selbstverständlich Berufungen aus eigener Machtvollkommenheit vor."[38] Dabei wurde die Inspektionsgewalt insgesamt eher zurückhaltend und mit einer „invisible hand" ausgeübt; von den Kanzlern bzw. Konservatoren war im Verwaltungsalltag wenig zu bemerken[39]. Die Aufsichtsgewalt des Landesherrn wurde mehr als allgemeine Oberaufsicht und Schutzherrschaft, denn als strikte Überwachung verstanden[40]. Erst in der zweiten Hälfte des 15. Jahrhunderts breitete sich die fürstliche Gewalt gegenüber den Universitäten Schritt für Schritt aus. Dies äußerte sich vor allem darin, dass die Landesherrn immer mehr Universitätsstatuten selbst erließen oder aber zumindest auf deren Bestätigung beharrten[41]. Zur Begründung ihres Oberaufsichtsrechts berief sich die mittelalterliche Hoheitsgewalt zum einen auf den landesherrlichen Stiftungsbrief als Gründungsakt, zum anderen auf eine allgemeine obrigkeitliche Schutzaufsicht (Vogtei)[42]. Die Aufsichtsgewalt der Städte über die Universitäten war zwar etwas strenger, vor allem dort, wo unmittelbar (finanzielle) Interessen auf dem Spiel standen, wie bei Berufungsangelegenheiten und dem Erlaß von Statuten. Auch sie wirkte jedoch keineswegs total, sondern eher „schonend und behutsam"[43]. Die Hochschulautonomie in Fragen von Forschung und Lehre wurde zumeist respektiert[44].

---

[38] *Ellwein*, Die deutsche Universität, S. 34.

[39] Näheres am Beispiel der Universität Heidelberg bei *Kluge*, Die Universitäts-Selbstverwaltung, S. 34 f.; ferner *v. Bezold*, HZ 80 (1898), S. 436 ff.; *Bornhak*, Geschichte, S. 49 ff. (52); *Kaufmann*, Geschichte, Bd. 2, S. 110 ff.; *Seifert*, in: Hammerstein/Buck, HBG, Bd. I, S. 197 (201). Die daneben bestehende Aufsicht der Gesamtuniversität über ihre Fakultäten und Professoren war weitgehend ineffektiv und unorganisiert; vgl. dazu *Bornhak*, ebd., S. 48 f.

[40] Dazu *Pleyer*, Vermögens- und Personalverwaltung, S. 10. Vgl. auch *v. Bezold*, HZ 80 (1898), S. 436 (446), der vom „väterliche(n) Interesse" des Landesherrn für seine Universität spricht. Etwas anders, aber nicht ganz klar *Clobes*, Entwicklung, S. 15, demzufolge das „Oberaufsichtsrecht" zusammen mit den vorbehaltenen Stifterrechten den genossenschaftlich-korporativen Rechtskreis der Universität „gelegentlich sehr stark" einschränkte, „im übrigen" aber den Universitäten eine „ausgedehnte(n) Autonomie" zukam.

[41] Dazu *Kaufmann*, Geschichte, Bd. 2, S. 111 ff., der auf die einseitigen Eingriffe in die Autonomie der Universitäten Heidelberg durch Friedrich I. im Jahre 1492 und der Universität Tübingen durch Herzog Eberhard in den Jahren 1481 und 1491 verweist. Vgl. auch *Reiß*, Rechtsetzungsbefugnis, S. 6 ff. (8 f.).

[42] Vgl. *Kluge*, Die Universitäts-Selbstverwaltung, S. 32.

[43] *Oppermann/Fechner*, HWissR, Bd. 1, S. 1107 (1113).

[44] *Kluge*, Die Universitäts-Selbstverwaltung, S. 33.

§ 3 Die Hochschule der Reformationsära im Übergang von Autonomie zu Etatisierung

Die im Jahre 1527 allein aus der Machtvollkommenheit des protestantischen Landesherrn errichtete Marburger Universität bedeutete für die Entwicklung der deutschen Universität eine historische Zäsur. In der Folgezeit entstand in den reformierten Ländern eine allgemeine landesherrliche Universitätsaufsicht, die nicht mehr mit den kaiserlichen oder päpstlichen Privilegien, sondern der Landeshoheit als solcher begründet wurde. An den protestantischen Universitäten übernahm der Landesherr in seiner Eigenschaft als Herrscher seines Territoriums die Kirchenregierung (ius episcopale) und damit die singuläre Gewalt über die Hochschulen[45]. Zwar entstanden im 16. Jahrhundert zunächst eher verstärkt konfessionalisierte Bildungsanstalten protestantischer wie jesuitischer Ausrichtung[46], als langfristige Folge der Einwirkung humanistischen Gedankenguts sollte sich jedoch ab dem 18. Jahrhundert der Typus einer von der Kirche emanzipierten und territorialisierten Universität durchsetzen[47].

Die Folge dieser Entwicklung war ein Mehr an Staatsbindung und Partikularisierung[48]. An die Stelle der päpstlichen Konservatoren traten die landesherrlichen oder, etwa in Köln, Erfurt und Rostock, die stadtbürgerlichen Konservatoren[49]. Die Machtstellung des Landesherrn erfuhr dadurch eine weitere Aufwertung, dass das Kanzleramt, das im Mittelalter zumeist bei der Geistlichkeit lag, nunmehr regelmäßig der Landeshoheit zugeschlagen

---

[45] *Bornhak*, AöR 4 (1889), S. 101 (101 ff.). Nach *Pleyer*, Vermögens- und Personalverwaltung, S. 22, war damit „der erste Schritt zum späteren Kuratorialsystem" getan.

[46] Vgl. *Baumgart*, ZHR 1 (1974), S. 23 (24 ff.); *v. Rönne*, Unterrichts-Wesen, Bd. 2, S. 374; *Stichweh*, Der frühmoderne Staat, S. 38 ff.; vgl. auch *Paulsen*, Die deutschen Universitäten, S. 40 ff., der für das 16. und 17. Jahrhundert vom Typus der „territorial-konfessionellen Universität" spricht.

[47] Hierzu näher *Bluntschli*, Allgemeines Staatsrecht, S. 465 f.; *Dahlmann*, Die Politik, S. 247 f.; *E. R. Huber*, Deutsche Verfassungsgeschichte, Bd. 1, S. 262 f.; *Kaufmann*, Geschichte, Bd. 2, S. 490 ff., 523 ff.; *Paulsen*, in: Lexis, Die deutschen Universitäten, Bd. 1, S. 3 (23 ff.); *L. v. Stein*, Die Verwaltungslehre, 6. Teil, S. 388 ff.; eingehend zum Ganzen *Paulsen*, Geschichte des gelehrten Unterrichts, Bd. 1, S. 78 ff., 179 ff., 216 ff., insbesondere S. 255 ff., 443 ff.

[48] Zum Folgenden *Ellwein*, Die deutsche Universität, S. 38 ff. (45); siehe auch *Bornhak*, Rechtsstellung, S. 7 ff.

[49] Vgl. *Meyer/Dochow*, Lehrbuch des Verwaltungsrechts, S. 220 Fn. 2; *de Ridder-Symoens*, in: Rüegg, Geschichte der Universität in Europa, Bd. 2, S. 139 (157 ff.).

wurde. Aufgrund der gewachsenen Möglichkeiten zur Einflussnahme[50] stieg die Zahl und Intensität der Ingerenzen in die Selbstständigkeit der Universitäten kontinuierlich an. Die Aufsicht erfuhr eine wesentliche Verschärfung und erreichte eine neue qualitative Stufe[51]. „Waren die Eingriffe der Landesherrschaft bis dahin eher sporadisch und willkürlich gewesen, so erfolgten sie nunmehr oft planmäßig und organisiert."[52] Die Aufsichtsmaßnahmen erstreckten sich auf die äußeren Verhältnisse und den inneren Lehrbetrieb gleichermaßen, sie betrafen das Leben und Arbeiten der Professoren wie das der Studenten. Die wichtigsten Befugnisse lagen in der Mitwirkung bei Berufungen, beim Erlass und der Revision von Universitätsstatuten[53] einerseits sowie in dem Visitationsrecht[54] andererseits. Das Instrument der Visitation entpuppte sich nachgerade als Allzweckwaffe der Universitätsaufsicht des 16. Jahrhunderts[55], von der sowohl der Kanzler als auch eigens hierfür bestellte Visitationskommissionen regen Gebrauch machten. In der Vorrede der Kirchen-, Schul- und Universitätsordnung des Kurfürsten von Sachsen aus dem Jahre 1580 steht hierzu geschrieben: „Damit aber solches alles in guter und bestendiger ordnung erhalten/ darüber denn besonders biss daher unsere Consistoria ihr fleissig auffsehen haben und wachen sollen/ haben wir bey gedachten hohen Schulen/ neben jedes orts *Cancellario*, so der Vniuersitet stetigs beywohnen und sein unnachlessige inspection und auffsehen auff dieselbige/ besonders aber die Professores, haben solle/ auch perpetuos und immerwehrende *Commissarios* verordnet/ welche jherlich/ auffs wenigst ein mal/ die Vniuersiteten visitieren/ auch mitler zeit/ und als offt die Hoffgericht gehalten/ ihere fleissige nachfrag haben/ so was ergerlichs bey denselben vorgefallen/ unnd wie sie es allenthalben befunden/uns genugsamen schrifftlichen bericht thun sollen/ darauff wir uns jederzeit/ der gebür nach/ hoher Schul und gemeinem nutze zum besten zu erzeigen haben."[56]

---

[50] Siehe dazu die einzelnen Beispiele aus der Universitätspraxis bei *Pleyer*, Vermögens- und Personalverwaltung, S. 22 ff.

[51] Vgl. *Clobes*, Entwicklung, S. 23 ff.; *Oppermann/Fechner*, HWissR, Bd. 1, S. 1107 (1114); *Pleyer*, Vermögens- und Personalverwaltung, S. 19 ff. (20); *de Ridder-Symoens*, in: Rüegg, Geschichte der Universität in Europa, Bd. 2, S. 139 (140, 150); *Willoweit*, DVerw-Gesch, Bd. 1, S. 369 (382).

[52] *Baumgart*, ZHR 1 (1974), S. 23 (25); vgl. auch *Paulsen*, Geschichte des gelehrten Unterrichts, Bd. 1, S. 256: „die Universitäten werden immer entschiedener Staatsanstalten"; *ders.*, ebd., S. 257: „Es ist der Polizeistaat, der sich hierin ankündigt; bald gibt es kein Gebiet der Lebensbetätigung, in das nicht die Regierung mit Mandaten eingriffe."

[53] *Willoweit*, DVerwGesch., Bd. 1, S. 369 (374, 382), stellt als Leitidee der post-reformatorischen Universitätsaufsicht den „Gedanken, gute Ordnung durch obrigkeitliche Normsetzung zu schaffen," heraus.

[54] *Gallas*, Staatsaufsicht, S. 43.

[55] Zur Visitationspraxis am Beispiel der Universität Jena *Kluge*, Die Universitäts-Selbstverwaltung, S. 55 f.; allgemein *Oppermann/Fechner*, HWissR, Bd. 1, S. 1107 (1114).

[56] Kirchen-, Schul- und Universitätsordnung des Kurfürsten von Sachsen von 1580 (für Leipzig und Wittenberg), S. 8 der Vorrede, zit. nach *Gallas*, Staatsaufsicht, S. 48.

Insgesamt war die Universitätsaufsicht zu Beginn der frühen Neuzeit noch immer zurückhaltend, gegenüber dem späten Mittelalter jedoch bereits deutlich intensiviert, wie sich nicht zuletzt an dem vermehrten Einsatz von Genehmigungsvorbehalten und der Pflicht zur Rechnungslegung zeigte[57]. Besondere Hervorhebung verdient das Bestätigungsrecht des Landesherrn beim Satzungserlass der Universitäten, entwickelte sich hieraus doch nach und nach ein eigenständiges landesherrliches Satzungsrecht[58]. Ein gesondertes institutionalisiertes staatliches Aufsichtsorgan für die Universitäten existierte noch nicht. Vielmehr erledigte der Landesherr die Universitätsangelegenheiten mit Hilfe seiner Räte, die sich nach und nach zu festen Behörden (geheime Räte, Oberräte) entwickelten[59]. Gleichwohl dürfte es nicht zutreffen, wenn Conrad Bornhak für die frühe Neuzeit die Behauptung aufstellt: „Niemals vorher und nachher haben die Universitäten eine so große Unabhängigkeit genossen als von der Reformation bis in die zweite Hälfte des 17. Jahrhunderts."[60] Im Mittelalter war die Stellung der Universität vielmehr eine freiere als in der Reformationsepoche. Gerade infolge der Glaubensspaltung vermehrten sich die Maßnahmen zur Bewahrung der alten oder zur Verbreitung der neuen Lehren nach Zahl und Inhalt bedeutend. Vor allem das Zensurwesen wurde als Mittel zur Unterdrückung glaubensfeindlicher Lehren eingesetzt[61]. Es stellt aber gleichfalls eine Überzeichnung dar, wenn festgestellt wird, „daß zwischen der ‚Anstalts'-Universität des voll ausgebildeten ‚Absolutismus' im 18. Jahrhundert und der Universität des deutschen Territorialstaates im späten 16. Jahrhundert kein prinzipieller, sondern lediglich ein gradueller Unterschied bestand"[62]. Die Rechtsstellung der Universität im 16. Jahrhundert war eine nicht nur graduell freiere als im 18. Jahrhundert. Aufs Ganze gesehen lag die Intensität der Hochschulaufsicht im 16. Jahrhundert, verglichen mit dem Spätmittelalter einerseits und dem Absolutismus andererseits, etwa auf einer mittleren Stufe, dabei aber bereits näher beim Absolutismus.

---

[57] Vgl. *Beyer*, Verfassungsentwicklung, S. 232; *Kaufmann*, Geschichte, Bd. 2, S. 419 ff.; *Pleyer*, Vermögens- und Personalverwaltung, S. 28 ff.

[58] *Pleyer*, Vermögens- und Personalverwaltung, S. 25 f.

[59] *Bornhak*, Geschichte, S. 52 f.

[60] *Bornhak*, Geschichte, S. 50; tendenziell ähnlich *Schmidt*, Die Freiheit der Wissenschaft, S. 29.

[61] *H. Thieme*, Die geschichtlichen Voraussetzungen, S. 8 f.

[62] So *Baumgart*, ZHR 1 (1974), S. 23 (25 f.), der dies anhand der 1576 inaugurierten Universität Helmstedt nachweisen will.

§ 4 Die Zeit des Absolutismus und die Annäherung der Hochschule an eine Staatsanstalt

Das Preußische Allgemeine Landrecht (PrALR) von 1794 wies den Universitäten eine unklare, bei flüchtiger Betrachtung widersprüchliche Stellung zu. Nach den §§ 1, 2 II 12 PrALR 1794 waren die Universitäten „Veranstaltungen des Staates", deren Gründung vom Vorwissen und der Genehmigung des Staates abhing. Dies konnte auf einen Anstaltsstatus hindeuten. Gleichzeitig jedoch verlieh § 67 II 12 PrALR 1794 den Universitäten die „Rechte privilegirter Corporationen", über deren Verfassung und Rechte Privilegien[63] und vom Staat genehmigte Statuten entschieden[64], was wiederum als Beleg für einen Körperschaftsstatus gewertet werden konnte[65]. Wie sich die beiden Grundaussagen des PrALR 1794 zueinander verhielten, war schon während des Spätabsolutismus umstritten und ist es bis heute[66]. Es ist das Verdienst von Eduard Hubrich[67] und – auf dessen Arbeiten aufbauend – vor allem von Günther Holstein[68], überzeugend dargetan zu

[63] Vgl. exemplarisch die für die Universität Göttingen veröffentlichte Sammlung von *Ebel* (Hrsg.), Privilegien.

[64] Vgl. § 68 II 12 PrALR 1794. Die §§ 67 f. II 12 PrALR 1794 gehen den §§ 1 ff. II 6 PrALR 1794, auf die § 67 II 12 PrALR 1794 verweist, als leges speciales vor. Als „privilegierte Korporation" war die Universität kraft Gesetzes moralische Person, das heißt rechtsfähig in Geschäften des bürgerlichen Lebens. Sie unterlag der allgemeinen Aufsicht nach § 13 II 13 PrALR 1794 und einzelnen besonderen Aufsichtsrechten, etwa im Bereich der Vermögensverwaltung (vgl. §§ 83 ff. II 6 PrALR 1794) oder hinsichtlich der Wahl ihrer Beamten (vgl. §§ 159 ff. II 6 PrALR 1794).

[65] Dies übersieht BVerwGE 12, 296 (302), wo ganz einseitig nur auf § 1 II 12 PrALR 1794 abgestellt wird; wie hier – zugleich m.w.Nachw. zum Meinungsstand – *Karpen/Freund*, Hochschulgesetzgebung, S. 23; unentschieden *Löwer*, in: ders./Tettinger, Kommentar, Art. 16 Rn. 3; a.A. (Charakterisierung der dem Minister vorzulegenden Statuten als „unmaßgebliche Vorschläge einer dem Minister untergeordneten Behörde") *Bornhak*, Rechtsverhältnisse, S. 25; vgl. auch die Darstellung bei *Reiß*, Rechtsetzungsbefugnis, S. 11 ff.

[66] Instruktiver Überblick über den Meinungsstand bei *Triepel*, Recht der Universität Greifswald, S. 60 ff.; das entstehungsgeschichtliche Material findet sich bei *Hubrich*, AöR 38 (1918), S. 219 (227 ff.); vgl. auch – jedoch mit nicht überzeugender Bewertung – *Hatschek*, VerwArch. 17 (1909), S. 307 (317 ff.).

[67] *Hubrich*, Hirths Annalen 1912, S. 641 (652 ff.); *ders.*, AöR 38 (1918), S. 219 ff.; *ders.*, AöR 39 (1920), S. 140 ff.

[68] Vgl. *Holstein*, Hochschule und Staat, S. 127 (128 ff.); *ders.*, Selbstverwaltungsschutz, S. 17 (22 ff.).

haben, dass § 1 II 12 PrALR 1794 in erster Linie die Freiheit der Hochschule von kaiserlichem und kirchlichem Einfluss, gerade in Abkehr vom mittelalterlichen Rechtszustand, im Sinne einer universitären Alleinkompetenz zur Regelung der eigenen Angelegenheiten zum Ausdruck bringen sollte. Dagegen sollte der Hochschule gerade nicht der verwaltungsrechtliche Status einer Staatsanstalt[69] zugewiesen werden[70]. Die §§ 1, 2 II 12 PrALR 1794 intendierten lediglich „eine juristische Säkularisierung"[71] des Universitätswesens. Auch der absolutistische deutsche Staat sah sich aufgrund der Lehre von den wohlerworbenen Rechten (iura quaesita[72]) an den geschichtlich gewordenen Rechtsbestand gebunden und griff hierin nur ausnahmsweise auf der Basis des dominium bzw. ius eminens ein[73]. Die Korporationsrechte der Universität wurden von der landesherrlichen Ausübung des ius eminens nicht tangiert, sondern in ihrem vorgefundenen Status dem Staate eingegliedert[74]. Die in Deutschland herrschende Vertragslehre hat entgegen der in der Tradition Rousseaus stehenden französischen Auffassung den Vertragsgedanken stets auf alle im Staat anzutreffenden Zwischengewalten im weitesten Sinne (Familien, Gemeinden, Zünfte, Stände, Universitäten etc.) angewandt und diesen eine eigentümliche, vom Willen des Staates unabhängige, naturrechtlich begründete Rechtsstellung eingeräumt[75]. Die preußischen Universitäten waren somit auf der Basis des

---

[69] So später *Anschütz*, Verfassungs-Urkunde, S. 375, 411; *ders.*, VVDStRL 4 (1928), S. 74 (75); *Hatschek*, VerwArch. 17 (1909), S. 307 (316 ff.). Dagegen spricht bereits, dass der Begriff „Anstalt" als terminus technicus des Verwaltungsrechts erst nach dem PrALR, nämlich im Zuge der Arbeiten Otto Mayers entstanden ist und damit als gesicherte organisationsrechtliche Figur im Jahre 1794 noch nicht zur Verfügung stand, weshalb seine Verwendung untechnisch im Sinne von „Veranstaltung" zu verstehen ist; so mit Recht als erster *Loening*, Sitzung des Preuß. Herrenhauses vom 7.4.1911, StenBer. S. 158; ihm folgend *Hubrich*, Hirths Annalen 1912, S. 641 (649, 654, 674 ff.); *Wende*, Grundlagen des preußischen Hochschulrechts, S. 23 ff.; dies entspricht heute weitgehend herrschender Meinung; vgl. *F. Mayer*, Rechtsnatur, S. 20 f.

[70] Ebenso *Frank*, Selbständigkeit, S. 48; *Gallas*, Staatsaufsicht, S. 50 f.; *Jecht*, Die öffentliche Anstalt, S. 11 f.; *Köttgen*, Deutsches Universitätsrecht, S. 26; *Lüthje*, in: Denninger, Hochschulrahmengesetz, § 58 Rn. 7; *Stier-Somlo*, AöR N.F. 15 (1928), S. 360 (375 ff.); *W. Thieme*, Deutsches Hochschulrecht, Rn. 107; *Triepel*, Recht der Universität Greifswald, S. 43 (63 ff.); *Wende*, Grundlagen des preußischen Hochschulrechts, S. 23.

[71] *Holstein*, Selbstverwaltungsschutz, S. 17 (25).

[72] § 75 Einl. PrALR 1794.

[73] Eingehend dargelegt bei *Erichsen*, Grundlagen, S. 24 ff. (44 ff., 49 ff.), 70 ff. (73 ff.), 159 ff. m.z.w.Nachw. auch zur (fehlgehenden) Gegenansicht von der rechtlichen Ungebundenheit des territorialen Polizeistaates.

[74] Zum subjektiv-historischen Verständnis der Universitäten („Unterrichtsanstalten") als Unterfall der Obergruppe der Korporationen bzw. der „im Staat vorhandenen größeren Gesellschaften" vgl. *Svarez*, Inhalt der preußischen Landesgesetze, Siewerts Materialien, H. 1, S. 15 ff., zit. nach *Hubrich*, AöR 38 (1918), S. 219 (230).

[75] Vgl. auch das zur Kirchen-, Schul- und Universitätsordnung des Kurfürsten von Sachsen (1580) gehörende „Status Cancellarij", S. CCCXCVI: Der Kanzler solle Aufsicht und Inspektion führen, „damit gemeiner Vniuersitet/ von Vnsern voreltern seligen/ vnd das gegebene vnd zugestalte Priuilegia, Immunitates, Freiheiten vnd begnadigung/ wie

PrALR 1794 Körperschaften. Ihre Eigenschaft als Selbstverwaltungsträger hat der neuzeitliche Staat nur vorgefunden und konfirmiert, nicht aber konstituiert. Der Charakter der Universität als Körperschaft bildete jedoch – und dies übersieht Holstein – nur die eine, formalrechtliche Seite ihrer Existenz. Mit anderen Worten: Das Allgemeine Landrecht blieb zwar bis 1933 die maßgebliche Grundlage des Hochschulrechts in Preußen[76], war aber in seiner korporatistischen Ausrichtung durch die tatsächliche Entwicklung bereits im Zeitpunkt seines Inkrafttretens überholt[77].

Im Kontrast zu der formalen Rechtslage stand von der Wende des 17. zum 18. Jahrhundert bis zum Ende des Kaiserreichs die materielle Rechtslage der Universitäten. Sie war durch stark anstaltliche Züge geprägt[78]. Im Hochabsolutismus entstand mit den Neugründungen Halle (1694) und vor allem Göttingen (1734) ein neuer, aufgeklärt rationalistisch-kameralistischer Universitätstypus[79], der auf dem Ideal von kirchlichem Einfluss emanzipierter Wissenschaftsfreiheit und dem Maschinenmodell basierte[80]. Nicht zuletzt die Intensivierung der Aufsicht über die Universitäten trug dazu bei, dass es, in dem einen Fall (z.B. Halle, Göttingen)[81] mehr, in dem anderen Fall (z.B. in markgräflicher Zeit in Erlangen) weniger, zu einer Ver-

sich gebürt/ vngeschmelert/ vnd wirklich en gehalten vnd voluzogen werden", zit. nach *Gallas*, Staatsaufsicht, S. 49 f. Fn. 35.

[76] Vgl. die Erklärung des preußischen Kultusministers in der Sitzung des Abgeordnetenhauses v. 16.3.1911, zit. nach *Hubrich*, Hirths Annalen 1912, S. 641 (641): „Die gesetzlichen Grundlagen für die Errichtung von Universitäten finden wir auch heute noch im ALR." Vgl. auch *Hubrich*, ebd., S. 671: „Daß die §§ 1, 2, 67, 68 II 12 ALR das preußische Universitätswesen bis zur Stunde als Fundamentalvorschriften beherrschen ... wird übrigens im großen und ganzen von der Rechtsliteratur positiv anerkannt." Nach *Wolff*, Die Rechtsgestalt der Universität, S. 11, galten die hochschulrechtlichen Regelungen des PrALR 1794 „zumindest bis zum Inkrafttreten der nordrhein-westfälischen Landesverfassung". Vgl. auch *Clobes*, Entwicklung, S. 32 m.w.Nachw in Fn. 1.

[77] Gleichsinnig *Triepel*, Recht der Universität Greifswald, S. 43 (55, 67 f.).

[78] Vor diesem Hintergrund nachvollziehbar, aber dennoch zu weitgehend das Urteil von *Boehm*, Die körperschaftliche Verfassung, S. 7 (29): „Die Zubilligung des Status von ‚privilegierten Corporationen' an die Universitäten war nicht viel mehr als rhetorisches Zugeständnis an die deutsche Tradition."

[79] Vgl. *Bornhak*, Rechtsstellung, S. 11; *Hammerstein*, ZHF 10 (1983), S. 73 (78 ff.); *ders.*, in: Rössler/Franz, Universität und Gelehrtenstand, S. 145 ff.; *Paulsen*, Die deutschen Universitäten, S. 52 ff.; *ders.*, Geschichte des gelehrten Unterrichts, Bd. 1, S. 535 ff., 550 ff.; *J. Schröder*, in: Hattenhauer/Landwehr, Das nachfriderizianische Preußen 1786–1806, S. 259 ff. Speziell zur Motorfunktion dieser Universitätsgründungen für die Aufklärungsbewegung in Deutschland vgl. *Friedrich*, Geschichte der deutschen Staatsrechtswissenschaft, S. 104 ff., 120 ff.; *Stolleis*, Geschichte des öffentlichen Rechts, Bd. 1, S. 298 ff., 309 ff. jeweils m.z.w.Nachw.

[80] Dazu *Bernhard*, Akademische Selbstverwaltung, S. 99 ff.; *Kluth*, Funktionale Selbstverwaltung, S. 32; *Wehler*, Deutsche Gesellschaftsgeschichte, Bd. 1, S. 292 ff.

[81] Vgl. *Hammerstein*, in: Rössler/Franz, Universität und Gelehrtenstand, S. 145 (170): „Hinter dem Schein korporativer Selbständigkeit verbirgt sich eine ganz entschiedene staatliche Einflußnahme."

stärkung des anstaltlichen Elements kam[82]. Zu reinen Staatsanstalten sind die Universitäten indes zu keiner Zeit geworden[83]. Das grundsätzlich dualistisch angelegte, im Einzelnen schwierige und unbestimmte Verhältnis der landesherrlichen Ingerenzgewalt zu den Rechten der Universität als privilegierter Korporation blieb durchgehend erhalten[84]. Man wird den Rechtsstatus der Universitäten im Absolutismus daher insgesamt als einen körperschaftlichen sui generis, sprich als den einer Korporation mit Zügen anstaltlicher Organisation beschreiben können[85]. Dieser dualistische Rechtsstatus prägte die Universitätsgeschichte vom 17. Jahrhundert bis in die Weimarer Republik, wobei die anstaltlichen Elemente innerhalb dieses irregulären korporativen Organisationstypus von Zeit zu Zeit unterschiedlich intensiv ausgeprägt waren. Die körperschaftliche Grundstruktur blieb jedoch über die Jahrhunderte hinweg unberührt.

---

[82] *Gerber*, HSW, Bd. 10, S. 471 (472), spricht von einer „Umbildung der Universität aus dem im Kirchlich-Religiösen wurzelnden Studium Generale in eine weltliche Staatsanstalt"; vgl. auch *Bley*, Universitätskörperschaft, S. 15 f., 17 ff.

[83] So aber *Bornhak*, WDStVerwR, Bd. 3, S. 634 (634): „Die staatliche Aufsicht vernichtet jede genossenschaftliche Selbständigkeit der Universität und ihrer Lehrer, aber unter Beibehaltung der alten Formen."; *ders.*, Geschichte, S. 61; für reinen Staatsanstaltscharakter auch *Gallas*, Staatsaufsicht, S. 44; *Paulsen*, Geschichte des gelehrten Unterrichts, Bd. 2, S. 127; *ders.*, in: Lexis, Die deutschen Universitäten, S. 3 (44); *F. Stein*, Gerichtsbarkeit, S. 87 ff. (91); *Tomerius*, Hochschulautonomie, S. 14, 20, 24; eingeschränkt (Staatsanstalt mit Autonomiestatus) *Ellwein*, Die deutsche Universität, S. 248 und passim. Wie hier dagegen BVerfGE 35, 79 (117): „Für die deutsche Universität ist seit ihrer Entstehung im Mittelalter der Charakter einer Korporation ... kennzeichnend gewesen ... Hieran änderte sich nichts, als die Universität im 18. und 19. Jahrhundert zu Staatsanstalten wurden. Der Doppelcharakter von selbständiger Korporation und staatlicher Anstalt blieb ... sichtbar". Ebenfalls für einen zumindest rechtlichen körperschaftlich-anstaltlichen Dualismus auch in der Phase des Absolutismus *Dallinger*, in: ders./Bode/Dellian, HRG, § 58 Rn. 1; *Geis*, in: Hailbronner/ders., Kommentar zum HRG, § 58 Rn. 1; *Gundelach*, Göttinger Universität, S. 161; *Hendler*, Selbstverwaltung als Ordnungsprinzip, S. 29; *Lüthje*, in: Denninger, Hochschulrahmengesetz, § 58 Rn. 5; *Heffter*, Selbstverwaltung, S. 170; *Meyer/Anschütz*, Lehrbuch des Deutschen Staatsrechts, S. 825; *Pleyer*, Vermögens- und Personalverwaltung, S. 49 m. Fn. 1; *Schulze*, Das Preussische Staatsrecht, Bd. 2, S. 357 (359 f.); vgl. auch *Triepel*, Recht der Universität Greifswald, S. 43 (55) und *E. R. Huber*, Deutsche Verfassungsgeschichte, Bd. 1, S. 263 f., der von „Verweltlichung, Verfachlichung und Verstaatlichung" als den Grundzügen der Bildungsverfassung des Absolutismus spricht (ebd., S. 264).

[84] Vgl. *E. R. Huber*, Deutsche Verfassungsgeschichte, Bd. 4, S. 929; *Kluge*, Die Universitäts-Selbstverwaltung, S. 226; *Reiß*, Rechtsetzungsbefugnis, S. 11.

[85] Vgl. auch *Kluge*, Die Universitäts-Selbstverwaltung, S. 243 f., der zwar von einem körperschaftlich-anstaltlichen Mischcharakter ausgeht, dabei aber den Anstaltszug als den prägenden ansieht; ebenso BVerwGE 12, 296 (302); ähnlich *Clobes*, Entwicklung, S. 23 ff. (26, 64); *Reiß*, Rechtsetzungsbefugnis, S. 12. Wie hier stärker die körperschaftliche Grundstruktur herausstellend *Schiedermair*, WissR 21 (1988), S. 1 (4). Der anstaltlich-korporative Doppelcharakter kommt auch in der ganz überwiegenden Zahl der nach dem PrALR 1794 erlassenen Universitätsstatuten zum Ausdruck; vgl. die Nachw. bei *Hubrich*, AöR 38 (1918), S. 219 (240 f.).

Im Zeitalter des Absolutismus unterstanden auch die Universitäten einer scharfen, breit gefächerten Oberaufsicht des Landesherrn. Die Gründe hierfür lagen neben dem Selbstverständnis des absoluten Staates in dem seit dem beginnenden 17. Jahrhundert zu beobachtenden Absinken des wissenschaftlichen Niveaus, auf das der Staat mit der Trennung von Forschung (wissenschaftliche Akademien) und Lehre (Fachhochschulen) einerseits und der stärkeren Inpflichtnahme der Universitäten andererseits reagierte[86]. „Oberaufsicht" und vor allem „Direktion" waren dabei Schlüsselbegriffe für die Gestaltung des Verhältnisses von Hochschule und Staat im Absolutismus. Inhaltlich standen beide für „die Umschreibung eines der Sache nach rational und straff organisierten, nach kameralistischen und ‚Policey'-Grundsätzen geführten Regiments über die staatliche Universitäts-‚Anstalt'"[87]. Bereits im Frühabsolutismus schwand die Freiheit der Universitäten und nahmen die hoheitlichen Einflussnahmen an Zahl und Intensität zu, auch wenn die Rechtsentwicklung von Land zu Land zum Teil beträchtlich voneinander abwich[88]. „Es finden sich immer wieder die gleichen willkürlichen Befehle, Visitationen, Revisionen und Bevormundungen."[89] Betroffen von der polizeistaatlichen Umgestaltung der Universitätsaufsicht waren insbesondere die Finanz-, Personal- und Satzungshoheit[90]. Beispielhaft kann auf die Marburger Universitätsstatuten, die „leges academiae Marpurgensis generales una cum statutis facultatum specialibus" aus dem Jahre 1653 verwiesen werden. Bei ihnen handelte es sich um eine von oben dekretierte landesherrliche Rechtsverordnung, an deren Zustandekommen die Organe der Hochschule keinen Anteil hatten[91]. Mit dem neuen aufgeklärt rationalistisch-kameralistischen Universitätstyp hielt also ein strengerer aufsichtsrechtlicher Wind Einzug, der gleichsam als Gegenprinzip und Kehrseite zu der in Deutschland seit Spinozas „Theologisch-politischem Traktat" (1670) als Ausprägung der allgemeinen Glaubens- und Gewissensfreiheit in einem umfassenden Sinn propagierten „libertas philosophandi"[92] diente[93] und über dessen therapeutische Wirkung Dahlmann

[86] Vgl. *Gallas*, Staatsaufsicht, S. 44 f. unter Bezugnahme auf *Schelsky*, Einsamkeit und Freiheit, S. 20 ff., 27 ff., 36 ff.; vgl. auch *Zwirner*, AöR 98 (1973), S. 313 (316).

[87] *Gallas*, Staatsaufsicht, S. 49.

[88] Vgl. *Pleyer*, Vermögens- und Personalverwaltung, S. 64 ff. *Kluge*, Die Universitäts-Selbstverwaltung, S. 227 f., unterscheidet vier antithetische Erscheinungsformen, die „mechanische Aufsicht", die „radikal aufgeklärte Aufsicht", die „bürokratische Aufsicht" und die „klassische Aufsicht". Als gemeinsamer Nenner kann die Feststellung von *Kluge*, ebd., S. 36, gelten, „daß sich die Aufsicht ... aus einer Mitwirkungsposition in eine Oberleitung verwandelte".

[89] *Kluge*, Die Universitäts-Selbstverwaltung, S. 227.

[90] Dazu *Clobes*, Entwicklung, S. 24 f.

[91] *Bornhak*, VerwArch. Bd. 18 (1910), S. 1 (7).

[92] Hierzu *Siemann*, Hist. Jb. 107 (1987), S. 315 (315 ff.); *Zwirner*, AöR 98 (1973), S. 313 (314 f.). Zur herausragenden Bedeutung Spinozas und Kants für die Gedanken- und Lehrfreiheit vgl. ferner *Denninger*, in: ders. u.a., AK-GG, Art. 5 Abs. 3 I Rn. 1; *H. Thieme*, Die geschichtlichen Voraussetzungen, S. 11 ff.

später – wie zahlreiche Autoren – positiv urteilen sollte: „Es darf das kein Rückschritt heißen, wenn einmal für eine Zeitlang durch alte ungelüftete Räume die scharfe Zugluft der unbedingten Staatsgewalt fährt.“[94]

Neben der Aufsicht im engeren Sinne, die nicht nur mit formalen, sondern auch mit praktisch sehr bedeutsamen, auf persönlichen Kontakten beruhenden informalen Aufsichtsmitteln[95] wahrgenommen wurde, kam den staatlichen Aufsichtsorganen die Funktion eines (Mit-)Leitungsorgans der Universität zu[96]. Dieser Direktionskompetenz lag nach zeitgenössischem Verständnis zugleich ein im Interesse der Universitäten liegendes Moment der Fürsorge und der Förderung inne[97]. Der Direktor hatte „jederzeit für die gute Aufsicht und Ordnung“ und „für die Wohlfahrt und das Aufnehmen der Academie nach besten Wissen und Gewissen Sorge zu tragen“[98]. Im Hoch- und Spätabsolutismus trat die Direktionsbefugnis praktisch weitgehend an die Stelle der alten, primär auf das Besichtigungsrecht gestützten Rechts- und Fachaufsicht[99]. Konsequenz des weit verstandenen

---

[93] Vgl. *Boehm*, Die körperschaftliche Verfassung, S. 7 (22); *Smend*, EvKL, Bd. 3, Sp. 1568 (1569 f.).

[94] *Dahlmann*, Die Politik, S. 250.

[95] Dazu, dass nicht selten der persönliche Briefwechsel einzelner Professoren mit dem Minister die förmlichen Aufsichtsmittel praktisch substituierte, vgl. *Bornhak*, Geschichte, S. 185 f.

[96] Die Aufgaben des Kanzlers im Einzelnen sind im „Status Cancellarij“ der Kirchen-, Schul- und Universitätsordnung des Kurfürsten von Sachsen (1580), S. CCCXCVI ff., geregelt. Zur Rechtsaufsicht heißt es dort (S. CCCXCVI f.): „ZVm anderen/ und hergegen sol er/unser Cancellarius, auch sein stetigs vnnachlessigs auffsehen/ inspection und sorg haben/ auff das vom Rector, Regenten/ Studiosen/ auch übrigen zugewandten/ solcher unser Vniuersitet/ allen vnd jeden vorigen vnd vnsern approbirten vnd auffgerichteten Ordnungen/ Satzungen und statutis, die studia, mores, disciplinam, haußhaltung vnd anders/ bey dieser vnser Vniuersitet belangend/ mit ernst/ vnnachleßlich voluzogen/ gehalten/ vnd denselben von meeniglichen/ souiel sie solche Ordnung/ Satzungen vnd statuta belangt vnd antreffen/ gelebt vnd nachgesetzt/ auch denen zuwieder vnd entgegen/ schmelerung vnd abbruch/nichts decernirt/ fuergenomen/ gehandelt noch gestattet werde.“ Auf S. CCCXCVIII des „Status Cancellarij“ findet sich folgende Passage: „WEil auch/ wie vermeldet/ er Vnser Cancellarius, an stat Vnser/ in abwesen Vnserer Commissariorum, befehlich vnd gewalt hat/ ob gemeiner Vniuersitet Priuilegien vnd Statutis, derselben zu gutem/ zuhalten/ So sol er auch in verrichtung solches seines ampts dermassen von Rector vnd Senatu erkendt werden/ vnd im fall er hierunder sein officium gebrauchen müsste/ dasselbe sol Rector, Senatus, vnd menniglich/ solcher Vniuersitet angehörige/ von jhme zum besten auffnehmen/ vnd ihm hierinnen billige folge leisten vnd erweisen.“ Die Aufgaben der Mitleitung werden auf S. CCCXCIX umrissen: „ER/ Vnser Cancellarius, sol auch wie von alters/ sein autoritatem, in admissione examinandorum, & conferendi insignia Candidatis, auch was denselben in krafft der fundation/ alten herbringens vnd der Ordenung anhangt/ in alle wege vngeschmelert behalten.“, zit. nach *Gallas*, Staatsaufsicht, S. 48 f. Fn. 31.

[97] *Kluge*, Die Universitäts-Selbstverwaltung, S. 72: „Man wollte die Universität als ein ‚akademisches Bergwerk‘, d.h. als kameralistisches Institut in Flor bringen.“

[98] Vgl. Stiftungsbrief der Universität Erlangen, zit. nach *Beyer*, Verfassungsentwicklung, S. 244.

[99] *Gallas*, Staatsaufsicht, S. 48 f.

Fürsorgedankens war, dass den Universitäten, jedenfalls in Halle und Göttingen, das Statutarrecht, das Recht der Selbstentscheidung über die Neubesetzung der Lehrstühle und das Recht der Innehabung eines eigenen Vermögens bestritten und diese Angelegenheiten in den Bereich der Kuratorialverwaltung überstellt wurden[100]. Regelmäßige, nach einem festen Schema ablaufende Kontrollen ex officio fanden jedoch nur in den Bereichen Finanzverwaltung und Lehrbetrieb statt. Im Übrigen handelten die Aufsichtorgane lediglich aufgrund von Anstößen von außen[101].

§ 13 II 13 PrALR 1794 gab die absolutistische Oberaufsicht nur verkürzt, nämlich beschränkt auf den polizeilich-defensiven Aspekt wieder[102], wenn er statuierte: „Alle im Staate vorhandenen und entstehenden Gesellschaften und öffentlichen Anstalten sind der Aufsicht des Landesherrn, nach dem Zwecke der allgemeinen Ruhe, Sicherheit, und Ordnung, unterworfen." Materiell-rechtlich wurden unter dem Dach- und Sammelbegriffen der Oberaufsicht (potestas inspectoria) bzw. der Direktion eine Reihe ganz unterschiedlicher, über die polizeiliche Gefahrenabwehr weit hinausgehender Phänomene zusammengefasst: Rechtsaufsicht, Leitung, Fach- und Dienstaufsicht, Fürsorge sowie unmittelbare Staatsverwaltung des Universitätsvermögens (Finanzkuratel)[103]. Die Begriffe Fürsorge und Universitätspflege wurden mit uneinheitlichem Sinngehalt, überwiegend jedoch gleichbedeutend mit oberste Leitung und Aufsicht bzw. Direktion gebraucht. Zum Teil sollte hiermit gerade der Aspekt des Schutzes der Universität gegen wissenschaftsfremde Einwirkungen zum Ausdruck gebracht werden[104].

Die im Absolutismus im Vergleich zum Mittelalter spürbar gestiegene Intensität staatlicher Universitätsaufsicht darf jedoch nicht darüber hinwegtäuschen, dass die Überwachung sich in erster Linie auf die äußeren, die administrativen Universitätsangelegenheiten erstreckte, den Universitäten aber gleichzeitig größere Freiheiten in inneren Angelegenheiten zugestanden wurden. Besonders fortschrittlich waren in diesem Punkt die Hallenser und die Göttinger Fakultät. Dort war eine, von politischen und vor allem von theologischen Beschränkungen weitgehend gelöste Lehrfreiheit anerkannt. „Jede Bevormundung durch ‚Autoritäten', jede Bindung und Einschränkung durch die Kirche, Staat oder wissenschaftliche Tradition wurde abgelehnt"[105]. So bestimmte das königliche Privileg für die Göttinger Uni-

---

[100] Vgl. *Beyer*, Verfassungsentwicklung, S. 232 ff. (dort auch zu den Abweichungen in Erlangen); *Gundelach*, Göttinger Universität, S. 161 f.

[101] *Beyer*, Verfassungsentwicklung, S. 191 m.w.Nachw.

[102] Vgl. *Svarez*, zit. nach *Hubrich*, Legalcharakter, S. 34. *Kluge*, Die Universitäts-Selbstverwaltung, S. 242, spricht in diesem Zusammenhang von „Rechtsaufsicht".

[103] Hierzu *Kluge*, Die Universitäts-Selbstverwaltung, S. 235, 240 ff.; vgl. auch *Beyer*, Verfassungsentwicklung, S. 189. Speziell zur Finanzkuratel vgl. § 19 der Breslauer Statuten v. 21.2.1816: „An der Verwaltung des Vermögens der Universität hat er (scil.: der Senat; der Verf.) keinen Anteil.", zit. nach *Triepel*, Recht der Universität Greifswald, S. 43 (68).

[104] Vgl. *Kluge*, Die Universitäts-Selbstverwaltung, S. 236.

[105] *Hammerstein*, in: Rössler/Franz, Universität und Gelehrtenstand, S. 145 (167).

versität, dass die Professoren „zu ewigen Zeiten vollkommene unbeschränkte Freyheit, Befugniss und Recht haben sollten, öffentlich und besonders zu lehren"[106]. Auch sonst standen die Universitäten im Genuss zahlreicher Privilegien, etwa einer eigenen Jurisdiktionsgewalt oder der Freiheit von staatlicher Zensur[107]. Dies betraf, wie gesagt, in erster Linie den Bereich autonomer innerer Erkenntnis. Davon unberührt wirkten die Aufsichtsbefugnisse der (höchsten) theologischen Fakultäten hinsichtlich der Vereinbarkeit der öffentlichen Verbreitung von Forschungsergebnissen mit den offiziellen Dogmen der Kirche zumeist noch stark nach[108]. Dies bekam etwa der Philosoph und Mathematiker Christian Wolff von der Universität Halle zu spüren, den der preußische König Friedrich Wilhelm I. am 8. November 1723 wegen des Verdachts des Atheismus und der Staatsgefährdung seines Amtes enthob und den er, bei Strafe des Stranges, binnen 48 Stunden des Landes verwies[109]. Ähnliche Eingriffe in die Lehrfreiheit galten in der Folge in Halle allen Wissenschaftlern, die des Atheismus oder des Kontakts mit Wolff verdächtig waren[110]. Bornhak stellt allgemein fest: „Willkürliche Entlassungen von Professoren, die Anstoß erregt hatten, oder die man für unfähig hielt, waren nicht selten."[111]

Träger der Oberaufsicht über die Universitäten war der Landesfürst[112]. Als Stifter der Universität und im Regelfall deren Oberhaupt (rector magnificus oder rector magnificentissimus) stand ihm das inneruniversitäre allgemeine Direktionsrecht (iura collegialia) zu, das die Inspektionsgewalt mit

---

106 Zit. nach *Hammerstein*, in: Rössler/Franz, Universität und Gelehrtenstand, S. 145 (167). „Hiermit war", so *Hammerstein* (ebd.), „zum erstenmal in dieser endgültigen Form die Lehrfreiheit an einer deutschen Universität garantiert, denn in Halle war trotz ähnlicher Zusicherungen und den Forderungen des Thomasius de facto ein bescheidenes Aufsichtsrecht der Theologen noch wirksam." Vgl. auch die Äußerung des Göttinger Gründungskurators *v. Münchhausen* (zit. nach *Tomerius*, Hochschulautonomie, S. 16), dass die „Denk-, Rede- und Preßfreiheit" die Wissenschaft „nährt und erhebt" und die Universitätslehrer, welche über die „facultatem legendi" verfügten, die Freiheit hätten „zu lesen, was jeder will".

107 *Hammerstein*, in: Rössler/Franz, Universität und Gelehrtenstand, S. 145 (168).

108 Vgl. *Bornhak*, VerwArch. 18 (1910), S. 1 (35 ff.); *v. Roetteken*, Rechtliche Rahmenbedingungen, S. 30 ff.; *Zwirner*, AöR 98 (1973), S. 313 (315).

109 *Denninger*, in: ders. u.a., AK-GG, Art. 5 Abs. 3 I Rn. 1; *Schmidt*, Die Freiheit der Wissenschaft, S. 33.

110 Vg. *H. Thieme*, Die geschichtlichen Voraussetzungen, S. 10 f., 13.

111 *Bornhak*, Rechtsstellung, S. 14 unter Hinweis auf die Entlassung von Chr. Wolff in Halle (1723) und J.J. Moser in Frankfurt/Oder (1739).

112 Dies galt für die preußischen Universitäten, daneben aber auch, ungeachtet teilweiser Abweichungen (vgl. am Beispiel der Aufsicht über die Universität Erlangen *Beyer*, Verfassungsentwicklung, S. 165 ff.), für die Universitäten Erlangen, Würzburg und Freiburg i.Br. Es gab im 18. Jahrhundert aber auch Universitäten (Jena, Leipzig, Rostock, Tübingen), die der Aufsichtsgewalt nicht unmittelbar unterstellt waren und daher eine weitgehende Autonomie genossen. Vgl. *Kluge*, Die Universitäts-Selbstverwaltung, S. 241.

einschloss[113]. Von wenigen Ausnahmen abgesehen nahm sich der Monarch jedoch der Universitätsaufsicht nicht persönlich an, sondern überließ diese seinen Ministerialkollegien oder – in polizeistaatlicher Tradition[114] – einem örtlichen Vertreter[115]. Als solcher fungierte überall, wo nicht auf die Person des Kanzlers als Repräsentant des Landesherrn zurückgegriffen wurde, der Kurator[116].

Die Funktion des Kanzlers nahmen zumeist Universitätslehrer als Nebenamt wahr. Damit wurde das im Mittelalter noch außerhalb der Universität stehende und damals geistliche Amt des Konservators als staatliches in die Universität integriert. Der Kanzler hatte die Aufgabe, als Staatsorgan das Direktionsrecht seines Landesherrn an Ort und Stelle umfassend zur Geltung zu bringen. Zahlreiche Generalklauseln in den Bestallungsurkunden ermöglichten ihm eine nahezu unumschränkte Aufsicht, die auch eine Direktionsbefugnis umfasste[117]. Als Kanzler und Direktor oblagen ihm die Rechtsetzung[118], die unmittelbare Leitung und einzelne Elemente der Fachaufsicht[119]. Seine Stellung stützte sich auf verschiedene Rechtsgrundlagen: unmittelbar auf die absolutistische Verfassung des PrALR 1794, daneben auf besondere gesetzliche Anordnungen (Statuten, Instruktionen etc.) sowie auf den Stiftungsakt des Staates[120]. Beispielhaft soll hier die Ur-

[113] Nach *Kluge*, Die Universitäts-Selbstverwaltung, S. 248, beruhen die iura collegialia weder auf Gesetz noch Vertrag, sondern „sind eine juristische Konstruktion".

[114] Vgl. *Bornhak*, WDStVerwR, Bd. 3, S. 634 (637): „Dem Inhalte nach ist die Gestaltung des Aufsichtsrechts die polizeistaatliche. Die Aufsicht erstreckt sich über die Rechtmäßigkeit wie Zweckmäßigkeit der Verwaltung, ja kann einzelne Angelegenheiten unmittelbar an sich ziehen, ohne daß die Handhabung des Aufsichtsrechtes selbst irgendwelcher Rechtskontrolle unterworfen wäre." Scharfe Kritik der absolutistischen Zustände bei *Triepel*, Recht der Universität Greifswald, S. 43 (70 f.): „Es ist eine merkwürdige Erscheinung, daß der preußische Staat ... Universitäten ... gleich Unmündigen behandelt, daß er sie auf dieselbe Stufe wie schlecht regierte, einer kommissarischen Staatsverwaltung bedürftige oder gar ‚verwahrloste' Gemeinden ... gestellt hat."

[115] Dazu auch *Scheidemantel*, Oberaufsicht, S. 25 ff.

[116] Vgl. *Bullinger*, VVDStRL 22 (1965), S. 264 (276 m. Fn. 55 f.); *Gallas*, Staatsaufsicht, S. 46; *Kluge*, Die Universitäts-Selbstverwaltung, S. 63 ff.; interessant die Feststellung *Bornhaks*, Geschichte, S. 184: „ ... sobald der Kommissar eingetroffen war, (begann) sofort ein Wettkriechen der Dozenten und Universitätsbeamten um Beförderung oder Gehaltserhöhung".

[117] Hochschulaufsicht und Schulaufsicht fallen im 18. Jahrhundert hinsichtlich ihrer Reichweite und Zwecke noch zusammen; vgl. *Oppermann*, Kulturverwaltungsrecht, S. 366 Fn. 276.

[118] Sowohl in der Universität Halle als auch in der Universität Göttingen wurden die Universitäts- und Fakultätsstatuten ohne Mitwirkung der Universität durch den Landesherrn im Wege der Verordnung erlassen. Dagegen bewahrte sich die Universität Erlangen einen Teil ihres korporativen Satzungsrechts; vgl. *Beyer*, Verfassungsentwicklung, S. 233 f.

[119] Vgl. *Kluge*, Die Universitäts-Selbstverwaltung, S. 240.

[120] Dabei wird von Teilen der Literatur, die in den Universitäten Anstalten bzw. Stiftungen sehen (so etwa *Hatschek*, VerwArch. 17 [1909], S. 307 [321]), auf die PrALR-Bestimmungen über die Befugnisse des Stifters von Armenanstalten rekurriert. Zu diesen rechnet § 35 II 19 PrALR 1794 auch das Aufsichtsrecht bzw. eine „Oberaufsicht" (§ 37 II

kunde angeführt werden, mit der im Jahre 1692 V.L. von Seckendorff zum Kanzler der Universität Halle bestallt wurde. Das Hallenser Direktorat[121] diente nämlich weithin als Vorbild für die Ausgestaltung der staatlichen Universitätsaufsicht auf der unteren Ebene[122]. Nach der Bestallungsurkunde von Seckendorffs soll der Kanzler u.a. „das directorium und Aufsicht auf Lehrer und Lernende führen, einen jeden dem Befinden nach zu seiner Schuldigkeit anweisen, wöchentlich ein oder zweymal, in seinem Hause oder wo es sich am besten schicket, eine assemblée halten, mit denen professoribus aldort, wie sie ihre lectiones publicas et privatas am besten anstellen mögen, fleißig conferiren, der studirenden Jugend auch, wie sie ihre studia und künftige Reisen einzurichten, treulich eröffnen, ihre dubia erklären und ihnen mit gutem Rath und That beystehen, die Universität, soviel an ihm ist, in gute Ordnung, Aufnehmen und Flor bringen helffen, was er deshalb vorzustellen und zu erinnern haben wird, mit denen dazu verordneten Ober-curatoribus überlegen und uns an Hand geben, kürtzlich alles dasjenige thun und verrichten ..., was einem treufleißigen geheimen Rath und cancellario universitatis eignet und gebühret."[123]

Die Kuratoren, eine Art Vormund mit dem Doppelmandat der staatlichen Überwachung und der Beförderung der Universitätsbelange, verkörperten ein Spezifikum der preußischen Universitätsaufsicht. So wurden erstmals im Jahre 1654 für die Universität Duisburg und danach bis zum

---

19 PrALR 1794). Nur wenn der Stifter nichts verordnete, gingen diese Rechte auf den Staat über (§ 36 II 19 PrALR 1794). Das Oberaufsichtsrecht war darauf beschränkt, „daß nach den vom Staate ausdrücklich oder stillschweigend genehmigten Verordnungen des Stifters verfahren werde, und nichts einschleiche, was dem allgemeinen Endzwecke solcher Stiftungen zuwider sey" (§ 38 II 19 PrALR 1794). Der (Ober-)Aufseher ist berechtigt, „Visitationen bey dergleichen Anstalten zu veranlassen, und die vorgefundenen Mißbräuche und Mängel, obigen Grundsätzen (§ 38) gemäß, zu verbessern" (§ 39 II 19 PrALR 1794). Im Übrigen „muß der Staat darauf sehen, daß die Einkünfte der Armen- und andrer Versorgungsanstalten, zweck- und vorschriftsmäßig verwendet werden" (§ 40 II 19 PrALR 1794). Gegen diese Argumentationslinie überzeugend mit historischen und systematischen Gründen *Hubrich*, AöR 38 (1918), S. 219 (223 ff.); vgl. zum Ganzen auch *Kluge*, Die Universitäts-Selbstverwaltung, S. 240 ff. m.w.Nachw.

[121] Formal waren die Position des Direktors und des Kanzlers zu unterscheiden, in der Sache handelte es sich aber nur um verschiedene Bezeichnungen für das gleiche Amt; vgl. *Pleyer*, Vermögens- und Personalverwaltung, S. 64 Fn. 2.

[122] Von Halle aus wurde das Modell des Direktorats etwa nach Frankurt/Oder und Königsberg verpflanzt und entwickelte sich so zu einer allgemeinen Einrichtung; vgl. *Bornhak*, Geschichte, S. 177 ff.; zur Situation an der Universität Erlangen vgl. *Beyer*, Verfassungsentwicklung, S. 165 ff.

[123] Zit. nach *Schrader*, Geschichte, Bd. 2, S. 360 f. Da v. Seckendorff jedoch bereits am 18.12.1692 starb, ist das Kanzleramt in dieser Form nicht Realität geworden. Das Direktorat als solches blieb gleichwohl als ständiges Kommissariat der Staatsverwaltung bestehen und wurde von Professor Samuel Stryk, der bereits neben v. Seckendorff mit Aufsichts- und Leitungsfunktionen betraut gewesen war, fortgeführt; vgl. *Bornhak*, Geschichte, S. 174 f. Als weitere Beispiele seien genannt die Bestallungsurkunde für J.P. v. Ludewig, abgedruckt in: *Schrader*, ebd., S. 459 f., und die Geschäftsanweisung betreffend den Amtskreis des Kanzlers K.C. v. Hoffmann, abgedruckt in: *Schrader*, ebd., Bd. 1, S. 548.

Ende des 18. Jahrhunderts für die preußischen Hochschulen[124] (zumeist mehrere) persönliche Kuratoren bestellt[125]. Im Jahre 1747 wurde eine zentrale Behörde als Oberkuratorium (oberste Curatel) eingerichtet, welche die Oberaufsicht über die örtlichen Kuratorien auszuüben hatte. Die Aufgabe des Oberkuratoriums nahm zunächst ein Kollegium, sodann, in Ermangelung eines eigenständigen Hochschulressorts, der Justizminister als Spitze des an das Justizministerium angegliederten Geistlichen Departements nebenamtlich wahr[126]. 1787 ging das Oberkuratorium in dem Oberschulkollegium als Behörde für die gesamte Unterrichtsverwaltung auf[127]; 1802 wurden die Universitäten wieder einem Oberkurator unterstellt[128]. Dieser Zustand währte bis zur Neuorganisation der preußischen Verwaltung im Jahre 1808, in deren Zusammenhang das Oberkuratorium in der Unterrichtsabteilung des Innenministeriums verschwand[129].

---

[124] Zu nennen sind etwa der Kurator v. Münchhausen für die Universität Göttingen (vgl. zu ihm *Gundelach*, Göttinger Universität, S. 28 ff.) oder der Kurator Superville für die Universität Erlangen (vgl. zu ihm *Beyer*, Verfassungsentwicklung, S. 170 ff., 243 ff.).

[125] Vgl. *Pleyer*, Vermögens- und Personalverwaltung, S. 62 f.; zur Rechtsstellung und Funktion der Kuratoren allgemein *Fink*, HDR, Bd. 2, Sp. 1270 ff.

[126] Vgl. *Bornhak*, Geschichte, S. 53, 179 ff.; *Kluge*, Die Universitäts-Selbstverwaltung, S. 58 f. (dort auch zu den abweichenden Zuständigkeitsregelungen außerhalb Preußens); *v. Rönne*, Unterrichts-Wesen, Bd. 1, S. 241 ff. (244). In Preußen unterstanden die Universitäten Frankfurt/Oder und Halle unmittelbar dem Oberkuratorium, die Universitäten Königsberg und Duisburg zunächst ihrer Provinzialbehörde, dem ostpreußischen Ministerium und der klevischen Regierung; vgl. *Bornhak*, ebd., S. 180.

[127] Instruction für das errichtete Ober-Schul-Kollegium v. 22.2.1787, abgedruckt in: *v. Rönne*, Unterrichts-Wesen, Bd. 1, S. 76; in Auszügen wiedergegeben bei *Hubrich*, Legalcharakter, S. 36.

[128] Vgl. *Hubrich*, Legalcharakter, S. 36; *v. Rönne*, Unterrichts-Wesen, Bd. 2, S. 406.

[129] Näheres bei *Gerber*, Hochschule und Staat, S. 35; *v. Rönne*, Unterrichts-Wesen, Bd. 2, S. 406. § 11 des Publicandum v. 16.12.1808 betreffend die veränderte Verfassung der obersten Staatsbehörden in Beziehung auf die innere Landesverwaltung bestimmte: „Unter dieser Abtheilung (scil.: des öffentlichen Unterrichts; der Verf.) stehen unmittelbar: … 3) die Universitäten, bei welchen der Wirkungskreis der Kuratoren besonders bestimmt wird.", zit. nach *v. Rönne*, ebd., S. 246. Diese besondere Bestimmung erfolgte durch die Verordnung v. 26.12.1808 betreffend die Einrichtung der Provinzial-, Polizei- und Finanzbehörden. Deren § 10 Abs. 3 sah vor: „In Rücksicht auf die Universitäten beschränkt sich die Mitwirkung der Regierungen nur auf die allgemeine polizeiliche Aufsicht. Die innere Einrichtung, die ökonomische Kuratel, ingleichen die Berufung und Aufstellung der Lehrer besorgt das Kuratorium und Wir behalten Uns vor, den jedesmaligen Kurator besonders zu ernennen.", zit. nach *Gerber*, ebd., S. 72 f. Ergänzt und z.T. modifiziert wurden die Bestimmungen des Publicandum v. 16.12.1808 durch die Verordnung v. 27.10. 1810, die veränderte Verfassung der obersten Staatsbehörden betreffend; abgedruckt in: *v. Rönne*, ebd., S. 247.

§ 5 Die preußischen Reformen und der Antagonismus des humboldtschen Bildungsideals

Am Anfang der konstitutionellen Epoche der Universitätsaufsicht standen einerseits eine krisenhafte Situation[130], andererseits eine große Persönlichkeit, der es gelang, durch ihre Ideen und Tatkraft diese Krise zu überwinden. Was der Frhr. vom Stein für die Gemeinden, war Wilhelm von Humboldt (1767–1835) für die Hochschulen. Auf dem von Johann Wolfgang von Goethe[131] und Johann Gottlieb Fichte[132] in Jena bereits verwirklichten idealistischen Modell aufbauend hat Humboldt in den kaum eineinhalb Jahren seines Wirkens als Geheimer Staatsrat und Direktor der Sektion für Kultus und Unterricht (März 1809 bis Juni 1810) im Wege der Reform von oben den auf dem Grundsatz akademischer Lehrfreiheit basierenden neuen „klassisch deutschen" Universitätstypus geschaffen, der bis in die heutige Zeit „form- und sinngebend"[133] wirkt. Dem Mandat von König Friedrich Wilhelm III. Folge leistend („der Staat muß durch geistige Kräfte ersetzen, was er an physischen verloren hat"[134]) erneuerte Humboldt aus der Krise und dem Verfall heraus die preußische Universität an Haupt und

---

[130] Anschaulich *T. Nipperdey*, Deutsche Geschichte 1800–1866, S. 57: „Die Universitäten waren im späten 18. Jahrhundert im allgemeinen erstarrt und verfallen, in korporativem Zunftgeist, ständischen Privilegien und Patronage versunken." Zu Symptomen und Ursachen der Universitätskrise im 18. Jahrhundert vgl. auch *H. Möller*, Fürstenstaat oder Bürgernation, S. 354 ff.; *Schaffstein*, Wilhelm von Humboldt, S. 216 f.; *S. Turner*, in: Jeismann/Lundgreen, HBG, Bd. III, S. 221 (222 f.). Zum „Universitätssterben" im letzten Drittel des 18. und im beginnenden 19. Jahrhundert, dem etwa die Hälfte der rund 40 Universitäten im Reich zum Opfer fiel, vgl. *Stolleis*, Geschichte des öffentlichen Rechts, Bd. 1, S. 331 f., Bd. 2, S. 47. *Bornhak*, Geschichte, S. 43, sieht den „tiefsten Niedergang des wissenschaftlichen Lebens" bereits in der Zeit von der Reformation bis zur Mitte des 17. Jahrhunderts. Dies erscheint mir unzutreffend. Der Niedergang der deutschen Universität setzte erst ab etwa 1620 ein; vgl. *Hammerstein*, HZ 241 (1985), S. 287 (309 ff.), der im Übrigen darauf hinweist, dass der kriegsbedingte Einbruch nicht von Dauer war, sondern die Universitäten auch in der Zeit nach 1620 lebendige geistige Mittelpunkte des Landes blieben.

[131] Zu den Kontakten zwischen W. v. Humboldt sowie Goethe und Schiller vgl. *Schaffstein*, Wilhelm von Humboldt, S. 102 ff.

[132] Die Bedeutung Fichtes und dessen Idee der Nationalerziehung für die Neugründung der deutschen Universität wird besonders betont von *Smend*, VVDStRL 4 (1928), S. 44 (59 f.); *H. Thieme*, Die geschichtlichen Voraussetzungen, S. 16 f.

[133] *Schaffstein*, Wilhelm von Humboldt, S. 216.

[134] Zit. nach *v. Treitschke*, Deutsche Geschichte im 19. Jahrhundert, Bd. 1, S. 338.

Gliedern[135]. Die temporäre Überlappung mit der Städtereform war dabei keine zufällige, sondern Ausdruck des weit ausgreifenden staatlichen und gesellschaftlichen Erneuerungsbestrebens, bei dem die verschiedenen Einzelreformen funktional ineinander greifen und – bei allen unterschiedlichen Einzelmotiven – am Ende in einem harmonischen Ganzen zusammenlaufen sollten, das man als die Schaffung eines dezentralen Kultur- und Nationalstaates[136] bezeichnen kann[137]. Der Universität kam innerhalb dieses umfassenden Reformplans die Schlüsselfunktion zu, der für das 18. Jahrhundert diagnostizierten „Flachheit und Kraftlosigkeit ... in allen Fächern des Wissens und Denkens"[138] entgegenzutreten und das Bildungsbürgertum zu generieren, das die Basis für die Erneuerung des Staates von innen heraus bilden sollte[139].

Der Kreis der Universitätserneuerer um Humboldt[140] war geleitet vom neuhumanistisch-idealistischen Wissenschafts- und Bildungsbegriff[141] und der Erziehungslehre Johann Heinrich Pestalozzis, eines Reformmodells, das vor dem Hintergrund einer in den Künsten allgemein verbreiteten Rezeption der griechischen Antike zu Beginn des 19. Jahrhunderts haupt-

---

135 Zur Chronologie der Ereignisse und vor allem zu den Hintergründen der preußischen Universitätsreform aufschlussreich *Wehler*, Deutsche Gesellschaftsgeschichte, Bd. 2, S. 504 ff.

136 Dies zu Recht herausstellend *Hufen*, NVwZ 1983, S. 516 ff. Der Nationalstaat wurde im Jahre 1808 selbstredend nur als monarchischer Verfassungsstaat gedacht. Eine Demokratie stand nicht zur Diskussion. Zum Begriff des Kulturstaates eingehend *Geis*, Kulturstaat und kulturelle Freiheit, einerseits und *E. R. Huber*, Deutsche Verfassungsgeschichte, Bd. 1, S. 260 ff., Bd. 4, S. 637 ff., 876 ff., 925 ff., Bd. 5, S. 1200 ff., Bd. 6, S. 111, 855 ff., andererseits.

137 Siehe *Frotscher/Pieroth*, Verfassungsgeschichte, Rn. 189 ff.; *Kahl*, Staatsaufsicht, S. 66 ff.

138 So *Altenstein* in seiner Rigaer Denkschrift v. 11.9.1807, zit. nach *Winter*, Reorganisation, Bd. 1, S. 364 (392; ähnlich auf S. 459).

139 Vgl. *Gall*, Gesellschaft, S. 98 ff.; allgemein instruktiv zu den Motiven und Zielsetzungen der Bildungsreform zu Beginn des 19. Jahrhunderts (Mobilisierung gesellschaftlicher Potentiale, Sozialdisziplinierung, Förderung qualifizierten Beamtennachwuchses, Beherrschung ständischer Zwischengewalten) *Speitkamp*, HZ 250 (1990), S. 549 (552 ff.); *Wehler*, Deutsche Gesellschaftsgeschicht, Bd. 1, S. 472 ff. (speziell zu den Universitäten: S. 480 ff.).

140 Von seinen Mitarbeitern sind insbesondere Nicolovius, Süvern und Uhden zu nennen.

141 Vgl. die Grundschriften von *Schelling*, *Fichte*, *Schleichermacher* und *Steffens* zum Thema Universitätsreform, hrsg. v. *Anrich*, Die Idee der deutschen Universität, speziell *Fichtes* Beitrag „Deduzierter Plan einer zu Berlin zu errichtenden höheren Lehranstalt" (1807), ebd., S. 125 ff.; historische Darstellung und Bewertung bei *E. R. Huber*, Deutsche Verfassungsgeschichte, Bd. 1, S. 271 ff.; *Schnabel*, Deutsche Geschichte, Bd. 2, S. 28 ff., 165 ff. Näheres dazu bei *H. H. Klein*, „Demokratisierung" der Universität?, S. 24 ff.; *König*, Vom Wesen, S. 65 ff.; *Spranger*, Wilhelm von Humboldt, insbesondere S. 52 ff., 199 ff.; *Kleindiek*, Wissenschaft und Freiheit, S. 62 ff.; *H. Thieme*, Die geschichtlichen Voraussetzungen, S. 16 f.

sächlich die (humanistischen) Gymnasien und die Hochschulen erfasste[142]. Nachdem die Aufklärung aus den Hochschulen fachspezifische, dem Nützlichkeitsprinzip[143] und dem Wissenstransfer verschriebene Ausbildungsstätten mit starken Elementen von „staatlichen Berufsbildungsanstalten“[144] bzw. „Staatsdienerschulen“[145] gemachte hatte[146], sollte die Alma Mater nun wieder zum Hort der Bildung und der „reinen Idee der Wissenschaft“[147] werden, an der die Studierenden aktiv teilhaben dürfen an der stets unvollendeten Suche nach Erkenntnissen und Problemlösungen[148]. Lehrende und Lernende sollten sich gemeinschaftlich auf die approximative Suche nach Wahrheit begeben und hierdurch den Menschen zur sittlichen, umfassend gebildeten und reifen Persönlichkeit von klarem, schöpferisch-selbstinitiativem Geist veredeln[149]. „Individualität, Universalität, Totalität“[150], so lauteten die Leitbilder. Mit der Gründung der Königlichen Friedrich-Wilhelms-Universität zu Berlin am 16. August 1809[151] setzte Humboldt das auf den Grundsätzen der Einheit und Freiheit von Forschung und Lehre sowie der Universalität beruhende Konzept gegen die früheren preußischen Reformpläne[152] durch, die das am französischen Vorbild angelehnte, auf Ver-

---

[142] Vgl. statt vieler *Schnabel*, Deutsche Geschichte, Bd. 1, S. 252 ff.; Bd. 2, S. 17 ff.

[143] Hierfür steht die Hochschulpolitik des Ministers K. A. Frhr. v. Zedlitz-Leipe; vgl. *Schrader*, Geschichte, Bd. 1, S. 534 ff. (536); zum Ganzen auch *Hammerstein*, ZHF 10 (1983), S. 73 (79); *Roellecke*, HWissR, Bd. 1, S. 3 (20 ff.).

[144] *Schulze*, Das Preussische Staatsrecht, Bd. 2, S. 359.

[145] *Ellwein*, Die deutsche Universität, S. 47 ff.

[146] Vgl. *Schelsky*, Einsamkeit und Freiheit, S. 33 ff. Die Forschung wurde – zumal gegen Ende des 18. Jahrhunderts – verstärkt auf die Wissenschaftlichen Akademien ausgelagert, um den Universitäten primär den Charakter von Stätten der fachlichen Berufsausbildung zu verleihen.

[147] *v. Humboldt*, Organisation, S. 193 (193).

[148] Vgl. *Kaehler*, Wilhelm von Humboldt, S. 228 f.; *T. Nipperdey*, Deutsche Geschichte 1800–1866, S. 56 ff.; *Paulsen*, Geschichte des gelehrten Unterrichts, Bd. 2, S. 278 ff.; *Schaffstein*, Wilhelm von Humboldt, S. 202 ff. Aus dem zeitgenössischen staatsrechtlichen Schrifttum etwa *Klüber*, Öffentliches Recht, S. 733, für den der Staat durch die Errichtung öffentlicher Erziehungs- und Unterrichtsanstalten „die Mehrung der Vollkommenheiten seiner Bürger zu befördern strebt“.

[149] Ähnlich BVerfGE 35, 79 (109): „Nach den Vorstellungen des Neuhumanismus, insbesondere Wilhelm von Humboldts, war die deutsche Universität als eine ‚absichtslose‘ Gemeinschaft der Lehrenden und Lernenden im Zeichen der engen Verbindung von Forschung und Lehre verfaßt, die dem Einzelnen durch die Beschäftigung mit zweckfreier Wissenschaft ‚in Einsamkeit und Freiheit‘ über wissenschaftliche Erkenntnisse hinaus ethische Handlungsnormen vermitteln sollte.“

[150] *T. Nipperdey*, Deutsche Geschichte 1800–1866, S. 58; vgl. auch *Spranger*, Wandlungen, S. 8 ff.

[151] Tiefgehend *Lenz*, Geschichte, Bd. 1, insbesondere S. 148 ff.; vgl. ferner zur Gründungsgeschichte und historischen Entwicklung der Berliner Universität *v. Bruch*, FuL 2004, S. 136 f.; *König*, Vom Wesen, S. 53 ff., 160 ff.; *Schelsky*, Einsamkeit und Freiheit, S. 50 ff.; *Schulze-Prießnitz*, Einheit von Forschung und Lehre, S. 42 ff.; *Smend*, Die Berliner Friedrich-Wilhelms-Universität, in: ders., Staatsrechtliche Abhandlungen, S. 547 ff.

[152] Dazu *Paulsen*, Geschichte des gelehrten Unterrichts, Bd. 2, S. 127 ff., 137 ff.; *Zwirner*, AöR 98 (1974), S. 313 (316).

mittlung berufspraktischer Fertigkeiten abzielende Fachhochschulprinzip bevorzugten[153]. Die Berliner Universität und ihre Gründungsstatuten vom 31. Oktober 1816[154] wiesen die Richtung und setzten den Maßstab für die nachfolgenden Neugründungen Preußens, zum Teil auch für außerpreußische Universitäten[155].

Sieht man von dem auf die endgültige Befreiung der Universitäten von kirchlicher Bevormundung gerichteten Grundkonsens ab, so gingen die Vorstellungen hinsichtlich der Ausgestaltung der Universitätsaufsicht innerhalb der preußischen Hochschulreformer in nicht wenigen Punkten auseinander[156]. In der Auffassung Humboldts selbst spiegelte sich das Ringen zweier gegenläufiger Ansichten wider. Von diesen kann die eine als die liberale („autonomiefreundliche"), die andere als die konservative („staatsfreundliche") bezeichnet werden[157]. In seinen frühen Schriften beschränkte Humboldt den Staat im Bildungswesen auf eine sehr enge, defensive Schutzfunktion, getragen von der Grundtendenz staatliche Ingerenzen möglichst zu minimieren[158]. Während seiner Amtszeit im Ministerium

---

[153] Vgl. BVerfGE 61, 210 (238); *Hendler*, Selbstverwaltung als Ordnungsprinzip, S. 31 f.

[154] Abgedruckt bei *Koch*, Die preußischen Universitäten, Bd. 1, S. 41.

[155] Vgl. *Gerber*, HSW, Bd. 10, S. 471 (473); *Kluge*, Die Universitäts-Selbstverwaltung, S. 80 f.; *Oppermann/Fechner*, HWissR, Bd. 1, S. 1009 (1016).

[156] Deutlich liberaler als v. Humboldt war etwa *Schleiermacher*, Gelegentliche Gedanken, S. 219 (244), der für den Universitätsbereich postulierte: „Allein hier wie überall kommt eine Zeit, wo diese Vormundschaft aufhören muß. Sollte diese nicht für Deutschland allmählich eintreten, und wenigstens in dem protestantischen Teile desselben bald ratsam sein, daß der Staat die Wisssenschaften sich selbst überlasse, alle innern Einrichtungen den Gelehrten als solchen anheimstelle, und sich nur die ökonomische Verwaltung, die polizeiliche Oberaufsicht und die Beobachtung des unmittelbaren Einflusses dieser Anstalten auf den Staatsdienst vorbehalte?" Hinsichtlich der Aufsicht spricht sich *Schleiermacher* (ebd., S. 272) für eine strikte Begrenzung aus: „Es muß sich allmählich immer genauer trennen, was zum innern häuslichen Leben der Anstalt selbst gehört, von allem, wobei sie selbst oder ihre einzelnen Glieder nur als Mitglieder der bürgerlichen Gesellschaft anzusehen sind. In allem, was zu jenem Gebiet sicher gehört, muß die Universität sich frei und unabhängig ihr Hausrecht selbst bilden, und es nach Beschaffenheit der Umstände verändern können; der Staat kann sich dabei keiner Leitung anmaßen, sondern nur Mitwissenschaft fordern und Aufsicht führen, damit dieses Gebiet nicht überschritten werde." (vgl. auch ebd., S. 275 ff.); vgl. ferner den Überblick über die aufsichtsrechtlichen Vorstellungen der Reformer bei *Nitsch* u.a., Hochschule in der Demokratie, S. 6 ff.; *Pleyer*, Vermögens- und Personalverwaltung, S. 58 ff.

[157] Vgl. *Asche*, Hochschulautonomie, S. 65 ff. (68); *Schaffstein*, Wilhelm von Humboldt, S. 224 ff.; *H. Thieme*, Die geschichtlichen Voraussetzungen, S. 17; *S. Turner*, in: Jeismann/Lundgreen, HBG, Bd. III, S. 221 (237); zum Ganzen auch *Schmidt-Aßmann*, Verfassungsbegriff, S. 186 ff. Die Liberalität Humboldts in der Aufsichtsfrage überschätzend und die diesbezügliche Unterschiedlichkeit der Standpunkte von Humboldt und Schleiermacher zu sehr nivellierend *Spranger*, Wilhelm von Humboldt, S. 204 f.; *ders.*, Wandlungen, S. 9 ff.

[158] Interessant *v. Humboldt*, Organisation, S. 193 (194): „ … daß er (scil.: der Staat; der Verf.) vielmehr immer hinderlich ist, sobald er sich hineinmischt, daß die Sache an sich ohne ihn unendlich besser gehen würde …"; vgl. auch *v. Humboldt*, Werke, Bd. X, S. 97 (100). Diese Ausführungen enthalten deutliche Anklänge an die grundsätzlichen Ausführungen Humboldts in seinen 1792 verfassten und 1851 erschienenen „Ideen zu einem

Dohna-Altenstein setzte bei ihm indes ein Umdenkungsprozess ein. Nunmehr ging Humboldt, insoweit dem Frhr. vom Stein durchaus geistesverwandt, von einer stärkeren Verantwortung des (Kultur-)Staates für das Bildungswesen und der Notwendigkeit einer effizienten Staatsaufsicht, zumal in Finanz- und Personalfragen, aus. Alle Hochschulen, so führte er aus, „stehen ... unter Leitung und Oberaufsicht des Staates“[159]. Der Grund für das Festhalten Humboldts an der „klassischen Aufsicht“[160] lag vor allem in seinen praktischen Erfahrungen im Umgang mit den Fakultäten und ihren Professoren. Humboldts Professorenbild zeichnete den deutschen Gelehrten als eifersüchtigen, streitfreudigen und parteilichen Egoisten, dem eine Anfälligkeit für Nepotismus und ein Hang zu zünftischem Denken keineswegs wesensfremd sind[161]. Humboldt war dabei auch durch die Ansichten Goethes, dessen Abneigung gegenüber einem sich selbst verwaltenden „Professoren-Corps“ belegt ist[162], beeinflusst[163]. Geht man von diesem eher korporationsskeptischen Vorverständnis[164] aus, so erklärt sich, warum die Staatsaufsicht in den Augen Humboldts nachgerade zum Palladium der wissenschaftlichen Freiheit vor inneruniversitärem Zunftgeist und Nepotismus wird[165].

Versuch, die Grenzen der Wirksamkeit des Staats zu bestimmen“, in deren Mittelpunkt die Vorstellung des freien, von aller Gemeinschaftsbindung losgelösten Individuums und des auf Rechtsbewahrung beschränkten Staates steht; vgl. *v. Humboldt*, Ideen, Kapitel I und II sowie – speziell zum Erziehungswesen – Kapitel VI, S. 73: „Überhaupt soll die Erziehung nur, ohne Rücksicht auf bestimmte, den Menschen zu erteilende bürgerliche Formen, Menschen bilden; so bedarf es des Staats nicht. Unter freien Menschen gewinnen alle Gewerbe besseren Fortgang, blühen die Künste schöner auf, erweitern sich alle Wissenschaften.“

159 *v. Humboldt*, Organisation, S. 193 (202).

160 *Kluge*, Die Universitäts-Selbstverwaltung, S. 228 f. und passim.

161 Vgl. *v. Humboldts* Ausspruch in einem gegen Ende seiner Amtszeit verfassten Brief an seine Frau Caroline: „... mit wieviel Schwierigkeiten ich bei alledem zu kämpfen habe, wie die Gelehrten, die unbändigste und am schwersten zu befriedigende Menschenklasse – mit ihren sich ewig durchkreuzenden Interessen, ihrer Eifersucht, ihrem Neid, ihrer Lust zu regieren, ihren einseitigen Ansichten, wo jeder meint, daß nur sein Fach Unterstützung und Beförderung verdiene, mich umlagern, ... davon hast du keinen Begriff“, zit. nach *Schelsky*, Einsamkeit und Freiheit, S. 155. Vgl. auch *v. Humboldts* Ausspruch: „Gelehrte zu dirigieren ist nicht viel besser, als eine Komödiantentruppe unter sich zu haben“, zit. nach *Kluge*, Die Universitäts-Selbstverwaltung, S. 76 f.

162 Bemerkenswert etwa die Einschätzung von *Bernhard*, Akademische Selbstverwaltung, S. 111 ff. (113), der Goethe beschreibt als „raffinierten Verwaltungsdiplomaten vom kameralistischen Schlage, der mit wohlwollend verhüllter Geringschätzung auf die professorale Scheinverwaltung blickte“. Zu Goethe auch *Jaspers*, in: ders./Rossmann, Die Idee der Universität, S. 118.

163 Nachw. hierzu bei *Kluge*, Die Universitäts-Selbstverwaltung, S. 76 f.

164 Dazu auch *Nitsch* u.a., Hochschule in der Demokratie, S. 20. Allgemein zum Staatsverständnis v. Humboldts eingehend *Kaehler*, Wilhelm von Humboldt.

165 *v. Humboldt*, Organisation, S. 193 (196); vgl. auch *Bernhard*, Akademische Selbstverwaltung, S. 116.

Der Fürsorgegedanke des 18. Jahrhunderts wirkte folglich, wenngleich wesentlich abgeschwächt und bereinigt von den Exzessen alter Reglementierungswut, in das 19. Jahrhundert hinein. Eine effektive staatliche Kuratel und ein spürbarer staatlich-bürokratischer Zugriff galten als Rahmenbedingungen und Voraussetzungen für die Ermöglichung größtmöglicher Freiheit der Universitäten nach innen[166]. Nach § 12 der Statuten der Universität Bonn vom 1. September 1827 hatten die Aufsichtsorgane beispielsweise „die Fürsorge für die Erhaltung und Beförderung des Flors, und der Bestimmung der Universität und für die Aufrechterhaltung der gesammten äussern und innern Ordnung auf derselben"[167]. In der Aufsicht sahen die preußischen Reformer einen Hebel gegen die im Zunftwesen erstarrte Universität, die sich zu einer Reform aus eigenen Kräften unfähig und der lenkenden Hand des Staates bedürftig erwiesen hatte[168]. Von besonderer praktischer Bedeutung ist dabei das ausschließliche Recht des Staates, dem insoweit die größere Neutralität und Weitsicht unterstellt wurde, die Hochschullehrer auszuwählen und zu ernennen[169]. Als lokale Aufsichtsorgane und Kommissare des Ministeriums[170] wirkten an den meisten Universitätsorten Kuratoren[171]. Als reine Staatsorgane hatten sie ihre geistigen Wurzeln

---

[166] *Speitkamp*, HZ 250 (1990), S. 549 (555); ferner BVerfGE 35, 79 (117 f.); *Asche*, Hochschulautonomie, S. 65 f.

[167] Abgedruckt in: *Koch*, Die preußischen Universitäten, Bd. 1, S. 190 (192 f.). Vgl. auch die einleitenden Worte der Instruktion an den Hallenser Kurator v. 21.11.1819: „Die Gerechtsame der Universität haben Sie auf alle zweckmäßige Weise wahrzunehmen, und solche gegen jede mögliche Beeinträchtigung zu schützen, die Universität selbst bei Verhandlungen derselben mit anderen Behörden unterstützend zu vertreten, sich zu bemühen, zwischen den geistlichen und weltlichen Provinzial- und Local-Behörden und der Universität guten Willen und gutes Einverständnis zu fördern und zu erhalten, in streitigen keinen Aufschub leidenden Fällen, welche die Universität selbst nicht ausgleichen kann, eine gütliche Vermittelung zu versuchen, und Falls diese von der einen oder andern Seite keinen Erfolg verspricht, so daß eine höhere Dazwischenkunft nöthig ist, ungesäumt an das Ministerium zu berichten, übrigens aber in allen Fällen und in jeder Hinsicht für das Wohl der Universität mit Nachdruck und Vorsicht zu sorgen", zit. nach *Schrader*, Geschichte, Bd. 2, S. 538 f.; vgl. auch ebd., S. 91 ff.; ferner § 2 Nr. 4 der Instruktion für den Kurator der Universität Bonn v. 8.7.1819, abgedruckt in: *Koch*, Die preußischen Universitäten, Bd. 1, S. 184 (185).

[168] BVerfGE 35, 79 (118); *Schelsky*, Einsamkeit und Freiheit, S. 153.

[169] *Gallas*, Staatsaufsicht, S. 55; *E. R. Huber*, Deutsche Verfassungsgeschichte, Bd. 1, S. 288.

[170] Zuständig war zunächst die Sektion für Erziehung und Unterricht im preußischen Innenministerium, ab 1817 das neu geschaffene Ministerium der geistlichen, Unterrichts- und Medizinal-Angelegenheiten.

[171] Deren Rechtsstellung wurde bis zu den Änderungen infolge der Karlsbader Beschlüsse des Jahres 1819 durch zwei Regelungen näher bestimmt; vgl. *v. Rönne*, Unterrichts-Wesen, Bd. 2, S. 406: (1) Nach § 10 des Reskripts v. 26.12.1808 beschränkt sich die Mitwirkung der Regierungen in Rücksicht auf die Universitäten nur auf die allgemeine Polizeiaufsicht. „Die innere Einrichtung, die ökonomische Kuratel, imgl. die Berufung und Anstellung der Lehrer, besorgt das Kuratorium". Die Ernennung des „jedesmaligen Kurator(s)" behielt sich das Ministerium vor. (2) Nach § 16 des Reskripts v. 30.4.1815,

im polizeistaatlichen Denken; in ihrer Rolle als dislozierte „Horch- und Überwachungsposten" waren sie den auf kommunaler Ebene agierenden commissarii loci[172] nicht unähnlich[173].

Insgesamt hegten die preußischen Universitätsreformer keine Zweifel, dass die Belange der Universitäten bei der staatlichen Kulturverwaltung in guten Händen waren. Aus diesem Grund legten sie auch keine Bedenken gegenüber einer patriarchalisch-autoritativen Beaufsichtigung und einer fürsorglichen Obhut[174] vonseiten des Staates an den Tag. Ein Junktim zwischen Wissenschaftsfreiheit und akademischen Selbstverwaltungsrechten bestand noch nicht[175]. Die Idee universitärer Autonomie bezog sich lediglich auf die Verteidigung mittelalterlich tradierter Korporationsrechte und Privilegien[176] und stand im Übrigen in einem Spannungsverhältnis zu dem anstaltlichen Teilcharakter der Universität[177]. Letzterer resultierte vor allem aus der finanziellen Abhängigkeit der Universität vom Staat, freilich auch aus der ausgeprägten Aufsicht, welche im Wesentlichen die Gestalt bewahrte, die sie im 18. Jahrhundert angenommen hatte[178], ja gegenüber der Zeit vor 1809 eher noch ausgebaut wurde[179]. Die Weite der Universitätsaufsicht

---

wegen verbesserter Einrichtung der Provinzial-Behörden (abgedruckt in: *v. Rönne*, ebd., S. 255 [256]) wurden die Oberpräsidenten als „beständiger Kommissarius" des Ministeriums zum Kurator der Universität, die sich in ihrer Provinz befindet, ernannt.

172 Siehe dazu *Kahl*, Staatsaufsicht, S. 51 ff.

173 Zur Rechtsstellung der Kuratoren vgl. Verordnung wegen verbesserter Einrichtung der Provinzial-, Polizei- und Finanzbehörden v. 26.12.1808, zit. nach *Köttgen*, Deutsches Universitätsrecht, S. 201 Fn. 4; Instruktion für den Kurator der Universität Bonn v. 8.7.1819 und Instruktion für den Kurator der Universität Breslau v. 12.4.1816, beide abgedruckt in: *Koch*, Die preußischen Universitäten, Bd. 1, S. 184; 313. Über die Aufsichtspraxis berichtet am Beispiel der Bonner Universität *Stein v. Kamienski*, in: Schäfer, Verfassungsgeschichte der Universität Bonn, S. 527 ff.

174 Diese äußerte sich etwa darin, dass den preußischen Universitäten nach 1815 ihr ursprüngliches Recht der eigenenVermögensverwaltung zumeist entzogen und auf den Kurator übertragen wurde.

175 Vgl. differ. *Hendler*, Selbstverwaltung als Ordnungsprinzip, S. 32 ff.; *Tomerius*, Hochschulautonomie, S. 21.

176 Vgl. *Gallas*, Staatsaufsicht, S. 56. Vgl. aber *E. R. Huber*, Deutsche Verfassungsgeschichte, Bd. 1, S. 289, der aufgrund der Neuordnung der akademischen Gerichtsbarkeit durch Reglement v. 28.12.1810 (PrGS S. 142) von einer wesentlichen Stärkung der universitären Korporationssrechte ausgeht; mit Recht relativierend *Tomerius*, Hochschulautonomie, S. 20, die hierin lediglich eine Normierung des Grundsatzes des Vorbehalts des Gesetzes im Sinne des bürgerlich-liberalen Rechtsstaates sieht.

177 Hierzu *T. Nipperdey*, Deutsche Geschichte 1800–1866, S. 65; vgl. auch BVerfGE 35, 79 (118 f.); unzutreffend *Bornhak*, Rechtsstellung, S. 15, der bezogen auf die neuen Universitätsstiftungen von Berlin (1810), Bonn (1818) und Breslau (1811) von „reinen Staatsanstalten" spricht.

178 In diesem Sinne *Kluge*, Die Universitäts-Selbstverwaltung, S. 229.

179 So *S. Turner*, in: Jeismann/Lundgreen, HBG, Bd. III, S. 221 (228). Dort auch der Hinweis auf die gestiegene finanzielle Abhängigkeit der häufig stark verschuldeten Universitäten vom Staat. Staatliche Zuschüsse seien nicht selten um den Preis einer Abtretung von Autonomie erkauft worden, wie das Beispiel der Universität Heidelberg dokumentiere.

war auch eine Folge der, sieht man von Regelungen wie § 68 II 12 PrALR 1794 ab, fehlenden gesetzlichen Grundlagen. Zudem wurde an die Einräumung von gerichtlichem Rechtsschutz der Universitäten in Aufsichtsangelegenheiten noch nicht gedacht[180].

Für die Hochschulaufsicht bedeuteten die preußischen Reformen unter Humboldt alles in allem keinen mit der preußischen Städteordnung für das Kommunalrecht vergleichbaren tiefgreifenden Einschnitt, der zu einem grundlegenden Wandel der absolutistischen Bevormundungsaufsicht zu einer modernen Rechtsaufsicht geführt hätte. Für die Universitäten ist vielmehr stärker das Element der Kontinuität zum 18. Jahrhundert kennzeichnend. Zwar wichen die Meinungen der Reformer über das notwendige Maß an Aufsicht im akademischen Bereich voneinander ab, was sich etwa bei einem Vergleich der Schriften Fichtes und Schleiermachers zeigt, am Ende setzte sich jedoch die vermittelnde Linie Humboldts durch, die näher bei Fichte als bei Schleiermacher lag. Danach gestaltete sich das Verhältnis Hochschule-Staat als ein eher patriarchalisch-autoritäres. Der Fürsorgegedanke lebte in abgeschwächter Form fort. Er lag nach Einschätzung der Reformer gerade im wohlverstandenen Eigeninteresse des zu geordneter Selbstregulierung strukturell unfähigen Wissenschaftsbetriebs. So verwundert es nicht, dass die aufsichtsrechtlichen Termini aus der Zeit des ausgehenden 18. Jahrhunderts wie Leitung, Fürsorge, Beförderung des Flors, Oberaufsicht oder Direktion auch die Universitätsaufsicht in der Ära der bürgerlichen Reformen bestimmten.

180 *Gallas*, Staatsaufsicht, S. 52.

§ 6 Die Universität der konstitutionellen Monarchie zwischen Freiheitsbedrohung und Freiheitsgewinn

In der Zeit der Metternich'schen Restauration und Repression[181] ab 1815 gestattete die Gesetzgebung nahezu jeden diskretionären Eingriff in die akademische Freiheit und stellte damit die Freiheit von Forschung und Lehre existenziell in Frage[182]. Die ohnedies nur rudimentär ausgeprägten Ansätze universitärer Selbstverwaltung erfuhren im Zuge der antirationalistischen Reaktion einen zusätzlichen Rückschlag[183]. An erster Stelle ist dabei auf die Karlsbader Beschlüsse zu verweisen. Nach dem Universitätsgesetz vom 20. September 1819[184] „soll bei jeder Universität ein mit zweckmäßigen Instructionen und ausgedehnten Befugnissen versehener, am Orte der Universität residirender, außerordentlicher landesherrlicher Bevollmächtigter, entweder in der Person des bisherigen Curators oder eines anderen, von der Regierung dazu tüchtig befundenen Mannes angestellt werden" (§ 1 Abs. 1). Das Mandat dieses Bevollmächtigten, eines Staatskommissars nach heutiger Terminologie[185], bestand darin, „über die strengste Vollziehung der bestehenden Gesetze und Disciplinar-Vorschriften zu wachen, den Geist, in welchem die akademischen Lehrer bei ihren öffentlichen und Privatvorträgen verfahren, sorgfältig zu beobachten, und demselben, jedoch ohne unmittelbare Einmischung in das Wissenschaftliche und die Lehrmethoden eine heilsame, auf die künftige Bestimmung der studirenden Jugend berechnete Richtung zu geben, endlich Allem, was zur Beförderung der Sittlichkeit, der guten Ordnung und des äußern Anstandes unter den Studirenden dienen kann, seine unausgesetzte Aufmerksamkeit

---

181 Siehe dazu *Frotscher/Pieroth*, Verfassungsgeschichte, Rn. 243 ff.

182 *E. R. Huber*, Deutsche Verfassungsgeschichte, Bd. 1, S. 739 ff.

183 Vgl. *Welcker*, in: v. Rotteck/ders., Staats-Lexikon, Bd. 8, S. 484 (487 ff.).

184 Provisorischer Bundesbeschluß über die in Ansehung der Universitäten zu ergreifenden Maßregeln (Universitätsgesetz) v. 20.9.1819, abgedruckt in: *E. R. Huber*, Dokumente, Bd. 1, Nr. 31; *Koch*, Die preußischen Universitäten, Bd. 1, S. 15. Dieses Gesetz war entgegen seiner Bezeichnung ein unbefristetes Bundesgesetz, das durch Bundesbeschluss v. 13.11.1834 (abgedruckt in: *E. R. Huber*, ebd., Nr. 32) verschärft und erst mit Bundesbeschluss v. 2.4.1848 (abgedruckt in: *E. R. Huber*, ebd., Nr. 75) zusammen mit den anderen Ausnahmegesetzen aufgehoben wurde.

185 Vgl. *Röken*, in: FS für Winkmann, S. 3 (8 ff.), der sich mit Recht gegen die in späteren Jahren häufig zu beobachtende, historisch falsche Gleichsetzung der Figur des Kurators mit der des außerordentlichen Regierungsbevollmächtigten wendet; vgl. ebd., S. 14.

zu widmen" (§ 1 Abs. 2)[186]. Auf Antrag des Regierungsbevollmächtigten oder nach einem von demselben vorher eingeforderten Bericht konnte ein „missliebiger" Professor von den Bundesregierungen aus der Universität ausgeschlossen werden, mit der Konsequenz, dass er in keinem anderen Staat des Deutschen Bundes wieder angestellt werden durfte (vgl. § 2)[187]. Aufgrund der „Instruktion für die außerordentlichen Regierungsbevollmächtigten bei den Universitäten" vom 18. November 1819 (Abschnitt IV und V)[188] wurde der Kurator[189] bis zum Jahre 1848 durch die Figur des Regierungsbevollmächtigten ersetzt. Auf den Letzteren gingen die Obliegenheiten und Befugnisse des Kurators „in ihrer ganzen Ausdehnung"[190] über. Gleichsam „ergänzt" wurden diese hochschulrechtlichen Repressionsmaßnahmen durch das System genereller Vorzensur für Druckwerke sowie strafrechtlicher Verfolgung[191].

Trotz der freiheitsfeindlichen Grundstimmung und der weit reichenden theoretischen Ingerenzbefugnisse haben sich die Karlsbader Beschlüsse, die ja, wie gesehen, unter dem ausdrücklichen Vorbehalt standen, die Überwachung der Hochschulen habe „ohne unmittelbare Einmischung in das Wissenschaftliche und die Lehrmethode" zu erfolgen, im Universitätsalltag Preußens nicht übermäßig bemerkbar gemacht[192], wenngleich sie für die akademische Selbstverwaltung insgesamt über ein Vierteljahrhundert läh-

---

[186] Diese sehr dehnbar formulierte Eingriffsklausel bildete die Rechtsgrundlage für die sog. „Demagogenverfolgungen", welche etwa in der zwanzigjährigen Suspendierung E.M. Arndts von seinem Lehramt, den langwierigen Untersuchungen gegen die Gebrüder Welcker oder dem gegen F. Schlegel gerichteten Zwang, sein Entlassungsgesuch einzureichen, ihre negativen Höhepunkte erreichten. Vgl. dazu *Stein v. Kamienski*, in: Schäfer, Verfassungsgeschichte der Universität Bonn, S. 529 (534).

[187] Die weiteren Bestimmungen des Universitätsgesetzes (1819) richteten sich gegen die Burschenschaften (§ 3) und die Studierenden (§ 4). Auf sie muss hier nicht näher eingegangen werden. Das Gleiche gilt für das „Allerhöchste Reglement für die künftige Verwaltung der akademischen Disciplin und Polizeigewalt bei den Universitaten" v. 18.11.1819, abgedruckt in: *Koch*, Die preußischen Universitäten, Bd. 1, S. 20.

[188] PrGS. S. 233 (236 ff.); auch abgedruckt in: *Koch*, Die preußischen Universitäten, Bd. 1, S. 16; vgl. dazu rückschauend am Beispiel der Hallenser Universität *Schrader*, Geschichte, Bd. 2, S. 99 ff., 104 ff.

[189] Nach § 16 der Verordnung über die verbesserte Einrichtung der Provinzialbehörden v. 30.4.1815 war dies der jeweilige Oberpräsident; vgl. *Gerber*, Hochschule und Staat, S. 73.

[190] So das Schreiben des Ministeriums Altenstein betreffend die Einsetzung des außerordentlichen Regierungsbevollmächtigten und Kurators an der Universität Halle v. 20.11.1819, zit. nach *Schrader*, Geschichte, Bd. 2, S. 537 (538).

[191] Dazu *Frotscher/Pieroth*, Verfassungsgeschichte, Rn. 246 f.; *Stern*, Staatsrecht, Bd V, S. 134, 189; *Stolleis*, Geschichte, Bd. 2, S. 79; *Wehler*, Deutsche Gesellschaftsgeschichte, Bd. 2, S. 340 ff.

[192] Ähnlich schon *Welcker*, in: v. Rotteck/ders., Staats-Lexikon, Bd. 8, S. 484 (491); ferner *Kluge*, Die Universitäts-Selbstverwaltung, S. 83 m.w.Nachw. Vgl. auch BVerfGE 35, 79 (118); *Köttgen*, in: Neumann/Nipperdey/Scheuner, Die Grundrechte, Bd. II, S. 291 (292 f.).

mend-retardierende Effekte entfalteten[193]. Der liberale Gedanke der Lehrfreiheit bildete ein zu mächtiges Palladium gegen exzessive staatliche Eingriffe, an dem keine Regierung zu rühren wagte[194]. Vor allem die detailversessene Fachaufsicht absolutistischer Prägung gehörte weitgehend der Vergangenheit an. Stattdessen trat der Gedanke der Rechtsaufsicht stärker in den Vordergrund[195]. Zur Untermauerung dieser These sei auf § 2 der Instruktion für den Kurator der Universität Bonn vom 8. Juli 1819 verwiesen, welcher lautet: „In dem, was die Universität als Gesammtheit und ihre Verfassung betrifft, wirkt der Kurator in so weit mit: 1) daß er zwar *nicht* die Befugnisse hat, in den Gang der akademischen Geschäfte, in wie fern sie durch den Rektor, den akademischen Senat, die Fakultäten und ihre Dekane, und das akademische Gericht verwaltet werden, einzugreifen, aber doch ebenso verpflichtet als berechtigt ist, dahin zu sehen, daß die der Universität angewiesene Bestimmung je länger, je mehr, erreicht, die durch die Stiftungsurkunde und das vorläufige Reglement im Allgemeinen bereits verzeichnete, und durch die Statuten, noch näher vorzuzeichnende Verfassung in allen Stücken befolgt werde, und, wenn desfallsige Unregelmäßigkeiten zu seiner Kunde gelangen, die betreffenden akademischen Behörden und Personen darauf aufmerksam zu machen, oder nöthigen Falls an das Ministerium zu berichten."[196]

Auch die Statuten für die Universität Berlin von 1816 betonten die Verantwortlichkeit der Universität, konkret der einzelnen Fakultäten für den gesamten Lehrbetrieb, insbesondere den Inhalt der Lehre sowie das Recht der Promotion und Habilitation. Zwar behielt sich das Ministerium theoretisch die Befugnis zur Kontrolle aller Prüfungsentscheidungen und prüfungsähnlichen Entscheidungen vor und erteilte hier und dort fachliche Weisungen, im Grunde galten die Fakultäten jedoch als „beauftragt", die Fachaufsicht für den Staat wahrzunehmen[197]. Mit der Beschränkung der Kuratoren auf die Aufsicht im engeren Sinne und Intendanturangelegenheiten „hatte die absolutistische Aufsicht ihre wichtigste Einflußmöglichkeit verloren"[198]. Nur noch einige Formalien, wie die Übersendung des

---

[193] *Hendler*, Selbstverwaltung als Ordnungsprinzip, S. 35.

[194] Vgl. *C. H. Becker*, Vom Wesen der deutschen Universität, S. 24. Zu der teilweise scharfen, sehr riskanten zeitgenössischen Kritik an der „Demagogenverfolgung" s. *Wehler*, Deutsche Gesellschaftsgeschichte, Bd. 2, S. 341 f.; vgl. auch ebd., S. 404 ff.

[195] Auch wenn sich in diese immer wieder Elemente der Dienstaufsicht über die Professoren und der Disziplinaraufsicht über die Studenten mischten; vgl. *Gallas*, Staatsaufsicht, S. 60 f. m.w.Nachw.

[196] Abgedruckt in: *Koch*, Die preußischen Universitäten, Bd. 1, S. 184 (184 f.); sehr ähnliche Formulierung in § 2 der Breslauer Kuratorialinstruktion, abgedruckt in: *Koch*, ebd., S. 313 und in der Hallenser Kuratorialinstruktion, abgedruckt in: *Schrader*, Geschichte, Bd. 2, S. 538.

[197] Dazu *Kluge*, Die Universitäts-Selbstverwaltung, S. 249 mit anschaulichen Beispielen aus der Aufsichtspraxis.

[198] *Kluge*, Die Universitäts-Selbstverwaltung, S. 246.

Lektionskatalogs an das Ministerium, ragten als Relikte früherer paternalistischer Aufsicht in die neue Zeit hinein. Von einer planmäßigen materiellen Direktion wie im 18. Jahrhundert kann dagegen nicht mehr gesprochen werden. Leitungsmaßnahmen wurden vielmehr auf im Ermessen der Verwaltungsspitze liegende Ausnahmefälle begrenzt[199].

Ein Fortschritt in Richtung auf mehr Freiheit der Hochschulen gelang auch hinsichtlich der Zuständigkeitsverteilung: Der Kurator wurde zumeist aus seiner Funktion der Gesamtleitung der Universität entbunden und die Aufsichtskompetenz ganz beim Ministerium[200] konzentriert[201]. Der Kurator behielt daneben nur noch die Kompetenz „zur ökonomischen Cassen-Verwaltung der Universität und zur Wahrnehmung ihrer Gerechtsame"[202]. Als Konsequenz dieser kompetenziellen Umschichtung kam es zu einem Rückgang der punktuell-willkürlichen Eingriffe und einer Verstetigung sowie Institutionalisierung der Aufsicht.

Der Gedanke akademischer Selbstverwaltung war im Vormärz, gerade im Vergleich zum Gemeinderecht, noch immer unterentwickelt[203]. Gleichwohl gewann die deutsche Universität ein Stück ihrer korporativen Selbstständigkeit zurück, die sie im Mittelalter ausgezeichnet hatte. Sie war keine Staatsanstalt[204], dem Staat nicht unter-, sondern nur funktional zugeord-

---

[199] Vgl. *Kluge*, Die Universitäts-Selbstverwaltung, S. 246 f.

[200] Daneben wird bisweilen, „um die Rechte und gemeinsamen Angelegenheiten der Universität wahrzunehmen und zu verwalten, um über die Studirenden die allgemeine Aufsicht zu führen, und die disziplinarische Authorität über sie auszuüben, wie auch, um über die Angelegenheiten der Universität durch das angeordnete Kuratorium an das ihr vorgesetzte Ministerium zu berichten, und in vorkommenden Fällen mit Unseren übrigen Staatsbehörden zu verhandeln, ... in der Universität ein Ausschuß der ordentlichen Professoren unter dem Namen des Senats, an dessen Spitze der Rektor der Universität, als Präses, sich befindet", eingerichtet; vgl. § 13 der Statuten für die Universität Bonn v. 1.9.1827, abgedruckt in: *Koch*, Die preußischen Universitäten, Bd. 1, S. 190 (193).

[201] Vgl. Nr. 18 der königlichen Stiftungsurkunde für die Universität Bonn v. 18.10. 1818 („Die oberste Leitung und Aufsicht der Universität soll Unser Minister der geistlichen und Unterrichts-Angelegenheiten ... führen ..."), abgedruckt in: *Koch*, Die preußischen Universitäten, Bd. 1, S. 174 (176). Vgl. auch den fast wortgleichen § 12 der Statuten für die Universität Bonn v. 1.9.1827, abgedruckt in: *Koch*, ebd., S. 190 (192 f.).

[202] Nr. 17 der königlichen Stiftungsurkunde der Universität Bonn v. 18.10.1818, abgedruckt in: *Koch,* Die preußischen Universitäten, Bd. 1, S. 174 (176); ganz ähnlich § 11 der Statuten für die Universität Bonn v. 1.9.1827, abgedruckt in: *Koch*, ebd., S. 190 (192).

[203] Vgl. *Bernhard*, Akademische Selbstverwaltung, S. 109: „Und dennoch hat die große Universitätsreform zu Anfang des 19. Jahrhunderts ... eine wirkliche ‚Selbstverwaltung', vergleichbar der Selbstverwaltung der Gemeinden, nicht gebracht." Ähnlich *Hendler*, Selbstverwaltung als Ordnungsprinzip, S. 33 („kaum mehr als ein erster zaghafter Ansatz einer akademischen Selbstverwaltung"). A.A. *E. R. Huber*, Deutsche Verfassungsgeschichte, Bd. 1, S. 289: „Das Prinzip der akademischen Selbstverwaltung durch Rektor, Senat und Fakultäten blieb nicht nur erhalten; es gewann vielmehr in der Humboldt'schen Idee der autonomen Wissenschaft und Bildung einen neuen festen Grund."

[204] Vgl. *Paulsen*, Die deutschen Universitäten, S. 89; *v. Rönne*, Unterrichts-Wesen, Bd. 2, S. 395.

net[205]. Ausfluss dieses Zuordnungsverhältnisses war das Institut der Oberaufsicht. Die Oberaufsicht über die Universitäten wurde während des Vormärz – woran sich im Grunde bis zum Ende der konstitutionellen Monarchie nichts Wesentliches ändern sollte – weiter im Sinne einer umfassenden, grundsätzlich unbegrenzten Inspektionsgewalt verstanden[206]. So durfte etwa nach § 12 der Bonner Universitätsstatuten von 1827 das Kultusministerium „alle ... erforderlichen Verordnungen, Reglements, Instruktionen und andere Vorschriften ... erlassen“[207]. Es fehlte an einer gesetzlichen Regelung der Universitätsverfassung[208] sowie an einer normativen Eingrenzung des Aufsichtsrechts, etwa durch eine Beschränkung auf eine Rechtsaufsicht, eine Enumeration von Einzelbefugnissen[209] oder eine hinreichend bestimmte und präzise Aufsichtsdefinition[210]. Maßgeblich blieb weiterhin das Preußische Allgemeine Landrecht von 1794, insbesondere die Generalbefugnis des § 13 II 13 PrALR[211]. Die Hochschulaufsichtsbehörden sahen sich gezwungen, die Begriffsbestimmung der Aufsicht „aus dem Wortsinn und aus der Praxis des Staatslebens (zu) entnehmen.“[212] Wortsinn und Praxis zeichneten sich jedoch in diesem Punkt durch Konturlosigkeit und Vagheit aus, sodass der Universitätsaufsicht weitgehend Tür und Tor

---

[205] *T. Nipperdey*, Deutsche Geschichte 1800–1866, S. 478.

[206] *Gallas*, Staatsaufsicht, S. 59.

[207] Abgedruckt in: *Koch*, Die preußischen Universitäten, Bd. 1, S. 190 (193).

[208] Die Rechtsgrundlagen bildeten noch immer die als königliche Verordnungen ergangenen Universitätsstatuten und die auf der Grundlage hiervon erlassenen Fakultätsstatuten (ministerielle Regulative). Die Universitäten bzw. Fakultäten wurden hierbei, genauso wie bei späteren Änderungen, nur angehört, wobei ihrer Stellungnahme keine rechtliche Bindungswirkung zukam. Verabschiedung wie nachträgliche Änderung der Verordnungen und Erlasse konnten einseitig durch die Staatsgewalt erfolgen; vgl. *Bornhak*, VerwArch. 18 (1910), S. 1 (37); *ders.*, WDStVerwR, Bd. 3, S. 634 (635); *Wende*, Grundlagen des preussischen Hochschulrechts, S. 29.

[209] Wie z.B. für die Städte in §§ 1, 2 Preußische Städteordnung (PrStO) 1808.

[210] Zur Geschichte der gescheiterten Bemühungen um den Erlass eines die Art. 20–25 PrVerf. 1850 konkretisierenden, auf Art. 26 PrVerf. 1850 gestützten, Universitätsgesetzes: Ministerium der geistlichen, Unterrichts- und Medicinal-Angelegenheiten (Hrsg.), Gesetzgebung, S. 150 ff. Besonders hervorzuheben sind § 167 des Ladenbergschen Entwurfs (1849), zit. nach ebd., S. 180: „Die Universitäten stehen unter der oberen Aufsicht und Leitung des Ministers des Unterrichts, erhalten aber einen Kurator, welcher zum Organ desselben an Ort und Stelle dient und die Verwaltung des Vermögens sowie des gesammten Kassen- und Rechnungswesens der Universität wahrnimmt. Disciplinarbefugnisse stehen dem Kurator nicht zu.“; ferner § 210 des während der Amtszeit von Kultusminister von Bethmann-Hollweg im Jahre 1862 vorgelegten Entwurfs eines Unterrichts-Gesetzes, zit. nach ebd., S. 267: „Die Universitäten stehen unter der unmittelbaren Aufsicht des Ministers der Unterrichts-Angelegenheiten, welchem hierzu, soweit dies erforderlich, ein vom Könige ernannter Curator als Organ dient.“

[211] Wie hier *Tomerius*, Hochschulautonomie, S. 26.

[212] Vgl. *Bornhak*, VerwArch. 18 (1910), S. 1 (31), der in diesem Zusammenhang auf die Ausführungen *Klübers*, Öffentliches Recht, § 359 (siehe dazu *Kahl*, Die Staatsaufsicht, S. 100 ff.), als repräsentativ für die damals h.M. verweist.

geöffnet blieben. Bornhak hat diesen fast ein Jahrhundert währenden Rechtszustand später wie folgt bilanziert: „Während gegenüber den meisten anderen öffentlichen Korporationen die Aufsichtsbefugnisse in neuerer Zeit positiv bestimmt sind, bleibt für die Handhabung der Aufsicht über die Universitäten nur der leitende Rechtsgrundsatz übrig: ‚Was nicht verboten ist, ist erlaubt.' In Parenthese darf man hinzufügen: tatsächlich ist für den Monarchen so gut wie gar nichts, für den Minister nur, wo die Universitätsstatuten hindernd im Wege stehen, etwas verboten."[213]

Im Jahre 1834 trafen sich die Bevollmächtigten der dem Engeren Rat des Bundestags angehörenden Regierungen zu einer geheimen Konferenz in Wien und beschlossen eine weitere Verschärfung des Karlsbader Universitätsgesetzes[214]. Kernelement waren die die Überwachung der Universitäten betreffenden Art. 42–56, welche mit Bundesbeschluss vom 14. November 1834[215] zum Bundesgesetz erhoben wurden[216]. Nach dem vom „Geist bürokratischer Bevormundung"[217] geprägten neuen Bundes-Universitätsgesetz übernahmen es die Regierungen allgemein, durch gleichförmige Instruktionen an die Universitätsbevollmächtigten für die Einheitlichkeit der deutschen Universitätspolitik zu sorgen (Art. 38). Die Zahl der staatlichen Genehmigungsvorbehalte stieg weiter an. So bedurften nunmehr auch die Erteilung der venia legendi (Art. 39) oder die Abhaltung von wissenschaftlichen Lehrveranstaltungen außerhalb des Wissenschaftsgebiets der Fakultät (Art. 40) der vorherigen Zustimmung der Aufsichtsorgane. In der Praxis kam es zu erheblichen Eingriffen in die Wissenschaftsfreiheit. Stellvertretend hierfür ist nur die Amtsenthebung und Landesverweisung der „Göttinger Sieben" zu nennen, welche 1837 gegen die Aufhebung der hannoverschen Verfassung durch König Ernst August von Hannover protestiert hatten.

Die zunehmende staatliche Inbesitznahme der Universität wurde von der zeitgenössischen Staatsrechtslehre ganz überwiegend gebilligt oder jedenfalls stillschweigend hingenommen. Forderungen nach Autonomie und Selbstverwaltung waren kaum zu vernehmen. Auch die Gelehrten versprachen sich offenbar Heil von einer kulturstaatlich gesinnten[218], das Staats-

---

[213] *Bornhak*, VerwArch. 18 (1910), S. 1 (38).

[214] Die Ergebnisse wurden in dem sog. „Wiener Protokoll" v. 12.6.1834 in 60 Artikeln niedergelegt; abgedruckt in: *E. R. Huber*, Dokumente, Bd. 1, Nr. 45; vgl. auch *v. Rönne*, Unterrichts-Wesen, Bd. 2, S. 382 ff.

[215] Bundesbeschluß v. 14.11.1834 wegen der deutschen Universitäten und anderer Lehr- und Erziehungs-Anstalten Deutschlands, publiziert durch Bek. v. 5.12.1835, PrGS. S. 287; auch in *v. Rönne*, Unterrichts-Wesen, Bd. 2, S. 384 Fn. 4.

[216] Art. 60 stellte jedoch klar, dass diese nur partielle Verkündung als Gesetz lediglich die Publizität, nicht hingegen die Anwendbarkeit aller 1834 in Wien beschlossenen 60 Artikel betraf.

[217] *E. R. Huber*, Deutsche Verfassungsgeschichte, Bd. 2, S. 183.

[218] Bezeichnend *K.S. Zachariä*, Vierzig Bücher vom Staate, Bd. 1, S. 155 f. (156): „Die Staaten sind Anstalten für die Kultur des menschlichen Geschlechts."

ganze umsichtig im Auge habenden, gebildeten Bürokratie[219]. Eine klare und einheitliche Begrifflichkeit hatte sich auch im Schrifttum noch nicht herauskristallisiert. Im Gegenteil: Die überlieferten Kategorien Leitung, Fürsorge, Flor, Oberaufsicht, Direktion und Disziplin wurden weiter nebeneinander verwendet. Bedeutung und Tragweite der einzelnen Institute blieben nicht selten verschwommen, zumal was ihr systematisches Verhältnis zueinander anging. Zusammen mit der Verteilung der Aufsichtskompetenz im weiteren Sinne auf ein breit gefächertes Netz von Gremien, Behörden und Personen eröffnete dies aus staatlicher Sicht die Möglichkeit, je nach den praktischen Bedürfnissen des Einzelfalls mal mehr auf das eine, mal mehr auf das andere Aufsichtsinstitut zugreifen und auf diese Weise etwaige Ermächtigungslücken schließen zu können. So stellt etwa Robert von Mohl im Zusammenhang mit der „äußeren Organisation" der Universität Tübingen fest, dass diese dem Ministerium des Innern und des Kirchen- und Schulwesens ohne Zwischenstelle untergeordnet sei[220]. Die unmittelbare Besorgung ihrer Angelegenheiten stehe dem Rektor und dem akademischen Senat, zusammengesetzt aus dem Kanzler und der Gesamtheit der ordentlichen Professoren, zu. Der Kanzler sei als „königlicher Commissair" bei der Universität „in einer controlirenden Stellung". Die „akademische Disciplin" werde in den leichteren Fällen vom Rektor gehandhabt, welchem zu diesem Behufe ein „Universitäts-Amtsmann und ein Actuar zur Unterstützung gegeben sind". In schwereren Fällen habe die „Disciplinar-Commission" zu sprechen. Die „Leitung" der ökonomischen Angelegenheiten der Universität stehe dem „Verwaltungs-Ausschusse" zu[221]. Von diesen Maßnahmen betreffend die äußere Organisation unterscheidet Mohl die „anderweitigen vom Staate erlassenen Verfügungen, deren Zweck der Flor und die zweckmäßige Benützung der Anstalt ist"[222]. Hierzu zählt er etwa bestimmte Aufnahmeprüfungen, die Verleihung von Universitätspreisen, aber auch eine besondere Disziplinaraufsicht über die Studierenden, „um Fleiß, Ordnung und Sitten zu erhalten"[223].

Zu einer Zäsur und Korrektur auch in der Geschichte des Verhältnisses von Hochschule und Staat führten die Jahre 1848/49. Die Entwicklung verlief in eine selbstverwaltungsfreundliche, den Einfluss des Staates zurückdrängende Richtung[224]. Die Hochschulen verstanden sich nunmehr „als Repräsentanten eines die Nation zur Einheit bildenden Wissenschafts-

---

[219] *Schelsky*, Einsamkeit und Freiheit, S. 154.

[220] *v. Mohl*, Das Staatsrecht des Königreiches Württemberg, Bd. 2, S. 416 ff. (416).

[221] *v. Mohl*, Das Staatsrecht des Königreiches Württemberg, Bd. 2, S. 416 f.

[222] *v. Mohl*, Das Staatsrecht des Königreiches Württemberg, Bd. 2, S. 416.

[223] *v. Mohl*, Das Staatsrecht des Königreiches Württemberg, Bd. 2, S. 419.

[224] Dazu *Kluge*, Die Universitäts-Selbstverwaltung, S. 85 ff.; vgl. auch *Oppermann*, Kulturverwaltungsrecht, S. 100 f., demzufolge sich erst ab dem frühen 19. Jahrhundert, verstärkt ab 1848, die Entwicklung der Hochschulaufsicht von der der Schulaufsicht ablöste, indem die Hochschulaufsicht auf eine Rechtsaufsicht beschränkt wurde.

geistes“[225], wobei die Repräsentation soziologisch auf eine kleine Bildungselite beschränkt blieb. § 152 RV 1849 bekannte sich in unmissverständlicher Form zur akademischen Selbstverwaltung: „Die Wissenschaft und ihre Lehre ist frei.“ Diese Bestimmung geht, wie Rudolf Smend nachgewiesen hat, „zurück auf die Abgeordneten Dahlmann und Albrecht, die die Freiheit der Wissenschaft in den Siebzehner-Entwurf hineinbrachten[226], und zwar im Sinne der Reaktion auf die Karlsbader Beschlüsse[227] also im Sinne der akademischen Freiheit“[228]. Als Regelungsvorbilder für dieses staatsgerichtete Abwehrrecht hatten Art. 17 Verf. Belgien 1831 („L'enseignement est libre ...“)[229] sowie das Gesetz über die Organisation des gesamten Unterrichtswesens im Kanton Zürich aus dem Jahre 1832

---

[225] *Kluth*, Funktionale Selbstverwaltung, S. 32.

[226] Vgl. Art. IV § 25 lit. q) des vom Siebzehner-Ausschuss am 26.4.1848 der Bundesversammlung überreichten Entwurfs des deutschen Reichsgrundgesetzes, zit. nach *E. R. Huber*, Dokumente, Bd. 1, Nr. 91, S. 284 (290). Zu den Vorstellungen Dahlmanns in puncto Wissenschaftsfreiheit und Volksbildung vgl. *Dahlmann*, Die Politik, S. 228 ff., 243 ff. (252 ff.). Auch der Beschluss des Vorparlaments über Grundrechte und Forderungen des deutschen Volkes vom 4.4.1948 sah die Verankerung der „Lehr- und Lernfreiheit“ vor, zit. nach *Huber*, ebd., Nr. 78, S. 271 (273).

[227] Wie sehr die 1848er-Diskussion um die akademische Freiheit unter dem Eindruck der Karlsbader Beschlüsse stand, veranschaulichen die Beiträge von *Marquardsen*, in: Bluntschli/Brater, Deutsches Staats-Wörterbuch, Bd. 10, S. 677 (694) und *Welcker*, in: Rotteck/ders., Staats-Lexikon, Bd. 8, S. 484 (488 ff.). Vgl. ferner *Wigard* (Hrsg.), Stenographischer Bericht, Bd. 3, S. 2226, sowie *Arndt*, Verfassungs-Urkunde, S. 124. Rückblickend speziell unter dem Aspekt der Zensur im Wissenschaftsbereich *Siemann*, Hist. Jb. 107 (1987), S. 315 (319 ff.); ferner *Denninger*, in: ders., u.a., AK-GG, Art. 5 Abs. 3 I Rn. 3.

[228] Vgl. *Smend*, VVDStRL 4 (1928), S. 44 (58); außerdem *Rothenbücher*, VVDStRL 4 (1928), S. 6 (32 ff.); *Schmidt*, Die Freiheit der Wissenschaft, S. 51 ff., 60 ff. Aus den Materialien vgl. *Droysen*, Aktenstücke und Aufzeichnungen, S. 76, 105, 703; *Wigard* (Hrsg.), Stenographischer Bericht, Bd. 3, S. 2167 ff. (2225 f.); Zusammenstellung der Entwurfsfassungen bei *Scholler*, Gundrechtsdiskussion, S. 52, 55, 59, 61. *Zwirner*, AöR 98 (1973), S. 313 (314 f., 322 ff., 330 f.), hat die historischen Thesen Smends später näher hinterfragt und partiell relativiert. Er weist richtigerweise darauf hin, dass die Geschichte eines Grundrechts der Universität ihren Ursprung nicht erst bei Humboldt und dem deutschen Idealismus, sondern bereits bei den Denkern der europäischen Aufklärung des 17. Jahrhunderts (insbesondere Spinozas „libertas philosophandi“) habe; zu den geistigen Wurzeln der modernen Wissenschaftsfreiheit im Prozess der „Aufklärung“ sowie der Positivierung der Meinungs- und Pressefreiheit vgl. auch *Trute*, Forschung, S. 17 ff.; zustimmend *Denninger*, in: ders. u.a., AK-GG, Art. 5 Abs. 3 I Rn. 1. Außerdem ist nach *Zwirner* (ebd.) § 152 RV 1849 nicht in erster Linie als Reaktion auf die Karlsbader Beschlüsse, sondern als Antwort auf die ab 1847 zunehmenden Forderungen nach einem christlichen Staat zu verstehen. *Hubrich*, AöR 38 (1918), S. 219 (244 ff.), verdanken wir den Hinweis, dass § 152 RV 1849 auch als Abgrenzung von der, namentlich von Savigny und Puchta verfochtenen, antikorporativen gemeinrechtlichen Theorie zu verstehen ist, nach welcher die Universitäten reine Stiftungen des Staates waren; eine Ansicht, die im Übrigen etwa auch im preußischen Justizministerialreskript v. 9.9.1844 zum Ausdruck kommt, zit. bei *Hubrich*, ebd.

[229] So für das preußische Recht *Arndt*, Verfassungs-Urkunde, S. 124 f. Für das Reichsrecht gilt nichts anderes.

gedient, in dem es hieß: „An der Hochschule gilt akademische Lehr- und Lernfreyheit."[230]

Die Grundrechtsberatungen der Nationalversammlung, in deren Verlauf unterschiedliche Reformvorstellungen über Bedeutung und Inhalt der Wissenschaftsfreiheit zu Tage traten[231], begannen am 3. Juli 1848 und mündeten in das am 27. Dezember 1848 verkündete Gesetz betreffend die Grundrechte des deutschen Volkes (Grundrechtsgesetz)[232], welches die sofortige Anwendung der Grundrechte „im ganzen Umfange des deutschen Reichs" vorschrieb und später unverändert als Abschnitt VI mit den §§ 130–189 in die Paulskirchenverfassung inkorporiert wurde. Erhellend für das dem § 152 RV 1849 zugrunde liegende Grundverständnis ist der „Entwurf eines Reichsgesetzes über die Universitäten", der sich in den Akten des Verfassungsausschusses der Paulskirche findet[233]. In dessen § 5 wurde den Universitätslehrern die „unbedingte Lehrfreiheit" garantiert, die ihre Grenze nur in den Strafgesetzen finden sollte. Damit sollten alle präventiven und repressiven Eingriffe des Staates in die Freiheit der Lehrenden zur selbstbestimmten Entscheidung über Inhalt und Methoden der Lehre und in die Freiheit der Lernenden ausgeschlossen werden[234]. § 3 dieses Entwurfs sicherte das Selbstverwaltungsrecht, insbesondere die Satzungshoheit der Universitäten: „Den einzelnen Universitäten wird im Verhältnis zu ihren Staatsregierungen das corporative Recht einer verfassungsmäßigen Theilnahme an ihrer Verwaltung verbürgt. Diese Theilnahme hat sich namentlich auf die Feststellung oder Abänderung der Sonderstatuten, auf die Errichtung der wissenschaftlichen Institute, auf die Berufung der Lehrer und alle Personalentscheidungen, und auf die Verwendung der Geldmittel zu erstrecken." Die Formulierung in § 152 RV 1849 „Die Wis-

---

[230] 1834 übernommen vom Kanton Bern in dem Gesetz über das höhere Gymnasium und die Hochschule vom 14.3.1834; vgl. *Schmidt*, Die Freiheit der Wissenschaft, S. 55 m. Fn. 3 und 4. Auf den frühliberalen impliziten Zusammenhang der Wissenschaftsfreiheit mit der Meinungs- und Pressefreiheit verweist *Siemann*, Hist. Jb. 107 (1987), S. 315 (316 f.). Als Vorläufernormen der Wissenschaftsfreiheit in diesem Sinne sind daher zu nennen: Art. 11 der Erklärung der Menschen- und Bürgerrechte v. 26.8.1789, 1st Amendment zur Verfassung der Vereinigten Staaten 1787 v. 25.9.1789, § 24 Bad.-Württ. Verf. 1819. Einflussreich für die Idee der Selbstverwaltung und die Forderung nach akademischer Lehrfreiheit war auch die von *Condorcet* im Jahre 1792 der französischen Nationalversammlung vorgelegte Denkschrift „L'organisation générale de l'instruction publique" (deutsche Ausgabe hrsg. v. W. Alf, 1963); vgl. *Denninger*, in: ders. u.a., AK-GG, Art. 5 Abs. 3 I Rn. 2; *Schmidt*, Die Freiheit der Wissenschaft, S. 40.

[231] Vgl. *Wigard* (Hrsg.), Stenographischer Bericht, Bd. 3, S. 2225 f.; Bd. 6, S. 4140; eingehend zum Ganzen *Griewank*, Deutsche Studenten.

[232] § 22 Grundrechtsgesetz 1848; dieser ist textidentisch mit dem späteren § 152 RV 1849.

[233] Hierauf hat erstmals *Kühne*, Die Reichsverfassung der Paulskirche, S. 511, 514, 602, aufmerksam gemacht.

[234] Vgl. in diesem Zusammenhang auch *v. Rönne*, Das Staatsrecht der Preußischen Monarchie, Bd. 2, 4. Aufl., S. 452 f.; *Savigny*, Hist.-pol. Zeitschrift 1 (1832), S. 569 (578).

senschaft und ihre Lehre ist frei", welche nach zeitgenössischem Verständnis subjektiv und objektiv gemeint war[235] und auf eine für alle Ausbildungsstufen geltende von Glaubensfragen losgelöste Freiheit zielte[236], tauchte zwar bei chronologischer Betrachtung zuvor bereits in Art. 17 der oktroyierten preußischen Verfassung vom 5. Dezember 1848 auf. Dies darf aber nicht darüber hinwegtäuschen, dass die Rezeptionsgeschichte umgekehrt verlief: Es war der Art. 17 PrVerf. 1848, der durch die voraufgehenden Arbeiten des Siebzehner-Ausschusses und die Diskussionen in der Frankfurter Nationalversammlung beeinflusst wurde[237]. § 152 RV 1849 und Art. 17 PrVerf. 1848 dienten ihrerseits als Vorbilder für den textidentischen Art. 20 PrVerf. 1850[238]. § 152 RV 1849 selbst konnte somit insgesamt zwar keine unmittelbare praktische Wirkung entfalten[239], seine mittelbare verfassungshistorische Bedeutung ist aber als äußerst hoch und nachhaltig zu qualifizieren.

§ 152 RV 1849 knüpfte an das humboldtsche Bildungsideal und dessen Verständnis von Wissenschaft als Hort einer umfassenden Mitteilungs- und Denkfreiheit an. Der „bisherige(r) Zustand der Zerrissenheit und der hemmenden Bevormundung", so ein Antrag des Abgeordneten Pözl in der Frankfurter Nationalversammlung, sollte „einer freieren zeitgemäßeren

---

[235] Vgl. *E. R. Huber*, Deutsche Verfassungsgeschichte, Bd. 3, S. 119; *Kühne*, Die Reichsverfassung der Paulskirche, S. 510 f. m.w.Nachw.

[236] *Kühne*, Die Reichsverfassung der Paulskirche, S. 509 ff. (513). Für ein extensives Verständnis, wonach sich die allgemeine Gedanken- und Mitteilungsfreiheit nicht auf den akademischen Bereich beschränkte, sondern auch eine Unterrichtsfreiheit an den Schulen, insbesondere an den Gymnasien mit umfasste, gleichfalls *Siemann*, Hist. Jb. 107 (1987), S. 315 (331 f.); a.A. *Denninger*, in: ders. u.a., AK-GG, Art. 5 Abs. 3 I Rn. 5; *Kleindiek*, Wissenschaft und Freiheit, S. 147. Dieser Streit ist für die vorliegende Untersuchung indes nicht relevant und soll daher dahinstehen.

[237] Wie hier *Schmidt*, Die Freiheit der Wissenschaft, S. 64 ff. (72); *Schulze-Prießnitz*, Einheit von Forschung und Lehre, S. 54; *Zwirner*, AöR 98 (1973), S. 313 (322 ff., insbesondere 325); allgemein *Helfritz*, Allgemeines Staatsrecht, S. 300. Zumindest missverständlich daher *Denninger*, in: ders. u.a., AK-GG, Art. 5 Abs. 3 I Rn. 6; *Pernice*, in: H. Dreier, Grundgesetz, Art. 5 III (Wissenschaft) Rn. 1.

[238] Kommentierend *Arndt*, Verfassungs-Urkunde, S. 124 f.; *v. Rönne*, Das Staatsrecht der Preußischen Monarchie, Bd. 2, 4. Aufl., S. 452 ff.; aus historischer Sicht *E. R. Huber*, Deutsche Verfassungsgeschichte, Bd. 3, S. 118 f.; Bd. 4, S. 928; *Schmidt*, Die Freiheit der Wissenschaft, S. 72 ff.; *Sterzel*, in: ders./Perels, Freiheit, S. 101 (101). Vgl. auch §§ 153 ff. des Entwurfs eines Unterrichtsgesetzes von 1849, insbesondere § 155: „Die Universitäten haben die Rechte der Korporationen", zit. nach Ministerium der geistlichen, Unterrichts- und Medicinal-Angelegenheiten (Hrsg.), Gesetzgebung, S. 162 (178). Die herrschende zeitgenössische Literaturmeinung sah die Art. 20–25 PrVerf. 1850 unter Verweis auf Art. 26 PrVerf. 1850 und das fehlende Unterrichtsgesetz als in ihrer Anwendung „suspendiert" an und maß ihnen keine aktuelle rechtliche Bedeutung bei; vgl. *Arndt*, AöR 1 (1885), S. 512 ff. m.w.Nachw.

[239] Bereits die Ablehnung der Publizierung der Grundrechte durch mehrere Staaten, insbesondere Österreich und Preußen, hatte ein Inkrafttreten des Grundrechtskatalogs verhindert. Am 23.8.1851 hob die Bundesversammlung den Grundrechtskatalog auch formell auf; vgl. *Frotscher/Pieroth*, Verfassungsgeschichte, Rn. 317, 326 f.

Gestaltung ihrer Verhältnisse weichen"[240]. Theodor Mommsen gab mit folgender Kommentierung aus dem Jahre 1849 den damaligen Konsens wieder: „Die Wissenschaft ist frei. Wenn es früher vom Staate häufig untersagt ward, diejenigen theologischen oder philosophischen oder historischen Ansichten, welche subversive Tendenzen enthielten, d.h. den Polizeistaat genirten, vom Katheder herab zu verkündigen, so fällt solche Bevormundung hinfort weg und muß die Verwaltung einer jeden wissenschaftlichen Ueberzeugung volle Geltung und freien Spielraum lassen."[241] „Nach deutscher Auffassung", so ein Vierteljahrhundert später Hermann Roesler, „ist die Wissenschaft und ihre Lehre frei, mithin die auf wissenschaftliche Ergebnisse gerichtete Denkkraft des Menschen, in Bezug auf Forschung, Lehre, Schrift und Vortrag, von jeder äusseren Schranke und Einwirkung unabhängig"[242]. Die Aufsichtsbehörden hätten „nur in wirklichen Nothfällen den Staatszügel anzuziehen, wo es gilt, gegen Kameraderie, Nepotismus, Intoleranz und jene andern Übel aufzutreten, wozu das Fleisch in Korporationen Erbe ist"[243].

Die dogmatische Einordnung der aus den Ereignissen der Jahre 1848/49 hervor gegangenen neuen Verfassungsnormen über die Freiheit von Forschung und Lehre war umstritten. Herrschend war zunächst eine individualrechtliche Deutung. Gerhard Anschütz[244] sah in dem Grundrecht der Wissenschaftsfreiheit lediglich einen für die nicht verbeamteten Forscher und Lehrer geltenden Unterfall der allgemeinen Meinungsfreiheit sowie die deklaratorische Feststellung, dass die Freiheit der Wissenschaft an den allgemeinen wie besonderen Gesetzen ihre Schranke findet (Prinzip der Gesetzmäßigkeit der Verwaltung)[245]. Auch im preußischen Herrenhaus war bemerkt worden, Art. 17 PrVerf. 1848 beinhalte lediglich eine „Phrase"[246].

---

[240] Antrag des Abg. *Pözl* v. 19.6.1848 die Verhältnisse der deutschen Universitäten betreffend, zit. nach *Haßler* (Hrsg.), Verhandlungen, Bd. 5/6, S. 172. Vgl. auch *W.J. Mommsen*, 1848. Die ungewollte Revolution, S. 262, der es als das generelle Ziel des Grundrechtskatalogs der Paulskirchenverfassung bezeichnet, „die Gesellschaft von traditionellen Fesselungen feudalen oder obrigkeitlichen Ursprungs zu befreien".

[241] *T. Mommsen*, Die Grundrechte des deutschen Volkes, S. 43.

[242] *Roesler*, Lehrbuch des Deutschen Verwaltungsrechts, Bd. I/2, S. 174. Ähnlich *Arndt*, Verfassungs-Urkunde, S. 124.

[243] *Marquardsen*, in: Bluntschli/Brater, Deutsches Staats-Wörterbuch, Bd. 10, S. 677 (698).

[244] Vgl. *Anschütz*, Verfassungs-Urkunde, S. 372 ff., 376 ff.; *ders.*, Verfassung, 3./4. Aufl., Art. 142 Anm. 1; berichtend *Frotscher/Pieroth*, Verfassungsgeschichte, Rn. 345.

[245] Allgemein zur Relativierung der Grundrechte in der staatsrechtlichen Literatur des Spätkonstitutionalismus *Bauer*, Geschichtliche Grundlagen, S. 62 ff.; dort (S. 65 ff.) auch zum zeitgenössischen Streit, ob den Grundrechten überhaupt ein subjektiv-rechtlicher Gehalt innewohnte.

[246] Preußische Nationalversammlung, Sten. Ber. der II. Kammer (Preußisches Herrenhaus) 1849/50, Bd. III, S. 1217. Sehr reserviert auch Minister *v. Ladenberg*, zit. nach Preuß. Nationalversammlung, Sten. Berichte der I. Kammer (Preußisches Abgeordnetenhaus), 1849/50, Bd. III, S. 1039: Hätte der Artikel über die Wissenschftsfreiheit seinen Platz

Erst in den zwanziger Jahren des letzten Jahrhunderts wurde dieser abwehrrechtliche rechtspositivistische Ansatz durch eine im weiten Sinne naturrechtliche Strömung im Schrifttum zunehmend abgelehnt. Aufbauend auf den Thesen vor allem von Smend gewann nun eine Sichtweise die Oberhand, die gleichsam ex post in Art. 20 PrVerf. 1850 und § 152 RV 1849 eine institutionelle Garantie bzw. ein „Grundrecht der deutschen Universität" erblickte, das die Substanz, nicht aber die Form der wissenschaftlichen Betätigung vor staatlichen Zugriffen schützen sollte[247].

Im Mittelpunkt des Grundrechts der Wissenschaftsfreiheit standen die Forderung nach Freiheit der Lehre und die Vorstellung von der Eigengesetzlichkeit des wissenschaftlichen Lebens, das vermöge dieser Eigengesetzlichkeit der rechtlichen Normierung und Nachprüfung entzogen sei[248]. Die Universitäten konnten demzufolge nicht länger „als Staatsanstalten im Sinne der Centralisation und Bureaukratie angesehen werden"[249]. Vielmehr bildeten sie „(wie sich zugleich auch geschichtlich ergeben hat und es dem germanischen Rechtsprincip, so wie der christlich-protestantischen Freiheit und der in der Natur der Sache von selbst gegründeten Selbständigkeit der Wissenschaft allein entspricht) theils als Repräsentationen der gesammten geistigen Cultur, theils als die höchsten geistigen Tribunale ... einen freien, in Bezug auf seine inneren Angelegenheiten selbständigen Verein, der in dem System der den ganzen Staat bildenden Gesellschaften als eine der höchsten Corporationen erscheint und als solche auch in der Regel positiv-rechtlich anerkannt ist"[250]. „Bei keinem aller bestehenden Institute", so der Vernunftrechtler Karl Theodor Welcker, „ist die möglichst vollständige und ausgedehnte Lehrfreiheit wichtiger als bei den Universitäten. Sie sind die höchsten allgemeinen geistigen Unterrichtsanstalten, die Centralanstalten für die gesamte Wissenschaft, deren Wesen Freiheit ist."[251] Insofern war es nur konsequent, wenn das Amt und die Zuständigkeiten des außerordentlichen Regierungsbevollmächtigten aufgehoben wurden[252],

nicht in der Verfassungsurkunde gefunden, „so würde es, ich gebe es zu, nicht nöthig gewesen sein, ihn fest zu setzen ...".

[247] *Bornhak*, VerwArch. 18 (1910), S. 1 (36). Zur Herausbildung der dualen Struktur des Hochschulwesens, sprich der Trennung von inneren bzw. akademischen Angelegenheiten, insbesondere den Methoden und Inhalten von Forschung und Lehre (mit Selbstverwaltung unter Rechtsaufsicht) und äußeren bzw. staatlichen Angelegenheiten, insbesondere der Vermögens- und Personalverwaltung (ohne Selbstverwaltung und unter Fachaufsicht) im Zuge von § 152 RV 1849 vgl. *Lüthje*, in: Denninger, Hochschulrahmengesetz, § 58 Rn. 9; *Pleyer*, Vermögens- und Personalverwaltung, S. 108. Im Grunde war der Keim für diesen Dualismus jedoch bereits mit den humboldtschen Reformen gelegt worden.

[248] Zeitgenössisch *Scheidler*, in: v. Rotteck/Welcker, Staats-Lexikon, Bd. 12, S. 621 (633 ff.); rückblickend *Smend*, VVDStRL 4 (1928), S. 44 (58 f., 67).

[249] *Scheidler*, in: v. Rotteck/Welcker, Staats-Lexikon, Bd. 12, S. 621 (633).

[250] *Scheidler*, ebd.

[251] *Welcker*, in: v. Rotteck/ders., Staats-Lexikon, Bd. 8, S. 484 (487).

[252] Min.Bl. 1847/48, S. 222 Nr. 247.

wie dies einer der Forderungen der deutschen Hochschulen bei ihrer beratenden Versammlung vom September 1848 in Jena entsprach[253]. Damit wurde jedoch zugleich, quasi als Kehrseite, die Institution der Kuratoren für die nachfolgenden einhundert Jahre verfestigt[254].

Die Zeit nach dem Märzumschwung war durch einen ausgeprägten Reformelan gekennzeichnet, der auch die einfachgesetzliche Ebene ergriff. Anstoßgebend wirkte insbesondere ein Reskript des Staatsministers Graf von Schwerin vom 15. April 1848[255], das eine breite Debatte unter den Universitäten über die Frage der Abschaffung des Amts des Kurators und des Regierungsbevollmächtigten auslöste. Mit dem Amtsantritt des Ministers von Ladenberg nahm die Diskussion um die Verabschiedung eines modernen Universitätsgesetzes an Intensität zu und ging in die Phase konkreter legislativer Vorarbeiten über. Die gesetzespolitischen Anstrengungen teilten jedoch am Ende das Schicksal der gesamten Revolution und scheiterten. Das Ministerium von Ladenberg legte zwar im Jahre 1850 den Entwurf für ein Unterrichtsgesetz vor, der sich zu einem prononciert selbstverwaltungsfreundlichen korporativen Ansatz bekannte. Nach der Amtsübernahme durch Minister von Raumer Ende des Jahres 1850 kam das Gesetzgebungsverfahren jedoch zum Stillstand. Damit war zugleich die liberale Reformära für das deutsche Universitätsrecht zu Ende. Es dauerte bis 1919 bzw. 1945, bis erneut an die Selbstverwaltungsmodelle der Jahre 1848–1850 angeknüpft wurde[256].

Der mit der Revolution verbundene Umschwung im Verhältnis von Hochschule und Staat, der sich zugunsten von Selbstverwaltung und Rechtsaufsicht auswirkte[257], spiegelte sich auch in einem Wandel der Begrifflichkeit wider. Im ausgehenden 18. Jahrhundert sowie in der ersten Hälfte des 19. Jahrhunderts kursierten hinsichtlich der Universitätsaufsicht, wie gezeigt, eine Reihe von Begriffen (Leitung, Aufsicht, Fürsorge, Beförderung des Flors, Oberaufsicht, Direktion u.a.), deren inhaltliche Konturen häufig unklar blieben und die nicht scharf voneinander abgrenzt wurden, um sich je nach Bedarf kompetenzielle Aufsichtsreserven vorzubehalten. Dieses terminologische Dickicht wurde allmählich gelichtet, die Begriffs-

[253] Zur Jenaer Hochschullehrertagung vgl. *Griewank*, Deutsche Studenten, S. 61 ff., 66 ff.; *Kluge*, Die Universitäts-Selbstverwaltung, S. 87 f.

[254] Die Frage der Vertretung der Staatsbehörden bei den Universitäten durch das besondere Organ des Kurators war unter den Universitäten umstritten; vgl. die Zusammenstellung deren gutachterlicher Stellungnahme zu dem in den Jahren 1849 ff. geplanten preußischen Universitätsgesetz, abgedruckt in: Ministerium der geistlichen, Unterrichts- und Medicinal-Angelegenheiten (Hrsg.), Gesetzgebung, S. 153.

[255] Abgedruckt in: Ministerium der geistlichen, Unterrichts- und Medicinal-Angelegenheiten (Hrsg.), Gesetzgebung, S. 150.

[256] Vgl. *Kluge*, Die Universitäts-Selbstverwaltung, S. 92 f.

[257] Unzutreffend *Pleyer*, Vermögens- und Personalverwaltung, S. 118, der meint, die Universitäten verharrten auch nach 1849 in der polizeistaatlich geprägten Rechtsstellung des Absolutismus.

vielfalt ging zurück. Der Direktionsbegriff fand kaum noch Verwendung. Stattdessen begann sich der allgemeine Begriff der Aufsicht durchzusetzen[258].

Nach einer auch die Universitäten auf eine harte Probe stellenden Welle staatlicher Restauration in den fünfziger Jahren[259] und einer kürzeren moderat liberalen Phase in den sechziger Jahren[260] setzte im letzten Drittel des 19. Jahrhunderts eine konservativ-etatistische Gegenbewegung ein. Sie ist vor allem mit der Amtszeit des neuen Ministerialdirektors im preußischen Ministerium für Unterricht und Kultus, Friedrich Althoff (1882–1907), verbunden und wirkte bis in die Weimarer Republik hinein. Althoff drängte den Einfluss des Ministers in Aufsichtsangelegenheiten zurück und baute mit seinem „oft diktatorischen und zentralistischen Wirken"[261] die Inspektions- und Ingerenzbefugnisse der Hochschulbürokratie gegenüber den Universitäten aus, wobei er erhebliche Macht bei sich selbst zusammenzog[262]. Für die Aufsicht über die Hochschulen bedeutete der Spätkonstitutionalismus eine Zeit der Intensivierung[263]. Ortsanwesender Deputierter des Ministeriums blieb, wie gehabt, der Kurator, der „die allgemeine Staatsaufsicht zu üben und für das Gedeihen und die Leistungsfähigkeit der Anstalt in jeder Richtung Sorge zu tragen"[264] hatte. Sein Wirkungskreis erstreckte sich „1) auf die ordnungsmässige Ausführung des akademischen Lehrwesens; 2) die Wahrnehmung der Gerechtsame und Vortheile der Universitäten; 3) die unmittelbare Leitung der ökonomischen und Cassenverwaltung; 4) die Berufung und die Gehaltsverhältnisse der Lehrer; 5) die nächste Aufsicht über die Beobachtung der Gesetze und Handhabung der

---

[258] Vgl. *Kluge*, Die Universitäts-Selbstverwaltung, S. 235; zu der zeitgleichen Entwicklung im Kommunalrecht siehe *Kahl*, Die Staatsaufsicht, S. 112 ff.

[259] Zu diesem für die Universitäten historisch noch wenig erforschten Zeitraum *Siemann*, Hist. Jb. 107 (1987), S. 315 (332 ff.) mit zahlreichen Einzelbeispielen und Nachw. *Siemann* (ebd., S. 336 f.) spricht vom „wiederbelebten vorrevolutionären Antagonismus zwischen Staat und Hochschule" in der Zeit von 1850 bis zur „Neuen Ära" nach 1858. Allgemein zur Restaurationszeit nach 1849 *Frotscher/Pieroth*, Verfassungsgeschichte, Rn. 325 ff.; speziell zu den Universitäten *Wehler*, Deutsche Gesellschaftsgeschichte, Bd. 3, S. 417 ff.

[260] Vgl. den vom Ministerium v. Bethmann-Hollweg vorgelegten Entwurf eines Unterrichtsgesetzes (1862), abgedruckt in: Ministerium der geistlichen, Unterrichts- und Medicinal-Angelegenheiten (Hrsg.), Gesetzgebung, S. 201 (266 ff.).

[261] *Kluge*, Die Universitäts-Selbstverwaltung, S. 94.

[262] Instruktiv *Kluge*, Die Universitäts-Selbstverwaltung, S. 93 ff., 231; eingehend *Paulsen*, Geschichte des gelehrten Unterrichts, Bd. 2, S. 700 ff. Die vergleichsweise zahlreichen Änderungen und neu erlassenen Universitätsstatuten der Jahre 1866 bis 1914 kodifizierten weitgehend nur den Status quo und brachten keine wesentlichen Fortschritte; vgl. *Kluge*, ebd., S. 97.

[263] Vgl. *Gallas*, Staatsaufsicht, S. 58; *Kluge*, Die Universitäts-Selbstverwaltung, S. 232.

[264] *Paulsen*, Die deutschen Universitäten, S. 93; ähnlich *ders.*, in: Lexis, Die deutschen Universitäten, Bd. 1, S. 3 (45); vgl. auch *Bornhak*, Preußisches Staatsrecht, Bd. 3, S. 739; *Schulze*, Das Preussische Staatsrecht, Bd. 2, S. 361 f.

akademischen Disciplinarordnungen Seitens der Corporation“[265]. Die anstaltlichen Elemente der Universität, sprich die Vorstellung von der Hochschulverwaltung als Teil der Staatsverwaltung, traten gegenüber den korporativen Zügen wieder stärker in den Vordergrund[266]. Dies wurde vonseiten der Rechtswissenschaft, die sich mit den faktischen politischen Verhältnissen ohne ersichtliche Schwierigkeiten arrangierte, kaum in Zweifel gezogen. Im Gegenteil: Die politische Entwicklung harmonierte reibungslos mit der in der Literatur vorherrschenden formal-etatistischen positivistischen Sichtweise, die der Universität einen zwar gemischten, aber stark anstaltlich geprägten Charakter einräumte. Das Verhältnis des Staates zu seinen Universitäten in dieser Zeit wird insgesamt als ein „autokratisches“ bzw. „patriarchalisches“ qualifiziert[267].

Der noch vernunftrechtlich-liberal gesinnte Johann Kaspar Bluntschli bezeichnet die „Freiheit der individuellen Wissenschaft“ als „Grundgesetz, das der Staat zu achten die Pflicht hat“ und vergleicht insofern die Stellung der Universitäten gegenüber dem Staat mit der der Kirchen[268]. Die staatliche Aufsicht über die Universitäten sei weder mit Bevormundung noch mit „thörichter Indifferenz“ gleichzusetzen[269]. Diese Ansicht dürfte jedoch in der Zeit nach 1866 nicht der herrschenden deutschen Staatsrechtslehre entsprochen haben. Repräsentativer für die Epoche des Bismarckreichs ist eine

---

[265] *Roesler*, Lehrbuch des Deutschen Verwaltungsrechts, Bd. I/2, S. 215.

[266] Die herrschende Lehre des Spätkonstitutionalismus bejahte auf der Basis der als fortgeltend angesehenen §§ 1, 2, 67, 68 II 12 PrALR 1794 einen korporativ-anstaltlichen Mischcharakter der Universität; vgl. mit Abweichungen bei der Gewichtung der beiden Elemente *Bornhak*, VerwArch. 18 (1910), S. 1 (4); *v. Gierke*, Das deutsche Genossenschaftsrecht, Bd. I, S. 875 f.; *Hatschek*, VerwArch. 17 (1909), S. 307 (316 ff.); *F.F. v. Mayer*, Grundsätze des Verwaltungs-Rechts, S. 272; *Paulsen*, Die deutschen Universitäten, S. 92; *v. Rönne*, Das Staatsrecht der Preußischen Monarchie, Bd. 2, 2. Aufl., S. 414; *Schulze*, Das Preussische Staatsrecht, Bd. 2, S. 359 f.; *Frhr. v. Stengel*, Lehrbuch des Deutschen Verwaltungsrechts, S. 334 ff. (335); *Triepel*, Recht der Universität Greifswald, S. 43 (63); *Waldecker*, Korporation, S. 68; historisch ebenso *T. Nipperdey*, Deutsche Geschichte 1866–1918, Bd. 1, S. 572; *Rüfner*, DVerwGesch., Bd. 2, S. 470 (491). Dagegen für einen reinen Anstaltscharakter *Hübler*, Organisation der Verwaltung, S. 21; *O. Mayer*, Deutsches Verwaltungsrecht, Bd. 2, 2. Aufl., S. 609 f.; *Paulsen*, in: Lexis, Die deutschen Universitäten, S. 3 (43, 45); Preuß. Kultusminister, Erklärung im Abgeordnetenhaus v. 16.3.1911, zit. nach *Hubrich*, Hirths Annalen 1912, S. 641 (641). Für einen reinen Korporationscharakter *Clobes*, Entwicklung, S. 32 ff.; *Loening*, Lehrbuch des Deutschen Verwaltungsrechts, S. 764 ff. (anders aber S. 723); *v. Rönne*, Unterrichts-Wesen, Bd. 2, S. 405; *Roesler*, Lehrbuch des Deutschen Verwaltungsrechts, Bd. I/2, S. 177 (anders aber S. 168); *L. v. Stein*, Handbuch der Verwaltungslehre, S. 79 f. In Bayern überwog die Lehre vom körperschaftlichen Rechtsstatus der Universitäten; vgl. stellv. *v. Seydel/Graßmann/Piloty*, Bayerisches Staatsrecht, Bd. 2, S. 597; a.A. *Pözl*, Lehrbuch des Bayerischen Verwaltungsrechts, S. 507 („Central-Anstalten“). Vgl. auch die nach einzelnen Staaten des Reiches differenzierende Ansicht von *Meyer/Dochow*, Lehrbuch des Verwaltungsrechts, S. 221 Fn. 4.

[267] *Stier-Somlo*, AöR N.F. 15 (1928), S. 360 (363).

[268] *Bluntschli*, Allgemeines Staatsrecht, S. 463 ff. (464).

[269] Vgl. *Bluntschli*, Allgemeines Staatsrecht, S. 466.

Passage aus dem „Lehrbuch des Deutschen Verwaltungsrechts" von Edgar Loening: „Die Universitäten stehen unter der unmittelbaren Aufsicht und Leitung des mit dem Unterrichtswesen betrauten Ministeriums."[270] Ludwig von Rönne bringt das herrschende Verständnis von Hochschulaufsicht im letzten Drittel des 19. Jahrhunderts auf den Punkt, wenn er in seinem „Staatsrecht der Preußischen Monarchie" schreibt: „Die Universitäten ressortiren unmittelbar von dem Ministerium der geistlichen u. Angelegenheiten, als dessen Organe bei den einzelnen Universitäten die Kuratorien derselben fungiren. Den letzteren steht die nächste Aufsicht über die Universität, die unmittelbare Leitung der ökonomischen und Kassen-Verwaltung derselben und die Wahrnehmung ihrer Gerechtsame, namentlich auch vor Gericht, sowie ihres inneren und äußeren Vortheils zu. Durch den Kurator wird aller Schriftwechsel des Senats, der Fakultäten und der einzelnen Professoren, Lehrer und Beamten der Universität mit dem Ministerium der geistlichen u. Angelegenheiten vermittelt; jedoch können Beschwerden über denselben unmittelbar bei dem Ministerium eingereicht werden."[271]

Die Aufsicht blieb inhaltlich dem Grundsatz nach unbegrenzt[272]. In Wissenschaft und Politik war eine Neigung für eher vage, unbestimmte Formeln zu beobachten. Man begnügte sich nicht selten mit der bloßen Nennung des allgemeinen Aufsichtsbegriffs[273]. Eine zusammenhängende gesetzliche Regelung der Grundfragen des Hochschulrechts kam in der Epoche der konstitutionellen Monarchie nicht zustande[274]. Die allgemeine Rechtsvereinheitlichungsbewegung im Kaiserreich[275] ging somit am Hochschulrecht vorbei. Nicht durchzusetzen vermochte sich auch die Differenzierung in Rechtsaufsicht (akademischer Bereich) und Fachaufsicht

---

270 *Loening*, Lehrbuch des Deutschen Verwaltungsrechts, S. 767; ebenso *Schulze*, Das Preussische Staatsrecht, Bd. 2, S. 357 (360).

271 *v. Rönne*, Das Staatsrecht der Preußischen Monarchie, Bd. 2, 2. Aufl., S. 415. Zur Bedeutung des Kuratoriums als „die Unser Ministerium an Ort und Stelle vertretende Behörde" (§ 2 Abs. 2 der Statuten der Universität Königsberg) an allen Universitätsstandorten, die nicht mit dem Sitz des zuständigen Ministeriums zusammenfielen, zu Beginn des 20. Jahrhunderts vgl. auch *Gradenwitz*, in: FS für Laband, S. 249 (300 f.).

272 *Köttgen*, Deutsches Universitätsrecht, S. 198. Zur Praxis der Hochschulaufsicht der Wilhelminischen Zeit vgl. die Schilderung anhand der spektakulärsten Konfliktfälle bei *E. R. Huber*, Deutsche Verfassungsgeschichte, Bd. 4, S. 949 ff.; speziell zur Praxis ministerieller Oktroyierung bei der Ergänzung des Lehrkörpers vgl. *ders.*, ebd., S. 966 f., zum Fall Spahn (1901), ebd., S. 960 f. sowie zum Fall Ludwig Bernhard (1908) ebd., S. 967 ff.

273 Vgl. *Kluge*, Die Universitäts-Selbstverwaltung, S. 239 und die dort genannten Beispiele von Universitätsstatuten aus der Zeit von 1843 bis 1916.

274 Nach *E. R. Huber*, Deutsche Verfassungsgeschichte, Bd. 4, S. 928, „bildete sich materiellrechtlich über dem in seinen Fundamentalsätzen ohnedies nur kraft Gewohnheitsrechts entstandenen Landeshochschulrecht ein gemeindeutsches ‚Reichshochschulrecht'".

275 Dazu *Schlosser*, Grundzüge der neueren Privatrechtsgeschichte, S. 149 ff. m.w. Nachw.

(staatlicher Bereich). Die Rechtsstellung der Kuratoren blieb bis 1918 rechtlich weitgehend unumschränkt. Außerdem gab es keine Bestimmungen, die den Universitäten für den Fall des Konflikts mit dem Staat gerichtlichen oder außergerichtlichen Schutz eingeräumt hätten[276]. Dem Hochschulrecht kam folglich eine gewisse Sonderrolle in der Verwaltungsrechtsgeschichte des 19. Jahrhunderts zu. Die allgemeine Entwicklung, die in Richtung auf den liberalen und sozialen Rechtsstaat verlief, ging an den Universitäten zwar nicht vollkommen, aber doch ziemlich spurlos vorbei[277]. Diese Entwicklungsverzögerung betraf allerdings nur das Aufsichtsrecht. Auf das allgemeine Verhältnis von Staat und Universität wirkte sie sich kaum aus. Die generellen Beziehungen zwischen dem Staat und den Hochschulen waren – im Gegenteil – in der alltäglichen Verwaltungspraxis „nicht sonderlich und ständig gespannt, eher gut; die wohlwollend autoritäre, sachliche und zum Teil unpolitische Staatsverwaltung hat den Aufstieg und das Gedeihen der Universitäten wesentlich gefördert"[278]. Wolfgang Löwer fasst den Status quo am Ende der für die Universitäten gemeinhin als Prosperitätsepoche geltenden Zeit von der Reichsgründung bis zum ersten Weltkrieg[279] dahingehend zusammen, dass den Hochschulen ein „Recht auf Selbstverwaltung" innerhalb der gesetzlichen Schranken, besonders auf wissenschaftlichem Gebiet in weitgehender Weise zugestanden habe. Zu dem allgemein anerkannten „Recht einer Korporation"[280] „kam die grundrechtlich anerkannte Wissenschaftsfreiheit, die – ebenso wie die Selbstverwaltungsgarantie – unter der Ägide höchst befähigter Ministerialbeamter ... auch grundsätzlich respektiert wurde".[281] Zwar fehlte im konstitutionellen Recht eine rechtlich präzise Definition der universitären Angelegenheiten, gleichwohl existierte ein gesicherter Bestand an anerkannten Aufgaben der akademischen Selbstverwaltung[282], den wie auch die

[276] Vgl. *Pleyer*, Vermögens- und Personalverwaltung, S. 110.

[277] Noch drastischer *Bornhak*, VerwArch. 18 (1910), S. 1 (39): „Die Rechtsstaatsidee wie die Idee der Selbstverwaltung, welche die Entwicklung des 19. Jahrhunderts kennzeichnen, hat an den Universitäten keine Spuren hinterlassen. In Statutarrecht, Vermögensverwaltung und Aufsichtsrecht finden wir einen Rechtszustand, der zum Teil noch unter dem des Polizeistaats steht." Ähnlich *Pleyer*, Vermögens- und Personalverwaltung, S. 61 f.

[278] *T. Nipperdey*, Deutsche Geschichte 1800–1866, S. 479; vgl. auch *ders.*, Deutsche Geschichte 1866–1918, Bd. 1, S. 573, 577; ferner *Schulze-Prießnitz*, Einheit von Forschung und Lehre, S. 56 f. Sehr weitgehend *Paulsen*, in: Lexis, Die deutschen Universitäten, Bd. 1, S. 3 (47), der im Jahre 1898 schreibt: „Ein größeres Maß an Freiheit, als gegenwärtig, hat der Universitätsunterricht zu keiner Zeit genossen."

[279] Vgl. *v. Brocke*, DVBl. 1981, S. 738 ff.; *Hendler*, Selbstverwaltung als Ordnungsprinzip, S. 36; *Kluge*, Die Universitäts-Selbstverwaltung, S. 93 ff.; *Wehler*, Deutsche Gesellschaftsgeschichte, Bd. 3, S. 1209 ff.

[280] Vgl. zeitgenössisch das Zitat *von Schulze(-Gaevernitz)* bei *Löwer*, in: ders./Tettinger, Kommentar, Art. 16 Rn. 6 m. Fn. 18.

[281] *Löwer*, in: ders./Tettinger, Kommentar, Art. 16 Rn. 6.

[282] Zusammenfassend dazu *E. R. Huber*, Deutsche Verfassungsgeschichte, Bd. 4, S. 933;

grundsätzliche korporative Eigenart der Universitäten als solche anzuerkennen der Staat grundsätzlich bereit war[283].

---

vgl. auch zur Gruppe der staatlichen Aufgaben der Hochschule zu Beginn des 20. Jahrhunderts *ders.*, ebd., S. 934.

[283] Vgl. für das Jahr 1908 die Feststellung von *Gradenwitz*, in: FS für Laband, S. 249 (252 f.): „Trotzdem scheint die korporative Selbständigkeit der Universitäten nicht gefährdet … ." Aber auch ebd., S. 287: „Die Universitäten sind durch Stiftung begründete Korporationen, welche durch den sich stets steigernden Zuschuß des Staates je mehr und mehr den Charakter als Staatsanstalten tragen, ohne darum den Stiftungscharakter ganz aufzugeben."

§ 7 Das „Grundrecht der deutschen Universität“ und der Primat der Rechtsaufsicht in der Weimarer Republik

Grundlegend für die rechtliche Stellung der Universität in der Weimarer Republik war Art. 142 WRV (1919): „Die Kunst, die Wissenschaft und ihre Lehre sind frei[284]. Der Staat gewährt ihnen Schutz und nimmt an ihrer Pflege teil.“[285] Diese Vorschrift, die ohne größere Debatten beschlossen wurde[286], wurde zunächst rein individualrechtlich als Freiheitsrecht ausgelegt und als Sonderfall der Meinungsfreiheit (Art. 118 WRV) eingestuft[287]. Die Betonung der objektivrechtlichen Bedeutung der Wissenschaftsfreiheit im Rahmen der Verfassungsberatungen[288] wurde in den ersten Jahren der

[284] Etwas ausführlicher war noch die Fassung in der ersten Lesung des Verfassungsausschusses: „Die Kunst, die Wissenschaft und ihre Lehre *dürfen keinem äußeren Zwang unterworfen werden*, sie sind frei.“ (Hervorhebung durch den Verf.), zit. nach Sten. Berichte der verfassunggebenden deutschen Nationalversammlung, Bd. 336, Nr. 391, S. 230. Aus dem Bereich des Landesverfassungsrechts vgl. den an Art. 142 WRV angelehnten § 20 BayVerf. 1919: „Die Freiheit der Kunst, der Wissenschaft und ihrer Lehre wird gewährleistet und kann nur durch Gesetz und zur Wahrung der öffentlichen Ordnung, Sicherheit, Gesundheit oder Sittlichkeit beschränkt werden.“

[285] Zur Genese des Art. 142 WRV vgl. Sten. Berichte der verfassunggebenden deutschen Nationalversammlung, Bd. 328, S. 1673 ff.; Bd. 336, Nr. 391, S. 76 f., 176 f., 213, 216 f., 223 ff., 230; *Schmidt*, Die Freiheit der Wissenschaft, S. 83 ff.; *Zwirner*, AöR 98 (1973), S. 313 (327 ff.). Art. 142 WRV war entstehungsgeschichtlich weitgehend unbestritten. Dies gilt jedenfalls für den Grundsatz der Wissenschaftsfreiheit als solchen, der durchgehend nahezu gleich lautete: „Die Wissenschaft und ihre Lehre sind frei.“; vgl. § 20 Abs. 1 des Vorentwurfs v. 3.1.1919; § 20 Abs. 1 des Entwurfs v. 20.1.1919; Art. 31 Abs. 1 des Entwurfs v. 17.2.1919. Im Rahmen der Beratungen zur WRV scheiterte ein Antrag, die Selbstverwaltung ausdrücklich in Art. 142 WRV anzuerkennen. Dieser wurde mit Rücksicht auf die föderalen Interessen zurückgewiesen. Uneinigkeit bestand hinsichtlich der Frage der Aufnahme einer Bestimmung über die staatliche Aufsicht. Während der Vorentwurf und der Entwurf v. 20.1.1919 in diesem Punkt schwiegen, statuierte Art. 31 Abs. 5 des Entwurfs v. 17.2.1919: „Das öffentliche Unterrichtswesen steht unter staatlicher Aufsicht.“ Ähnlich Art. 31 Abs. 5 der Entwürfe v. 21.2.1919 und v. 18.6.1919: „Das Unterrichtswesen steht unter staatlicher Aufsicht.“, zit. nach *Triepel*, Quellensammlung, S. 6 (7); 10 (12); 17 (21); 27 (29); 38 (40).

[286] Siehe *Denninger*, in: ders. u.a., AK-GG, Art. 5 Abs. 3 I Rn. 8.

[287] Vgl. *Anschütz*, Verfassungs-Urkunde, S. 372 ff.; *ders.*, Verfassung, 3./4. Aufl., Art. 142 Anm. 1 (bis zur 10. Aufl., 1929); *Giese*, Verfassung, 1. Aufl., Art. 142 Anm. II. 2; *Thoma*, in: FG 50 Jahre PrOVG, S. 183 (216 f.); *ders.*, VVDStRL 4 (1928), S. 85 (85 f.).

[288] Vgl. die Auslegung von Art. 142 WRV 1919 als „Kulturautonomie“ durch *v. Harnack*, zit. nach *Schmidt*, Die Freiheit der Wissenschaft, S. 88; vgl. auch *Denninger*, in: ders. u.a., AK-GG, Art. 5 Abs. 3 I Rn. 9. Mehrheitlich wurde Art. 142 WRV 1919 gleich-

Republik nicht aufgenommen. Bahnbrechend für ein stärker korporatives Verständnis der Wissenschaftsfreiheit[289] wirkte das Münchener Staatsrechtslehrerreferat von Smend im Jahre 1927, in dem dieser unter anderem die Lehre von Art. 142 S. 1 WRV als „Grundrecht der deutschen Universität"[290] entwickelte. „Das Grundrecht bedeutet vor allem die angemessene Rechtsstellung einer großen öffentlichen Institution."[291] Smend sah Art. 142 WRV aus einer geistesgeschichtlichen Linie mit Art. 152 RV 1849 und Art. 17 Verf. Belgien 1831 hervorgegangen[292]. Der Kerngedanke des Grundrechts sei die Anerkennung der Eigengesetzlichkeit des wissenschaftlichen Lebens, also der Forschungs- und Lehrfreiheit im Sinne des deutschen Idealismus[293]. Art. 142 WRV sei kein liberales Grundrecht wie die übrigen Freiheitsrechte[294], sondern ein Grundrecht mit institutionellem Charakter, dessen Aufgabe in der „Sicherung eines als wichtig anerkannten

wohl zunächst, d.h. bis zur Münchener Tagung der Vereinigung der Deutschen Staatsrechtslehrer im März 1927, allein oder primär als individuelles Freiheitsrecht mit negatorischer Zielrichtung gesehen. Vgl. stellv. den Berichterstatter des Verfassungsausschusses im Plenum *Naumann*, der die Freiheit der Wissenschaft und ihrer Lehre zu der „ideellen Gruppe" von Grundrechten rechnet, welche Ausfluss der „Gedankenfreiheit" seien; zit. nach Sten. Berichte der verfassunggebenden deutschen Nationalversammlung, Bd. 336, S. 177.

[289] Zum Folgenden auch *Gusy*, Die Weimarer Reichsverfassung, S. 338; *Kleindiek*, Wissenschaft und Freiheit, S. 155 ff.; *Löwer*, in: ders./Tettinger, Kommentar, Art. 16 Rn. 8 ff.; *Schiedermair*, WissR 21 (1988), S. 1 (7), der von einer Vernachlässigung des individualrechtlichen Gehalts spricht.

[290] *Smend*, VVDStRL 4 (1928), S. 44 (57, 73) unter Bezugnahme auf *F. Paulsen*, Gesammelte pädagogische Abhandlungen, 1912, S. 199; zustimmend *Kaufmann*, VVDStRL 4 (1928), S. 77 (78 f.); *Kitzinger*, in: H.C. Nipperdey, Grundrechte, Bd. 2, S. 449 (454); *Stier-Somlo*, AöR N.F. 15 (1928), S. 360 (383 ff.); a.A. (rein individualrechtliches Verständnis) *Wende*, Grundlagen des preussischen Hochschulrechts, S. 35; vgl. auch die defensive Reaktion von *Anschütz* auf den Angriff der „geisteswissenschaftlichen Methode" während der Münchener Staatsrechtslehrertagung von 1927, VVDStRL 4 (1928), S. 74; berichtend zu dem Bedeutungswandel der Wissenschaftsfreiheit in den zwanziger Jahren des 20. Jahrhunderts *Asche*, Hochschulautonomie, S. 92 ff., 99 ff. Zur Nachwirkung der Sichtweise Smends bis in die heutige Zeit vgl. statt vieler *Geis*, in: ders./Hailbronner, Kommentar zum HRG, § 58 Rn. 2, 28; *E. R. Huber*, Deutsche Verfassungsgeschichte, Bd. 6, S. 975, 978 ff.

[291] *Smend*, VVDStRL 4 (1928), S. 44 (64).

[292] Die grundrechtliche Kontinuität 1848/49–1919 ist unter Verfassungshistorikern heute weitgehender Konsens; vgl. nur *Frotscher/Pieroth*, Verfassungsgeschichte, Rn. 306, 309, 321, 479. Unzutreffend daher *Eggers*, DVerwGesch., Bd. 4, S. 349 (364), der Art. 142 WRV als „Novum" bezeichnet. Im Prinzip war die Freiheit der Wissenschaft bereits durch die Berliner Universitätssatzung von 1816 anerkannt, von wo aus sie in das Hochschulrecht von Zürich (1832) und Bern (1834) übernommen wurde. Verfassungskräftige Verbürgungen vor der Weimarer Reichsverfassung enthielten die im Text genannten Bestimmungen der belgischen Verfassung (1831) und der Paulskirchenverfassung (1849) sowie Art. 17 der österreichischen Verfassung (1867).

[293] Vgl. *Smend*, VVDStRL 4 (1928), S. 44 (61, 67).

[294] *Smend*, VVDStRL 4 (1928), S. 44 (62).

und privilegierten Stücks des geistigen Lebens" liege[295]. Diese Ansicht vermochte sich in den letzten fünf Jahren von Weimar gegenüber der älteren Position von Gerhard Anschütz, Friedrich Giese und Richard Thoma durchzusetzen[296]. Nach deren Auffassung stellte Art. 142 S. 1 WRV nur eine spezialgesetzliche deklaratorische repetitio des allgemeinen Grundsatzes der Gesetzmäßigkeit der Verwaltung dar und war den beamteten Mitgliedern akademischer Körperschaften eine Berufung auf die dem „freien Bürger" vorbehaltene Lehrfreiheit versagt. Die herrschende Meinung im letzten Drittel der Weimarer Republik wandte sich von dieser Sichtweise ab und schloss sich Smend an. Sie entwickelte dessen Ansatz fort[297] und bejahte, beeinflusst durch die allgemeinen Grundrechtslehren insbesondere Carl Schmitts[298], ein den Universitäten zustehendes Grundrecht im Sinne einer „institutionellen Garantie" nicht nur der Forschungs- und Lehrfreiheit, sondern auch der akademischen Selbstverwaltung[299]. Der hieran maßgeblich beteiligte Holstein betrachtete „die Entfaltung des erkennenden und schöpferischen wissenschaftlichen Geistes in seiner Eigengesetzlichkeit" als Inhalt des Grundrechts der deutschen Hochschulen und die Form der Selbstverwaltung als „das organisatorische Rechtsprinzip, das Rahmen, Möglichkeit und Sicherung jenes Eigenlebens gibt"[300]. Aus dem Grundrecht der Wissenschaftsfreiheit wurde ein Gebot der Nichteinmischung in

---

[295] *Smend*, VVDStRL 4 (1928), S. 44 (71).

[296] Berichtend *Denninger*, in: ders. u.a., AK-GG, Art. 5 Abs. 3 I Rn. 9; *Weber*, Rechtsstellung, S. 27 f. m.w.Nachw.

[297] Dazu, dass bei Smend die Verbindung zur akademischen Selbstverwaltung (Hochschulautonomie) und den hieraus zu ziehenden Folgerungen für die Organisation der Hochschule noch nicht hergestellt war, vgl. *Kleindiek*, Wissenschaft und Freiheit, S. 160 m. Fn. 90; *Tomerius*, Hochschulautonomie, S. 29 f.; *Stern*, Staatsrecht, Bd. III/1, S. 805.

[298] *Schmitt*, Verfassungslehre, S. 173; später *ders.*, HDStR, Bd. 2, S. 572 (595 f.); *ders.*, Verfassungsrechtliche Aufsätze, S. 140 ff. (151 f.); nachzeichnend *Mainzer*, Figur, S. 66 ff.

[299] Vgl. *Anschütz*, Verfassung, 14. Aufl., Art. 142 Anm. 2, 4; *Clobes*, Entwicklung, S. 55 ff. (60 ff.); *Giese*, Verfassung, 8. Aufl., Art. 142 Anm. 1; *Holstein*, Hochschule und Staat, S. 127 ff.; *E. R. Huber*, AöR 23 (1933), S. 1 (68 ff.); *Kitzinger*, in: H.C. Nipperdey, Grundrechte, Bd. 2, S. 449 (465 f., 482 ff.); *Köttgen*, Deutsches Universitätsrecht, S. 108 ff.; *Stier-Somlo*, AöR N.F. 15 (1928), S. 360 (387 ff.); *Thoma*, in: H.C. Nipperdey, Grundrechte, Bd. 1, S. 1 (24 f. m. Fn. 21); früher bereits in diese Richtung gehend *C. H. Becker*, Gedanken zur Hochschulreform, S. 21; a.A. *Wende*, Grundlagen des preussischen Hochschulrechts, S. 30 („diese Selbstverwaltung ist abgeleitet und ohne Anrecht auf Gewährung"); instruktiv zu den einzelnen Garantiegehalten des Art. 142 WRV die grundlegende Studie von *Schmidt*, Die Freiheit der Wissenschaft, S. 110 ff. Rückblickend den Meinungsumschwung knapp zusammenfassend *Thoma*, Die Lehrfreiheit der Hochschullehrer, S. 7 f.; ausführlich *F. Klein*, Institutionelle Garantien und Rechtsinstitutsgarantien, S. 72 ff. Vgl. auch *Frank*, Selbständigkeit, S. 15 ff.; *Hailbronner*, Freiheit, S. 33 ff.; *Schulze-Prießnitz*, Einheit von Forschung und Lehre, S. 58 ff.; *Weber*, in: FS für Felgentraeger, S. 225 (225 ff.); *Zwirner*, AöR 98 (1973), S. 313 (332 f.); fehlgehend die Feststellung von *Emde*, Die demokratische Legitimation, S. 222 Fn. 23, nur die Selbstverwaltung der Gemeinden und Sozialversicherungsträger sei in der Weimarer Reichsverfassung verankert gewesen.

[300] *Holstein*, Hochschule und Staat, S. 127 (132).

die inneren Angelegenheiten der Hochschule gefolgert, welches die Inhalte und Methoden von Forschung und Lehre (z.B. Satzungsautonomie, Selbstorganisation, personelles Selbstergänzungsrecht) vor staatlichen Eingriffen abschirmen sollte[301]. Geringere Beachtung als Art. 142 S. 1 WRV fand dessen Satz 2. In der, auch entstehungsgeschichtlich kaum aufhellbaren, Schutz- und Pflegeklausel wurde überwiegend die Anerkennung der Notwendigkeit staatlicher Bereitstellung der äußeren Mittel und Formen der Hochschule sowie der herkömmlichen Mitwirkungsrechte des Staates im Hochschulbereich gesehen[302]. Zum Teil wird die Aufnahme des Zusatzes auch schlicht damit begründet, der erste Satz sei zu mager[303].

Die Universitätsaufsicht der Jahre zwischen 1919 und 1933 kontrastiert auffällig mit den in der Theorie vorherrschenden Forderungen nach größtmöglicher Freiheit der Hochschule vom Staat[304]. Sie bewegte sich – im Gegenteil – weitgehend in der Kontinuität der spätkonstitutionellen Epoche[305]. Die Zuständigkeit lag beim Minister für Wissenschaft, Kunst und Volksbildung, für den an der ganz überwiegenden Zahl preußischer Universitäten[306] als örtliche Aufsichtsbehörde und als Kommissar ein Kurator tätig war[307]. Die Einrichtung der Kuratorien fußte formalrechtlich weiterhin auf dem Ministerialerlass vom 18. Juli 1848[308] nebst Instruktion vom 18. November 1819[309] und dem Ministerialerlass vom 1. Juli 1867[310]. Dem Kurator stand weiterhin die nächste Aufsicht über die Hochschulen, die unmittelbare Leitung ihrer wirtschaftlichen und finanziellen Verwaltung und die Wahrnehmung ihrer Gerechtsame sowie ihres inneren und äußeren

---

[301] Vgl. retrospektiv *Hailbronner*, in: ders., Kommentar zum HRG, § 58 Rn. 3. Vgl. auch den Zusatzantrag des Abg *Katzenstein* u.a. im Rahmen der Verhandlungen zu Art. 142 WRV in der verfassunggebenden deutschen Nationalversammlung, der darauf zielte, eine Pflicht zur Berücksichtigung der „verschiedenen wissenschaftlichen Richtungen“ aufzunehmen; vgl. Sten. Berichte der verfassunggebenden deutschen Nationalversammlung, Bd. 336, Nr. 391, S. 213. Dieser Antrag wurde unter anderem deshalb abgelehnt, weil diese Pflicht „der Wissenschaft einen Teil ihrer Freiheit nehmen“ würde; so der Abg. *v. Harnack*, ebd., S. 216 f. (217).

[302] Näher hierzu *Asche*, Hochschulautonomie, S. 104 f. m.w.Nachw.

[303] Siehe *Schmidt*, Die Freiheit der Wissenschaft, S. 83 ff.

[304] Vgl. *Asche*, Hochschulautonomie, S. 108 f.

[305] So auch *Eggers*, DVerwGesch., Bd. 4, S. 349 (365); *Frank*, Selbständigkeit, S. 76 ff., 78 ff., 104 ff.; *Gallas*, Staatsaufsicht, S. 62; *Kluge*, Die Universitäts-Selbstverwaltung, S. 232; *Oppermann/Fechner*, HWissR, Bd. 1, S. 1107 (1115); *Reinhardt*, WissR 1 (1968), S. 6 (6).

[306] Ausnahmen bildeten Berlin, Frankfurt/Main und Köln. In Berlin waren die Kuratorialgeschäfte dem Rektor und Universitätsrat übertragen. In Frankfurt/Main und Köln war statt des Kurators ein Staatskommissar für die Aufsichtsfunktion bestellt. Die Aufgaben, die üblicherweise der Kurator als Sachwalter der Interessen der Universität wahrnahm, erfüllten in Frankfurt und Köln ein Großer Rat und Kuratorium bzw. nur ein Kuratorium; vgl. *Frank*, Selbständigkeit, S. 63 ff.; *Stier-Somlo*, in: HRW, Bd. 3, S. 180 (182).

[307] Vgl. *Eggers*, DVerwGesch., Bd. 4, S. 349 (364); *Graf Hue de Grais*, Handbuch, S. 529.

[308] PrMinBl. S. 222.

[309] PrGS. S. 233.

[310] PrMinBl. S. 299.

Vorteils zu. Durch seine Person wurde der gesamte Schriftwechsel des Senats, der Fakultäten und der einzelnen Beschäftigten mit dem Ministerium vermittelt; Beschwerden über den Kurator konnten aber zumeist direkt beim Minister eingereicht werden[311]. Häufig hatte der keiner ministeriellen Aufsicht unterstehende Kurator ein unmittelbares Vortragsrecht beim Minister, musste also keinen Instanzenzug nach oben einhalten. Durch die Doppelaufgabe des Kurators, der in Personalunion sowohl für die Wahrnehmung administrativer Aufgaben der Universität als auch für die Aufsicht über die Universität zuständig war, bestand weiterhin die Gefahr von Interessenkollisionen und Loyalitätskonflikten in seiner Person, weshalb die Universitäten im Rahmen der Hochschulreform – vergeblich – versuchten, das Kuratorialsystem abzuschaffen oder kompetenziell zurückzuschneiden[312].

Eine Ursache für die geringen Brüche zwischen der Staatsaufsichtspraxis der konstitutionellen Monarchie und der Weimarer Republik lag in der weitgehenden inhaltlichen wie personellen Kontinuität innerhalb der mehrheitlich aufgeklärt-positivistischen deutschen Staatsrechtslehre. Insbesondere die Auffassung von der dualistischen körperschaftlich-anstaltlichen Rechtsnatur der Universität wirkte noch spürbar nach[313]. Gegen diese etatistische Betrachtung sprachen sich zwar einige beachtliche Gegenstimmen aus. Zu nennen sind hier vor allem die Namen Holstein[314],

---

[311] *Stier-Somlo*, in: HRW, Bd. 3, S. 180 (182). Vgl. als repräsentatives Beispiel für die Ausgestaltung der Universitätsaufsicht, insbesondere für die Rechtsstellung des Kurators während der Weimarer Republik, § 3 der Kieler Universitätssatzung von 1928, zit. nach *Böckenförde*, in: FS für Grotemeyer, S. 151 (152):

„(1) Die Universität verwaltet ihre Angelegenheiten durch die akademischen Behörden. Sie steht unter der Aufsicht des Ministers für Wissenschaft, Kunst und Volksbildung.

(2) Das Organ des Ministers ist der Kurator als sein ständiger Vertreter. Diesem gebühren die Fürsorge für die Universität und die Aufsicht über sie an Ort und Stelle, die unmittelbare Leitung der Vermögens- und Kassenverwaltung der Universität und ihre Vertretung in allen Rechtsgeschäften und Rechtsstreitigkeiten vor und außer Gericht, soweit nicht der Minister bezüglich einzelner Vermögensobjekte etwas anderes bestimmt, sowie überhaupt die Wahrnehmung ihrer Gerechtsame und ihres inneren und äußeren Vorteils.

(3) Alle Berichte der akademischen Behörden und der Mitglieder der Universität an den Minister gehen durch die Hand des Kurators. Beschwerden über den Kurator können dem Minster unmittelbar eingereicht werden."

[312] Vgl. *Wende*, Grundlagen des preussischen Hochschulrechts, S. 57 ff.

[313] Betonung des anstaltlichen Moments etwa bei *C. H. Becker*, Gedanken zur Hochschulreform, S. 20 (anders aber ebd., S. 22: „Die Universität ist aber eine Genossenschaft der Lehrer und Schüler."); *Jellinek*, Verwaltungsrecht, S. 521; *O. Mayer*, Deutsches Verwaltungsrecht, 3. Aufl., Bd. 2, S. 338; pointiert *Wende*, Grundlagen des preussischen Hochschulrechts, S. 30 („Universitätszweck ist unmittelbarer Staatszweck"). Vgl. auch das Gutachten des Hallenser Kurators *Meyer* vom 1.9.1921, Kuratoriumsakten der Universität Frankfurt/Main, S. 10: „Die Universitäten unterstehen als Staatsanstalten der unmittelbaren Aufsicht und der daraus folgenden, seine Hauptaufgaben bildenden Fürsorge des vorgeordneten Ministers.", zit. nach *Kluge*, Die Universitäts-Selbstverwaltung, S. 233 Fn. 21.

[314] *Holstein*, Hochschule und Staat, S. 127 (128 ff., 136).

Triepel[315] und Köttgen[316]. Ihr entschlossenes Plädoyer für die korporative Struktur der Universität führte dazu, dass auch andere Autoren die Anstaltslehre verwarfen und die Universität als Genossenschaft bzw. Korporation einstuften[317]. Innerhalb dieser progressiv-liberalen, man könnte auch sagen dezidiert rechtsstaatlichen Strömung ging Holstein besonders weit. Er stellte die Universitäten mit den sich selbst verwaltenden Kirchen auf eine Stufe und erkannte beiden das Recht der geistig-kulturellen Selbstverwaltung zu[318]. Auch hinsichtlich der staatlichen Aufsicht stand Holstein mit seinem Eintreten für eine reine Rechtsaufsicht unter Ausschluss jeglicher Zweckaufsicht[319] für eine nicht mehrheitsfähige Position[320]. Es fehlte an einer gesetzlichen Regelung der Grundfragen der Universitätsaufsicht, insbesondere des Maßstabs, aber auch der Mittel der staatlichen Kontrolle. Die Ministerialbürokratie ging wie selbstverständlich davon aus, dass der Rechtszustand, wie er am Ende des 19. Jahrhunderts bestanden hatte, weitergalt[321]. Der Grundsatz der Rechtsaufsicht war für die Universitätsaufsicht nicht allgemein anerkannt[322]. Die Hochschulaufsicht blieb, was ihren Maßstab und ihre Mittel anging, nach der herrschenden Meinung grundsätzlich unbeschränkt. Soweit in der Praxis überhaupt eine zurückhaltende Aufsicht geübt wurde, beruhte dies auf einer Selbstbeschränkung der Behörden, die nicht in als bindend angesehenen Grenzen der Aufsicht gründete[323]. Im Bedarfsfall wurde zudem noch immer § 13 II 13 PrALR 1794 als Generalermächtigung zum Einsatz gebracht[324]. Insgesamt spiegelt daher die gegen Ende des Kaiserreichs getroffene Aussage Conrad Bornhaks, der Staat sei bei seiner Aufsicht über die Universitäten grundsätzlich auf eine Nachprüfung der Gesetzmäßigkeit beschränkt, in gesetzlichen Ausnahmen könne jedoch auch die Zweckmäßigkeit der korporativen Verwaltungshandlung den Gegenstand

---

[315] *Triepel*, Recht der Universität Greifswald.

[316] *Köttgen*, Deutsches Universitätsrecht, S. 26, 33 ff., 50 ff. und passim.

[317] Vgl. *Gerber*, Rechtsgestalt, S. 347 ff.; *Stier-Somlo*, AöR N.F. 15 (1928), S. 360 (375); mit gewisser Sympathie für die Korporationstheorie, letztlich aber offenlassend RGSt Bd. 17, 208 (211).

[318] Vgl. *Holstein*, Hochschule und Staat, S. 127 (138).

[319] Vgl. *Holstein*, Hochschule und Staat, S. 127 (140).

[320] Gleichsinnig aber *Köttgen*, Deutsches Universitätsrecht, S. 200; *Stier-Somlo*, AöR N.F. 15 (1928), S. 360 (390).

[321] Vgl. den Erlass des Ministers Boelitz v. 30.3.1923, abgedruckt in: *Richter/Peters*, Statuten, S. 41; *Köttgen*, Deutsches Universitätsrecht, S. 198. *Frank*, Selbständigkeit, S. 77, erkennt den Forderungen Holsteins, Köttgens und Stier-Somlos rückblickend nur „programmatischen Charakter" zu und konstatiert: „Von Anfang der Diskussion an hat von staatlicher Seite nie eine Änderung der bisherigen Staatsaufsicht zur Debatte gestanden."

[322] Ebenso die Einschätzung von *Seele*, Der Kreis, Bd. 2, S. 215 (249).

[323] So *Frank*, Selbständigkeit, S. 80.

[324] Dazu dass § 13 II 13 PrALR 1794 bis in die Zeit nach 1945 gewohnheitsrechtliche Wirkungen entfaltete, vgl. *Gallas*, Staatsaufsicht, S. 51, 65.

der Aufsicht bilden[325], den herrschenden Meinungsstand der Weimarer Republik wider.

Die Zeit von 1918 bis 1933 bedeutete für die Universitätsgeschichte aber nicht nur eine Phase der Kontinuität und der Tradition. Das Bild wäre unvollständig, würden die umfangreichen und wichtigen hochschulpolitischen Reformen der zwanziger Jahre nicht erwähnt[326]. Hinter den Reformen stand erneut vor allem die Hochschulverwaltung. Initiiert wurden sie von Carl Heinrich Becker, der von 1919 bis 1930 Staatssekretär bzw. Minister im preußischen Kultusministerium war[327]. Auf sein Betreiben war es hauptsächlich zurückzuführen, dass am 20. März 1923 vom preußischen Kultusministerium „Grundsätze einer Neuordnung der preußischen Universitätsverfassung“[328] vorgelegt wurden, die in Kooperation mit den Universitäten und dem Verband der Deutschen Hochschulen entwickelt worden waren[329]. Nach Ziff. 2 dieser Grundsätze verwaltete jede Universität ihre Angelegenheiten durch ihre eigenen Behörden unter der Aufsicht des Ministers. Ziff. 4 Abs. 1 ergänzte: „Der Minister übt die Staatsaufsicht über die Universität durch den Universitätskurator aus; der Minister regelt die Befugnisse des Kurators durch besondere Bestimmungen.“ Auf diesen allgemeinen hochschulpolitischen Prinzipien aufbauend erhielten zwischen 1928 und 1931 fast alle preußischen Universitäten neue Statuten. Im Kern ging es dabei um „die Rückbesinnung auf die ursprüngliche deutsche Universitätsidee, ihre Wiederbelebung in der durch Fortschrittsglauben, Nützlichkeitsdenken und Interessenkampf gefährdeten Welt, zugleich die Einordnung der Universität in die veränderten Daseinsbedingungen des Zeitalters“[330]. Konkret betrafen die geplanten rechtlichen Neuerungen in erster Linie Fragen der Pädagogik, der Nichtordinarien und der verfassten Studentenschaft[331] und nur eher am Rande das grundsätzliche Verhältnis Universität-Staat. In Anknüpfung an die neuhumanistisch-idealistische Tradition von Fichte und Humboldt erkannte Becker wegen des Korporationsegoismus und -konservativismus der Universitäten die Notwendigkeit einer durch klare staatliche Vorgaben bestimmten Hochschulpolitik an und bestätigte die „tension stabilisée“ im Verhältnis von Staat und Universität[332],

---

[325] Vgl. *Bornhak*, VerwArch. 18 (1910), S. 1 (34); ebenso *Köttgen*, Deutsches Universitätsrecht, S. 200.

[326] Vgl. die Sammlung der Reformerlasse der Jahre 1919 bis 1923 hrsg. von *Richter/Peters*, Statuten, S. 9 ff.

[327] Vgl. *C. H. Becker*, Gedanken zur Hochschulreform; *ders.*, Vom Wesen der deutschen Universität.

[328] Abgedruckt in: *Richter/Peters*, Statuten, S. 30.

[329] Bekanntgegeben mit Erlass des Ministers Boelitz v. 30.3.1923, abgedruckt in: *Richter/Peters*, Statuten, S. 41.

[330] *E. R. Huber*, Deutsche Verfassungsgeschichte, Bd. 6, S. 975.

[331] Vgl. *Hendler*, Selbstverwaltung als Ordnungsprinzip, S. 140 ff. m.w.Nachw.

[332] Vgl. *Schelsky*, Einsamkeit und Freiheit, S. 164 ff. (169). Vgl. ferner *Kluge*, Die Uni-

die er wie folgt skizzierte: „Das geistige Gedeihen unseres Volkes verlangt aber autoritätsreiche Hochschulen und autoritätsreiche Regierungen. Sie müssen beide einander auf die Finger sehen, damit nicht hier Schulklüngel und Vetterleswirtschaft, dort politische Schieberei und Abgeordnetenwillkür unsere Hochschulen verderben. ... Segensreich ist unter allen Umständen die ständige Spannung zwischen einer starken Regierung und einer starken Universität.“[333]

---

versitäts-Selbstverwaltung, S. 98 f., sowie eingehend zum Ganzen die Dissertation von *Rimmele*, Die Universitätsreform in Preußen 1918–1924.

[333] *C. H. Becker*, Gedanken zur Hochschulreform, S. 64 f.; vgl. auch *ders.*, Vom Wesen der deutschen Universität, S. 26.

§ 8 Die Unterdrückung, Verfolgung und „Gleichschaltung" während des Nationalsozialismus

Die nationalsozialistische Regierung war bemüht, gerade die als politisch „unzuverlässig" und „freigeistig" eingestuften Universitäten, denen sie von Beginn an mit großem Misstrauen begegnete, nach autoritär-militärischen und unitarischen Organisationsprinzipien gefügig zu machen[334]. Die Universitätsaufsicht war dabei nur ein Mittel zu diesem Zweck. Inhaltlich wurden, wie in den anderen Bereichen des öffentlichen Lebens nach 1933, die nationalsozialistische Weltanschauung und vor allem das Führerprinzip zum obersten Maßstab[335]. In der Sprache der NS-Ideologie war zwar von einer „Verobjektivierung" der Wissenschaft die Rede, in Wahrheit wurde die Wissenschaft jedoch zum Dienst an Volk und Führer und zur Wahrnehmung eines ideologisch ausgefüllten Erziehungs- und Ertüchtigungsmandats gezwungen[336]. Zeitgenössisch hat dies etwa Ernst Koellreutter folgendermaßen formuliert: „Auch die Wissenschaft muß als wichtige Funktion des völkischen Lebens aufgefaßt werden. In diesem Sinne kann es eine voraussetzungslose und bindungslose Wissenschaft im Sinne eines entarteten Liberalismus nicht geben. ... Im Rahmen der organischen Bindungen des Volks- und Staatslebens ist aber im deutschen Führerstaate die Freiheit der Wissenschaft und der Forschung gewährleistet. Die ‚Objektivität' der Wissenschaft, insbesondere der Geisteswissenschaften besteht nicht in Beziehungslosigkeit zu der politischen Wirklichkeit, sondern in der Ausrichtung

---

[334] Die Stellung der Hochschule im Nationalsozialismus soll hier nur in aller Kürze Berücksichtigung finden, da das Hochschulrecht der Jahre 1933 bis 1945 für die Bundesrepublik Deutschland fast völlig wirkungslos geblieben ist; ebenso *Gallas*, Staatsaufsicht, S. 21 Fn. 10, S. 63; *Karpen/Freund*, Hochschulgesetzgebung, S. 25. Allgemein zu der – entgegen aller offiziellen Rhetorik – faktischen Vernichtung der Selbstverwaltung in der Zeit des Nationalsozialismus *Hendler*, Selbstverwaltung als Ordnungsprinzip, S. 173 ff.; *Kahl*, Staatsaufsicht, S. 220 ff.

[335] Siehe dazu allgemein *Dreier*, VVDStRL 60 (2001), S. 9 (46 ff.); *Frotscher/Pieroth*, Verfassungsgeschichte, Rn. 596 ff.; *Lepsius*, Die gegensatzaufhebende Begriffsbildung, S. 85 ff.

[336] Zu Recht scharf dazu *Denninger*, in: ders. u.a., AK-GG, Art. 5 Abs. 3 I Rn. 11, der von einer „totale(n) ideologische(n) Perversion der idealistisch-liberalen Freiheitsidee" spricht. Grundlegend zum Ganzen *Lepsius*, Die gegensatzaufhebende Begriffsbildung, insbes. S. 126 ff., 156 ff., 365 ff.

und schöpferischen Hingabe an ihren Gegenstand.“[337] Ernst Rudolf Huber begrüßt zwar die Emanzipation der Wissenschaftsfreiheit aus „einer engstirnigen bürokratischen Bevormundung des kulturellen Lebens und Schaffens im absoluten Staat“, die tradierte Wissenschaftsfreiheit wird von ihm jedoch mit Entschiedenheit abgelehnt. Sie habe zur „vollständigen Ablösung des geistigen und kulturellen Lebens von der völkischen und politischen Ordnung“ geführt. „Die Freiheit des Geistes wurde zur Selbstherrlichkeit des freischwebenden, voraussetzungslosen Intellekts; die sachliche Objektivität und Nüchternheit der Wissenschaft wurde zur bindungslosen und sachentleerten Neutralität eines engen Fachgelehrtentums.“ Mit der Erneuerung des völkischen Lebens solle diese Abgeschiedenheit der Kultur überwunden werden und eine wirkliche Volkskultur entstehen, „die aus dem Volke wächst und mit dem Volke lebt und sich entfaltet“. Für eine solche Volkskultur kann nach Huber das Grundrecht der Wissenschaftsfreiheit im liberalen Sinne nicht mehr gelten. Insbesondere eine Gewährleistung nach dem Vorbild des Art. 142 WRV 1919 könne es im nationalsozialistischen Staat nicht mehr geben. Wissenschaftsfreiheit im nationalsozialistischen Geist bedeute eine Freiheit, „der die innere Verbundenheit mit der völkischen Gemeinschaft selbstverständlich ist. Deshalb schließt die Freiheit der kulturellen Arbeit auch nicht aus, daß Ziele, Formen und Einrichtungen der Wissenschaft und Kunst unter politischer Führung gestaltet werden.“[338]

Die Fortgeltung des Art. 142 WRV und damit der Grundsatz akademischer Selbstverwaltung sowie das Grundrecht der Wissenschaftsfreiheit wurden mehrheitlich abgelehnt. Die Hochschule hatte „aufgehört, eine echte Korporation zu sein. Sie wurde mehr und mehr von einer Stätte zweckfreier Forschung zur staatlichen Ausbildungsanstalt, in der Lehre und Forschung weitgehend durch die politischen Zielsetzungen des National sozialismus bestimmt waren.“[339] Die Universitäten hatten sich unkritisch in

---

[337] *Koellreutter*, Deutsches Verfassungsrecht, S. 195. Bezeichnend auch der Formulierungsvorschlag von *Tatarin-Tarnheyden*, Werdendes Staatsrecht, S. 148, für eine nationalsozialistische Verfassungsbestimmung zu Wissenschaft, Kunst und Religion: „Wissenschaftliche Forschung, Kunstschaffen und religiöses Bekenntnis sind frei. Verbreitung von Lehren und Werken im Volke überwacht im nationalen Interesse der Staat. Deutsches Schaffen ist besonders zu fördern.“

[338] *E. R. Huber*, Verfassungsrecht, S. 481 f. Allgemein zum Anti-Liberalismus der deutschen Staatsrechtslehre in der Zeit des Nationalsozialismus analysierend *Dreier*, VVDStRL 60 (2001), S. 9 (25 ff.) sowie zu den Kennzeichen und Themen einer „nationalsozialistischen Staatsrechtslehre“ ebd., S. 32 ff. Zur Auflösung tradierter rechtsdogmatischer Figuren durch die Staatsrechtlehre nach 1933 *Pauly*, VVDStRL 60 (2001), S. 73 (88 ff.). Zu den zentralen Begriffen der NS-Ideologie (Volk – Gemeinschaft – Rasse – Führer). *Lepsius*, Die gegensatzaufhebende Begriffsbildung, S. 13 ff., 49 ff., 70 ff., 85 ff.

[339] BVerfGE 3, 58 (142). Das BVerfG (ebd.; vgl. auch BVerfGE 6, 132 [161]) macht sich im Übrigen die Zustandsbeschreibung von *Jaspers* (Vom lebendigen Geist der Universität, S. 25 f.) aus dem Jahre 1946 zu Eigen, welche auszugsweise lautet: „Ein politischer Einbruch, gewaltsam eingeleitet und dann fortgetragen von einem Rausch der Bevölkerung, warf die Universität über den Haufen. Statt eines Selbstverwaltungskörpers

den Dienst an Aufbau und Etablierung des nationalsozialistischen Staates zu stellen[340], zum Teil hatten sie dies in vorauseilendem Gehorsam gegenüber den neuen Machthabern frühzeitig selbst getan[341], zum Teil mussten sie durch Druck und Gewalt von oben „gleichgeschaltet" werden. Die Universitätsaufsicht war praktisch hinter die absolutistische Direktion bzw. Leitung zurückgefallen[342].

Auch in der internen Hochschulorganisation hielt das Führerprinzip Einzug[343] und ersetzte das Wahlprinzip. Eine Kodifikation des Hochschulverfassungs- und -verwaltungsrechts wurde vom Nationalsozialismus nicht unternommen. Die NS-Regierung setzte stattdessen auf die „normative Kraft des Faktischen"[344]. Als Stellvertreter von Partei und Staat innerhalb der Alma mater fungierten der, dem Reichs- und Preußischen Minister für Wissenschaft, Erziehung und Volksbildung[345] unmittelbar verantwortliche Rektor als „Führer" der Universität[346] und der Kanzler als „Stabschef"[347]. Beide stammten aus der Reihe der verbeamteten Hochschullehrer und wurden vom Reichswissenschaftsminister ernannt. Im Verein mit den Dozentenbunds- und Studentenführern übten sie einen „praktisch unbeschränkten Einfluß im Sinne einer Erneuerung der Hochschule im nationalsozialistischen Geist"[348] aus. Demgegenüber kam dem Senat nur noch eine Konsultationsfunktion zu. Daneben bestand in Preußen das alte Kuratorialsystem unverändert fort[349]. Dieses wurde für unverzichtbar gehalten, galten doch staatliche Organe in den Augen der Nationalsozialisten als „steuerbarer" als der möglicherweise zu sehr akademische Belange berück-

---

blieb eine Schule, die den Anordnungen von Berlin zu gehorchen hatte. Wohl gab es noch die Namen von Rektor und Dekan. Aber sie waren von den Nationalsozialisten ernannt. Entlassungen, Beförderungen, Veränderungen ließen einen nur noch scheinbar geordneten Trümmerhaufen entstehen. …"

340 Stellv. für die herrschende zeitgenössische Meinung *E. R. Huber*, Verfassungsrecht des Großdeutschen Reiches, S. 482 f.; *H. Huber*, Aufbau, S. 6 ff., 23 f.; *Krieck*, DR 1935, S. 2 f.; *ders.*, Die Erneuerung der Universität; a.A. *Peters*, HRW, Bd. 8, S. 267 (269); berichtend zum Ganzen *Eggers*, DVerwGesch., Bd. 4, S. 966 (981 f.); *Hailbronner*, in: ders., Kommentar zum HRG, § 58 Rn. 4; *Maier*, in: Kuhn u.a., Die deutsche Universität im Dritten Reich, S. 71 ff.; *Oppermann/Fechner*, HWissR, Bd. 1, S. 1009 (1018).

341 Erinnert sei nur an die Rektoratsrede *M. Heideggers* vom 23.5.1993; dazu *Stern*, Staatsrecht, Bd. V, S. 832.

342 Ähnlich *Oppermann*, Kulturverwaltungsrecht, S. 101.

343 Zeitgenössisch *E. R. Huber*, Verfassungsrecht des Großdeutschen Reiches, S. 483. Darstellend *Erdmann*, HDG, Bd. 4/2, S. 427 ff. (431); *Maier*, in: Kuhn u.a., Die deutsche Universität im Dritten Reich, S. 71 (80).

344 Vgl. *H. Huber*, Aufbau, S. 17 f.

345 Das Reichs- und Preußische Ministerium für Wissenschaft, Erziehung und Volksbildung wurde geschaffen durch Erlass v. 1.5.1934, RGBl. I S. 365.

346 Siehe dazu den gleichnamigen Beitrag von *Walz*, DR 1935, S. 6 ff.

347 Vgl. *Bracher*, Gleichschaltung, S. 126 (132 f.); *Hailbronner*, in: ders., Kommentar zum HRG, § 58 Rn. 4. Zeitgenössisch *Felgentraeger*, DR 1935, S. 9.

348 BVerfGE 6, 132 (161).

349 Vgl. *Peters*, HRW, Bd. 8, S. 267 (267).

sichtigende Rektor[350]. Das Nebeneinander unterschiedlicher Aufsichtsinstanzen erzeugte im Hochschulalltag des „Dritten Reichs" nicht selten Reibungen und Schwierigkeiten. Die grobe Kompetenzabgrenzung ging dabei dahin, dass Rektor und Dekan für die „wissenschaftliche und politische Führung und Gestaltung des Lebens der Hochschule" (z.B. Personalfragen, Lehrinhalte), der Kurator dagegen nur noch für die, insbesondere vermögensrechtliche, Verwaltung der Universität zuständig war[351].

Von praktisch erheblicher Bedeutung für die Erreichung des Gleichschaltungsziels waren aus der Sicht von NSDAP und Staat Maßnahmen, die zwar nach heutigem Begriffsverständnis nicht zur Hochschulaufsicht, sondern eher zur Dienstaufsicht zählen würden, die aber, da die Grenzen in der nationalsozialistischen Aufsichtspraxis, sofern sie überhaupt theoretisch noch anerkannt wurden, weitgehend verflossen, gleichwohl kurz unsere Aufmerksamkeit verdienen. Gemeint sind die nur in wenigen Fällen wissenschaftlich, überwiegend aber rassisch oder politisch motivierten „Säuberungen" der deutschen Universitäten von circa einem Drittel der Wissenschaftler unmittelbar nach der „Machtergreifung"[352] sowie die Gefügigmachung der verbliebenen Professoren und Mitarbeiter durch den massiven Einsatz politischer Disziplinierungs- und Sanktionsinstrumente, die von Drohungen, Bespitzelung, Entzug von Kompetenzen, Denunziation bis hin zu Zwangsversetzungen reichten und von denen ein ständiger Konformitäts- und Unterordnungszwang ausging[353]. „Politisch ‚unzuverlässige' Hochschullehrer wurden überwacht, ihre Publikationen zensuriert und behindert. Die Habilitation auch wissenschaftlich qualifizierter Nachwuchskräfte unterbunden, wenn sie politisch nicht genehm waren. Die Vertretung von Lehrmeinungen, die mit der nationalsozialistischen Parteiauffassung ... unverträglich waren, war nicht mehr möglich; sie wurden gegebenenfalls mit Gewalt ... verhindert."[354] Am Ende der nationalsozialistischen Gewaltherrschaft ergab sich für die deutschen Hochschulen eine ernüchternde, jedoch nicht völlig entmutigende Bilanz: „Die NS-Hochschulpolitik hat ihr erstes Ziel, die Umgestaltung und Zerstörung der traditionellen Universität, so gut wie ganz erreicht. Von der alten republikanischen Verfassung,

---

[350] *Pleyer*, Vermögens- und Personalverwaltung, S. 148.

[351] Vgl. *H. Huber*, Aufbau, S. 20 f.; *Walz*, DR 1935, S. 6 (6). Mitunter wurde auch die Ansicht vertreten, die Einrichtung des Kurators habe „sich heute einfacht überlebt"; so der Rektor der Universität Breslau in einem Schreiben an den Rektor der Universität Freiburg i.Br. aus dem Jahre 1936; zit. nach *Röken*, in: FS für Winkmann, S. 3 (15).

[352] Auf der Rechtsgrundlage des Gesetzes zur Wiederherstellung des Berufsbeamtentums v. 7.4.1933, RGBl. I S. 175. Nach *H. Huber*, Aufbau, S. 17, waren im Jahre 1939 rund 45 Prozent aller beamteten Stellen innerhalb der Hochschulen neu besetzt. Vgl. auch *Stolleis*, Geschichte des öffentlichen Rechts, Bd. 3, S. 254 ff.

[353] Vgl. *Bracher*, Gleichschaltung, S. 126 (135 f.); *Ellwein*, Die deutsche Universität, S. 233 ff.; *v. Hehl*, Nationalsozialistische Herrschaft, S. 32 f.; *Maier*, in: Kuhn u.a., Die deutsche Universität im Dritten Reich, S. 71 (81 ff., 83 ff.); *Stern*, Staatsrecht, Bd. V, S. 831 ff.

[354] BVerfGE 6, 132 (161).

der Selbstverwaltung, der freien Lehre und Forschung waren zu Ende des Dritten Reiches nur noch Reste übrig. Sie hat dagegen *nicht* die völlige nationalsozialistische Durchdringung der Universitäten erreicht."[355]

---

[355] *Maier*, in: Kuhn u.a., Die deutsche Universität im Dritten Reich, S. 71 (96).

§ 9 Die Gründungsphase der Bundesrepublik Deutschland: Anknüpfung an Weimar und Stärkung der Hochschulautonomie

Bei der Entstehung des Grundgesetzes und der westdeutschen Landesverfassungen nach 1945 dienten auch für die Wissenschaftsfreiheit die Grundrechte der Weimarer Reichsverfassung (Art. 142 WRV 1919) und der Paulskirchenverfassung (§ 152 RV 1849) als positive Vorbilder[356]. Art. 15 des Entwurfs des Verfassungskonvents von Herrenchiemsee (HChE) lautete: „(1) Die Kunst, die Wissenschaft und ihre Lehre sind frei. (2) Zum Schutz des menschlichen Zusammenlebens kann durch Gesetz die Benutzung wissenschaftlicher Erfindungen und technischer Einrichtungen unter staatliche Aufsicht gestellt, beschränkt oder untersagt werden."[357] Der Grundsatzausschuss des Parlamentarischen Rates wollte zunächst den Art. 15 HChE nicht übernehmen[358]. In seiner Sitzung vom 5. Oktober 1948 entschloss er sich dann doch zu einer der heutigen Fassung des Art. 5 Abs. 3 GG nahekommenden Formulierung[359], die später nur noch gering-

[356] Vgl. *Denninger*, in: ders. u.a., AK-GG, Art. 5 Abs. 3 I Rn. 12; *Frotscher/Pieroth*, Verfassungsgeschichte, Rn. 306, 309; *Weber*, Rechtsstellung, S. 26. Dass zumindest der Bestand an Selbstverwaltung, der am Ende der Weimarer Republik dem Herkommen entsprach, erhalten bleiben sollte, war unstrittig; vgl. stellv. für das bayerische Verfassungsrecht *Meder*, Verfassung, Art. 138 Rn. 8.

[357] Zit. nach *Bucher*, Der Parlamentarische Rat, Bd. 2, S. 579 (581). Der erste Entwuf des Grundrechtskatalogs, den ein Redaktionskomitee des Grundsatzausschusses des Konvents erarbeitet hatte, enthielt keine Garantie der Wissenschaftsfreiheit, sondern eine Vorschrift nach dem Muster von Art. 12 BremVerf. 1947: „Der Mensch steht höher als die Technik und Maschine. Zum Schutz der menschlichen Persönlichkeit und des menschlichen Zusammenlebens kann durch Gesetz die Benutzung wissenschaftlicher Erfindungen und technischer Einrichtungen unter staatliche Aufsicht und Lenkung gestellt sowie beschränkt oder untersagt werden."; vgl. *Bucher*, ebd., S. 225, Fn. 109. Der Grundsatzausschuss ersetzte diesen Satz auf Antrag von Nawiasky durch den ersten Satz des Art. 142 WRV. Art. 12 Abs. 2 BremVerf. wurde als Art. 15 Abs. 2 des Entwurfs übernommen.

[358] Mit der Begründung, die Wissenschaftsfreiheit sei bereits durch die allgemeine Meinungsfreiheit hinreichend abgedeckt; vgl. die Fassung des Art. 21 des Katalogs der Grundrechte, den der Berichterstatter Bergsträsser in der dritten Sitzung des Grundsatzausschusses v. 21.9.1948 präsentierte, und die Erläuterungen *Bergsträssers* hierzu, zit. nach *Pikart/Werner*, Der Parlamentarische Rat, Bd. 5/I, S. 15 (23 f.), 28 (54 f.).

[359] Vgl. sechste Sitzung des Ausschusses für Grundsatzfragen v. 5.10.1948, zit. nach *Pikart/Werner*, Der Parlamentarische Rat, Bd. 5/I, S. 117 (S. 117 m. Fn. 2, S. 120 f., S. 146 m. Fn. 46 [Zitat]): „Artikel 10: Die Kunst, Wissenschaft und Forschung und ihre Lehre

fügig modifiziert wurde, sieht man einmal von der heftig umstrittenen Frage der Aufnahme einer Treueklausel und deren Formulierung ab[360]. Die Tatsache, dass der Parlamentarische Rat den Art. 15 Abs. 2 HChE nicht übernahm, dafür aber die Treueklausel des Art. 5 Abs. 3 S. 2 GG einfügte, kann unterschiedlich bewertet werden. Die Entstehungsgeschichte des Grundgesetzes ist hier nicht sonderlich aufschlussreich. Jedenfalls ist die Ansicht historisch kaum abzusichern, die in der Tatsache des gegenüber der Weimarer Reichsverfassung geänderten Wortlauts von Art. 5 Abs. 3 GG eine dezidierte Abkehr von dem Schutzgedanken des Art. 142 S. 2 WRV sieht[361]. Mehr spricht dafür, dass die Frage der Schutzpflicht inhaltlich übereinstimmend zur Endphase der Weimarer Republik beurteilt, jedoch als selbstverständlich und von daher nicht als gesondert regelungsbedürftig erachtet wurde[362]. Daher ist die Schutzpflicht lediglich dem generellen Bestreben des Parlamentarischen Rates, eine nüchtern-knappe und konzentrierte Verfassung ohne überflüssiges Beiwerk zu schaffen, zum Opfer gefallen[363]. Den zentralen Stellenwert in den Debatten des Parlamentarischen Rates beanspruchte die, nicht zuletzt durch die den Mitgliedern des Parlamentarischen Rates noch unmittelbar präsenten Weimarer Krisenerfahrungen aufgeworfene, Frage, ob und wie es möglich sei, verfassungsrechtliche Vorkehrungen zu schaffen, dass Beamte, speziell Hochschullehrer, ihr Amt nicht mehr zum aggressiven Kampf gegen die freiheitlich-demokratische Grundordnung missbrauchen. Im Verhältnis hierzu schien der Schutzgedanke eher von nachrangiger Bedeutung und zudem eine Sache der Länder. Hierin eine Abkehr vom Schutzprinzip der Weimarer Reichsverfassung zu sehen, erscheint zu weitgehend und bleibt letztlich spekulativ.

Die Notwendigkeit einer Staatsaufsicht über die Universitäten wurde dabei von der ganz überwiegenden Mehrheit im Parlamentarischen Rat als selbstverständlich vorausgesetzt. Das Wort Staatsaufsicht tauchte zwar in keiner der Entwurfsfassungen zur Wissenschaftsfreiheit auf[364], auch in den

sind frei. Die Freiheit der Lehre findet ihre Grenze in der Pflicht zur Treue gegenüber der Verfassung."

[360] Dazu *Schulze-Prießnitz*, Einheit von Forschung und Lehre, S. 38 ff.

[361] So aber *Roellecke*, JZ 1969, S. 726 (728).

[362] Vgl. die parallele Diskussion im Verfassungs-Ausschuss der Bayerischen Verfassunggebenden Landesversammlung, zit. nach Stenographische Berichte Verfassungs-Ausschuss Bayern, Bd. 1, S. 150.

[363] Wie hier *Thoma*, Die Lehrfreiheit der Hochschullehrer, S. 21, der die Streichung des Art. 142 S. 2 WRV als „ohne praktische Bedeutung" bezeichnet; ferner *Hailbronner*, Freiheit, S. 52; *F. Klein*, in: v. Mangoldt/ders., Das Bonner Grundgesetz, Art. 5 Anm. X 1; *H. H. Klein*, AöR 90 (1965), S. 129 (132; „Selbstverständlichkeit"). Ähnlich *Köttgen*, in: Neumann/Nipperdey/Scheuner, Die Grundrechte, Bd. II, S. 291 (316 f.), der die Schutzpflicht aus der „allgemeinen Gewährleistungspflicht" des Art. 28 Abs. 3 GG ableitet.

[364] Vgl. *Hollmann*, Der Parlamentarische Rat, Bd. 7, S. 1 (4); 36 (39); 91 (93); 133 (137); 202 (209); 297 (298, 306); 339 (341); 396 (398); 497 (498); 532 (533); 571 (572); 612 (613).

Diskussionen des Grundsatzausschusses[365], des Hauptausschusses[366] und des Plenums[367] findet es sich nicht[368]. Der stillschweigende breite Konsens hinsichtlich der Notwendigkeit dieses Instituts kann aber als gesichert gelten. Er geht stellvertretend, wenngleich nur indirekt, aus der Reaktion auf einen Antrag der Demokratischen Partei (DP) hervor, mit dem diese zu Beginn des Wissenschaftsgrundrechts den Satz „Das kulturelle Leben ist der Gewalt des Staates nicht unterworfen." aufgenommen haben wollte[369]. Dieser Vorschlag wurde einhellig abgelehnt, da er, wie Hermann von Mangoldt zum Ausdruck brachte, die Universität der Einwirkung des Staates entziehen würde[370], was allgemein als inakzeptabel empfunden wurde[371]. Ebenso einhelliger Konsens herrschte hinsichtlich der Regelungskompetenz. Alle Beteiligten meinten, dass das Grundgesetz sich in Aufsichtsfragen Enthaltsamkeit auferlegen müsse und der Gesetzgebungszuständigkeit der Länder nicht vorgreifen dürfe[372].

Die landesverfassungsrechtlichen Regelungen über die Garantie der universitären Selbstverwaltung und die Staatsaufsicht bewegen sich ausnahmslos in Übereinstimmung mit dem Grundgesetz und haben deshalb neben Art. 5 Abs. 3 GG Bestand (Art. 142 GG)[373]. Nach Art. 16 Abs. 1 Ndrh.-Westf. Verf. 1950 haben die Universitäten „unbeschadet der staatlichen Aufsicht, das Recht auf eine ihrem besonderen Charakter entsprechende Selbstverwaltung im Rahmen der Gesetze und ihrer staatlich anerkannten Satzungen"[374]. Fast gleichlautend[375] heißt es in Art. 20 Bad.-Württ. Verf. 1953: „(1) Die Hochschule ist frei in Forschung und Lehre. (2) Die Hochschule hat unbeschadet der staatlichen Aufsicht das Recht auf eine ihrem besonderen Charakter entsprechende Selbstverwaltung im Rahmen der

---

[365] Vgl. *Pikart/Werner*, Der Parlamentarische Rat, Bd. 5/I, S. 54 f., 120 f., 370; Bd. 5/II, S. 676, 680 ff., 934.

[366] Vgl. Parlamentarischer Rat, Verhandlungen des Hauptausschusses, S. 210, 547, 614, 746.

[367] Siehe den Sachindex bei *Werner*, Der Parlamentarische Rat, Bd. 9, S. 729 ff.

[368] Dazu auch der Überblick über die Genese des Art. 5 Abs. 3 GG bei *v. Doemming/Füsslein/Matz*, JöR N.F. Bd. 1 (1951), S. 1 (89 ff.).

[369] Vgl. *Pikart/Werner*, Der Parlamentarische Rat, Bd. 5/II, S. 648 (681 f.). Stellv. für die ganz h.M. der Abg. *H. v. Mangoldt*: „Die Einrichtung der Universitäten, der Hochschulen, der Schulen usw. gehört doch auch zum kulturellen Leben. Das alles würde nicht mehr der Einwirkung des Staates unterworfen sein", zit. nach *Pikart/Werner*, ebd., S. 682.

[370] *v. Doemming/Füsslein/Matz*, JöR N.F. 1 (1950), S. 89 ff. (90).

[371] Wie hier die Bewertung bei *H. H. Klein*, AöR 90 (1965), S. 129 (133), der richtigerweise hinzufügt: „Über ihren (scil.: der Staatsaufsicht; der Verf.) zulässigen Umfang ist damit freilich nichts gesagt."

[372] Repräsentativ Abg. *Bergsträsser*, zit. nach Parlamentarischer Rat, Verhandlungen des Hauptausschusses, S. 263.

[373] Vgl. BVerfGE 36, 342 (361 ff., 367); *Wiedmann*, in: Haug, Hochschulrecht, S. 34 ff.

[374] Hervorhebung durch den Verf.

[375] Neben Art. 16 Abs. 1 Ndrh.-Westf. Verf. 1950 war der Aufsatz von *Gerber*, DÖV 1953, S. 33 ff., auf die Entstehung des Art. 20 Bad.-Württ. Verf. 1953 von Einfluss.

Gesetze und ihrer staatlich anerkannten Satzungen. … ."[376] Der Hinweis auf den „besonderen Charakter" der Hochschulen sollte zum Ausdruck bringen, dass die akademische Selbstverwaltung – im Gegensatz zur Autonomie der Gemeinden – nach Ansicht der Verfassunggeber in Nordrhein-Westfalen und Baden-Württemberg als originäre keiner Verleihung durch den Staat bedurfte, sondern mit der Freiheit der Wissenschaft von Anfang an zwecknotwendig verbunden ist[377]. Die Wendung von der „staatlichen Aufsicht", mit der deutlich gemacht wurde, dass die Verfassung auch Fachaufsichtsrechte über die Universitäten nicht ausschloss, war in Baden-Württemberg heftig umkämpft. Der Regierungsentwurf (SPD/FDP) hatte nur von „Rechtsaufsicht" gesprochen, während der CDU-Entwurf die Worte „Aufsicht des Staates" benutzte[378]. Die endgültige Fassung steht näher bei dem von der CDU vertretenen staatsfreundlicheren Vorschlag[379]. Andere Landesverfassungen blieben hinsichtlich der Wissenschaftsfreiheit wortkarger und sparten eine Formulierung über den „besonderen Charakter" der Hochschulen und/oder eine Regelung der Staatsaufsicht aus. So statuiert etwa die BayVerf. 1946 in Art. 108: „Die Kunst, die Wissenschaft und ihre Lehre sind frei." In Art. 138 BayVerf. 1946 heißt es: „(1) Die Errichtung und Verwaltung der Hochschulen ist Sache des Staates. … (2) Die Hochschulen haben das Recht der Selbstverwaltung. … ."[380] Der Begriff der Selbstverwaltung wurde von der Mehrheit der Verfassunggebenden Bayerischen Landesversammlung für nicht näher explikationsbedürftig gehalten, da er durch die Anknüpfung an seine Bedeutung aus der Zeit vor 1933 hinreichend klar und präzise sei[381]. Die Vorstellung, dass die Universitäten des Schutzes und der Förderung vonseiten des Staates bedürfen, fand vielfach konstitutionellen Niederschlag, beispielsweise in Art. 140 BayVerf. 1946[382], Art. 11 Abs. 2 Verf.

---

[376] Erläuternd *Herberger*, in: Haug, Hochschulrecht, Rn. 160 ff.; zur staatlichen Aufsicht *ders.*, ebd., Rn. 180 ff.

[377] So *v. Lübtow/Harder*, Autonomie, S. 16 m.w.Nachw.

[378] Texte in: Verfassunggebende Landesversammlung Bad.-Württ., Beilagen-Bd. III, Beilage 1280, S. 1176 f.

[379] Krit. zur Ersetzung des Worts „Rechtsaufsicht" durch die Worte „staatliche Aufsicht" *Gerber*, DÖV 1953, S. 33 ff.; *ders.*, DÖV 1953, S. 142 (142 f.).

[380] Vgl. auch Art. 85 Bad.-Württ. Verf. 1953: „Die Universitäten und Hochschulen mit Promotionsrecht bleiben in ihrem Bestand erhalten."

[381] Vgl. die Stellungnahme des Abg. *Nawiasky* im Rahmen der 15. Sitzung des Verfassungsausschusses der Verfassunggebenden Bayerischen Landesversammlung v. 9.8.1946, zit. nach Stenographische Berichte Verfassungs-Ausschuss Bayern, Bd. 2, S. 361 f.: „Der Begriff ‚Selbstverwaltung der Hochschule' beruht auf einer ganz festen Tradition. Jeder, der mit dem Hochschulwesen etwas zu tun hat, weiß genau, was gemeint ist … . Ich darf sagen, daß der Begriff ‚Selbstverwaltung der Hochschule' ein ganz fester Begriff ist, der historisch-traditionell entwickelt ist."

[382] Insbesondere in Art. 140 Abs. 1 BayVerf. 1946: „Kunst und Wissenschaft sind von Staat und Gemeinde zu fördern."

Bremen 1947[383], Art. 60 Abs. 1 S. 1 HessVerf. 1946[384], Art. 18 Abs. 1 Ndrh.-Westf. Verf. 1950[385] und Art. 7 Abs. 1 Schl.-Hol. Landess. 1949[386].

Hinsichtlich der konkreten Ausgestaltung des Universitätsrechts wurde in den Jahren ab 1947 eine Vielzahl divergierender Reformkonzepte vorgelegt. Bei der Hochschulaufsicht entzündete sich der Streit vor allem an der Frage der Beibehaltung bzw. Abschaffung der Figur des Kurators. Dieser hatte zwar in der Vergangenheit auch segensreich für die Universität gewirkt, stand jedoch in einer eigenartigen Konkurrenzstellung zum Rektor[387], weshalb die Universitäten, insbesondere in Westdeutschland, dieses „Relikt" durch einen dem Rektor untergeordneten Universitätsbeamten oder -angestellten mit Verwaltungskenntnissen (Kanzler) ersetzt wissen wollten[388]. Das „Blaue Gutachten" (1948) einer deutsch-britischen Kommission, bestehend aus Hochschullehrern, Kirchen- und Gewerkschaftsvertretern sowie Verwaltungsfachleuten[389], plädierte für die Ersetzung des Kurators durch einen Hochschulrat als eines zwischen Staat und Universität mediatisierenden Gremiums. Besonders vehement sprach sich das „Gelbe Gutachten"[390], auch „Schwalbacher Richtlinien" genannt, gegen die Institution eines Kurators aus. Dieses Gutachten, das im Zeichen der liberalen südwestdeutschen Universitätstradition stand, hatten Hochschullehrer und Verwaltungsjuristen aus der amerikanischen Besatzungszone im Jahre 1947 verfasst. Es sah vor, den Rektor zur Spitze der akademischen Selbstverwaltung zu machen und gleichzeitig mit der auftragsweisen Wahrnehmung allgemeiner und wirtschaftlicher Verwaltungsaufgaben zu betrauen[391]. Besondere Beachtung unter den zahllosen Papieren und Diskussionsvorschlägen von Gesprächszirkeln, Arbeitsgruppen und Tagungstreffen[392] der Nachkriegsperiode fand noch ein 1951 von dem Marburger Rechtsprofessor Rudolf Reinhardt vorgestelltes Reformkonzept. Dieses sprach sich generell gegen eine Verstärkung des staatlichen Einflusses aus und favorisierte einen möglichst hohen Grad an Selbstständigkeit der Universität bei der Verwaltung ihrer Angelegenheiten[393]. Wörtlich

[383] Art. 11 Abs. 2 Verf. Bremen 1947: „Der Staat gewährt ihnen (scil.: Kunst, Wissenschaft und Lehre; der Verf.) Schutz und nimmt an ihrer Pflege teil."

[384] Art. 60 Abs. 1 S. 1 HessVerf. 1946: „Die Universitäten und staatlichen Hochschulen genießen den Schutz des Staates und stehen unter seiner Aufsicht."

[385] Art. 18 Abs. 1 Ndrh.-Westf. Verf. 1950: „Kultur, Kunst und Wissenschaft sind durch Land und Gemeinden zu fördern."

[386] Art. 7 Abs. 1 Schl.-Hol. Landess. 1949: „Das Land fördert und schützt Kunst und Wissenschaft, Forschung und Lehre."

[387] *Zierold*, Hochschulprobleme von heute, S. 15 ff. (15).

[388] Berichtend *Peters*, Lehrbuch der Verwaltung, S. 417.

[389] „Blaues Gutachten", abgedruckt in: *Neuhaus*, Dokumente, S. 289 ff.

[390] „Gelbes Gutachten", abgedruckt in: *Neuhaus*, Dokumente, S. 262 ff.

[391] Vgl. *Letzelter*, DVerwGesch., Bd. 5, S. 654 (657).

[392] Vgl. die Auflistung bei *Letzelter*, DVerwGesch., Bd. 5, S. 654 (658).

[393] *Reinhardt*, Universität und Staat, S. 11.

führte Reinhardt aus: „ ... so sieht man den Schutz und die Förderung des Staates heute gerade darin, daß sich der Staat der unmittelbaren Einwirkung in die Verwaltung der Universität enthält und ihr damit ein wirkliches Eigenleben als besten Garanten für eine erfolgreiche und unverfälschte Wahrheitsforschung und Lehre ermöglicht."[394] Die Staatsaufsicht sollte sich zwar im Grundsatz auf eine Rechtsaufsicht beschränken, aber sie „kann und wird vielfach auch Ermessensfragen einbeziehen"[395]. Als zentrales Aufsichtsorgan schwebte Reinhardt ein neu eingerichteter Verwaltungsausschuss von Professoren unter dem Vorsitz des aus dem Lehrkörper zu wählenden Kanzlers vor[396]. Insgesamt war das Schrifttum zur Hochschulreform der Nachkriegszeit nach den Worten von Werner Weber „im Begriff, in unserem Hochschulwesen wieder stärker die Grundlagen körperschaftlicher Eigenständigkeit bloßzulegen"[397].

Die in den fünfziger und sechziger Jahren erschienene Literatur zur Stellung der Hochschule im Staat ist ganz wesentlich durch die Anknüpfung an die Dogmatik der Weimarer Republik gekennzeichnet[398]. Die Mehrheit der Autoren qualifizierte auch Art. 5 Abs. 3 S. 1 GG als „Grundrecht der Universität" bzw. als institutionelle Garantie der Universität und ihrer Organisationsform, der akademischen Selbstverwaltung, in den zentralen Elementen ihrer überkommenen Gestalt. Diese Ansicht verlor zwar später etwas an Gefolgschaft, ist aber, obgleich hinsichtlich des „Grundrechts der Universität" vom Bundesverfassungsgericht und Bundesverwaltungsgericht bis heute offen gelassen[399], herrschend geblieben[400]. Neben der Qua-

394 *Reinhardt*, Universität und Staat, S. 12.

395 *Reinhardt*, Universität und Staat, S. 42.

396 Vgl. *Reinhardt*, Universität und Staat, S. 19 ff.

397 *Weber*, Rechtsstellung, S. 10.

398 Besonders deutlich bei Autoren, die bereits das Hochschulrecht der Weimarer Republik mit geprägt hatten und auch in der Gründungsphase der Bundesrepublik Deutschland von erheblichem Einfluss waren; vgl. etwa *Köttgen*, in: Neumann/Nipperdey/Scheuner, Grundrechte, Bd. II, S. 291 ff.

399 Vgl. BVerfGE 15, 256 (264); 35, 79 (116; „faktisch unangefochten"); 51, 369 (381); 67, 202 (207); BVerwGE 52, 313 (318); deutlicher dafür aber BVerfGE 85, 360 (384 f.); 95, 193 (209 f.). Dagegen hat das BVerfG frühzeitig von dem „in Landesverfassungen garantierte(n) Recht der Hochschulen auf Selbstverwaltung" gesprochen; vgl. BVerfGE 3, 58 (143). Der Charakter von Art. 5 Abs. 3 S. 1 GG als auch institutionelle Garantie der akademischen Selbstverwaltung wird vom BVerwG in ständiger Rechtsprechung anerkannt; vgl. BVerwGE 8, 170 (172); 32, 308 (310).

400 Begründet wird die Lehre der institutionellen Garantie zumeist mit dem Argument, Art. 5 Abs. 3 S. 1 GG setze als Freiheitsrecht die Autonomie und Selbstverwaltung der Einrichtung Hochschule zweck- bzw. denknotwendig voraus; angenommen wird dabei zumindest der Schutz eines Kernbereichs der tradierten Strukturelemente; vgl. mit Unterschieden in den Einzelheiten und divergierenden Deutungen (dazu im Überblick *Scholz*, in: Maunz/Dürig, Grundgesetz, Art. 5 Abs. 3 Rn. 132 f.; *Stern*, Staatsrecht, Bd. III/1, S. 808 f.): *Bethge*, in: Sachs, Grundgesetz, Art. 5 Rn. 202; *Friesenhahn*, Staatsrechtslehrer und Verfassung, S. 11 ff.; *Geis*, in: Hailbronner/ders., Kommentar zum HRG, § 58 Rn. 27 f., 30 f.; *Grupp*, in: FS für Roellecke, S. 97 (101 f.); *Hagebölling*, Niedersächsische

lität von Art. 5 Abs. 3 S. 1 GG als Grundrecht der Universität wandte sich das publizistische Interesse in der Nachkriegszeit vor allem dem Streit um die Rechtsnatur der Universität zu, wobei sich bereits in der Gründungsphase der Bundesrepublik Deutschland die Vertreter durchsetzten, welche die Universität als juristische Person des öffentlichen Rechts mit rein bzw. vorwiegend korporativem Charakter einstuften[401]. Insgesamt war nach 1945 auch für das Verhältnis Hochschule und Staat das grundsätzliche Ziel einer, einen gleichzeitigen Neuanfang nicht ausschließenden, Rückkehr zu den Traditionen aus der Zeit vor 1933 kaum ernsthaft bestritten[402]. Hier

---

Verfassung, Art. 5 Anm. 1; *Hailbronner*, Freiheit, S. 65 f.; *Hendler*, Selbstverwaltung als Ordnungsprinzip, S. 209 f.; *Herberger*, in: Haug, Hochschulrecht, Rn. 156 ff. (158); *Hillermann*, Durchsetzung, S. 107 ff.; *Karpen*, Abbau, S. 18 f.; *H. H. Klein*, AöR 90 (1965), S. 129 (137 ff.); *Knemeyer*, BayVBl. 1982, S. 513 (513); *Köttgen*, Das Grundrecht der deutschen Universität, insbesondere S. 17 ff., 45 ff.; *Lorenz*, WissR 11 (1978), S. 1 (3); *Menger*, VerwArch. 65 (1974), S. 75 (80 f.); *Oldiges*, in: FS für Thieme, S. 647 (650); *Oppermann*, in: Isensee/Kirchhof, HdbStR, Bd. VI, § 145 Rn. 18 f.; *Pernice*, in: Dreier, GG, Art. 5 III (Wissenschaft) Rn. 21, 35; *Peters*, in: FS für Jahrreiß, S. 319 (324); *Rupp*, in: FG für v. Unruh, S. 919 (921); *Schiedermair*, WissR 21 (1988), S. 1 (13, 20); *Scholz*, ebd., Rn. 1, 4, 131; *Stern*, ebd., S. 811 ff.; *W. Thieme*, Deutsches Hochschulrecht Rn. 96; *Weber*, Rechtsstellung, S. 28; zur korporativen Dimension des Grundrechts der Universität siehe *Häberle*, AöR 110 (1985), S. 329 (359). Relativierend bis ablehnend dagegen vor allem Publikationen, die erst nach der Reformdiskussion Mitte der sechziger Jahre erschienen sind; vgl. *Asche*, Hochschulautonomie, S. 109 ff.; *Frank*, Selbständigkeit, S. 37 ff.; *Kimminich*, HWissR, Bd. 1, S. 121 (125 ff.); *Roellecke*, in: FS für Thieme, S. 681 (683 ff.); *Schlink*, Der Staat 10 (1971), S. 244 (252, 266 f.); *Schmidt-Aßmann*, in: FS für Thieme, S. 697 (703 ff.); *Tomerius*, Hochschulautonomie, S. 79 ff. (82 ff.); *Zwirner*, AöR 98 (1973), S. 313 (337 ff.). Mit Recht die Aspekte „Grundrecht der Universität" (Art. 5 Abs. 3 S. 1, 19 Abs. 3 GG) und „institutionelle Garantie" trennend und auf die Diffusität wie auf die Überflüssigkeit der Lehre der institutionellen Garantie vor dem Hintergrund der modernen ausdifferenzierten Grundrechtsdogmatik (Teilhaberechte; objektive Wirkungen wie Schutzpflichten, Grundrechtsschutz durch Verfahren und Organisation) hinweisend: *Erichsen/Scherzberg*, NVwZ 1990, S. 8 (9 ff.); *Kahl*, Die Staatsaufsicht, S. 451 f.; *Kimminich*, ebd., S. 128 f., 131; *Kluth*, Funktionale Selbstverwaltung, S. 38 ff., 419 ff., 427 ff.; *Trute*, Forschung, S. 265 ff., 270 ff., 275 f. sowie eingehend *Mainzer*, Figur, S. 54 ff., 151 ff., 182 ff. Ungeachtet dessen ist die Lehre der durch Art. 5 Abs. 3 S. 1 GG institutionell garantierten Wissenschaftsfreiheit noch immer herrschend (ebenso *Kluth*, ebd., S. 36, 38).

401 Vgl. *H. H. Klein*, „Demokratisierung" der Universität?, S. 30 ff.; *F. Mayer*, Rechtsnatur, S. 24 ff., 34 f.; *Smend*, EvKL, Bd. 3, Sp. 1568 (1572); den Meinungsstand zusammenfassend *Schulze-Prießnitz*, Einheit von Forschung und Lehre, S. 67 m. Fn. 7. A.A. wegen der Abhängigkeit der Wissenschaft von sachlichen und persönlichen Mitteln aus der Hand des Staates *Wolff*, Die Rechtsgestalt der Universität, S. 18 f.

402 Vgl. *Friesenhahn*, Staatsrechtslehrer und Verfassung, S. 10 ff.; *Hailbronner*, Freiheit, S. 31, 51 ff.; *Karpen/Freund*, Hochschulgesetzgebung, S. 25; *H. H. Klein*, AöR 90 (1965), S. 129 (132, 137); *Köttgen*, Das Grundrecht der deutschen Universität, S. 17 ff.; *Hermann v. Mangoldt*, Das Bonner Grundgesetz, S. 68; *Zierold*, Hochschulprobleme von heute, S. 5. Eine nicht unbedeutende Rolle spielte dabei das Element der personellen Kontinuität: Gerber, F. Klein, Köttgen, Thoma u.a. hielten auch nach 1945 an ihren in der Endphase der Weimarer Republik vertretenen Positionen zur Wissenschaftsfreiheit („Grundrecht der Universität"; „institutionelle Garantie", Gewährleistung eines „eigenständigen Sachbereichs Wissenschaft") fest und waren einflussreiche Persönlichkeiten in der Staats- und

zeigt sich erneut eine Parallele zur Entwicklung der kommunalen Selbstverwaltung[403]. Die generelle Stoßrichtung lautete: Der Gedanke der Korporation bzw. der Selbstverwaltung ist zu stärken, wirksame staatliche Aufsichtsrechte sind zwar unverzichtbar, tendenziell aber eher im Sinne eines wechselseitigen Treueverhältnisses zurückzudrängen[404]. Gleichzeitig war die Hochschulpolitik der fünfziger und der frühen sechziger Jahre aus soziologischer Sicht von der am humboldtschen Ideal der „Freiheit und Einsamkeit" orientierten, traditionell ausgerichteten und hinsichtlich ihrer Mitglieder soziologisch eher elitären Ordinarienuniversität gekennzeichnet. Rückblickend wurde, wohl zu einseitig kritisch, über diese Phase in der Entwicklung der deutschen Hochschulen angemerkt: „Keine Spur von Traditionsbruch war festzustellen, allerdings schon zunehmende Merkmale von geistiger Enge, von einseitiger Fachbezogenheit und von institutioneller Schwerfälligkeit. Ohne daß es den Gelehrten und Studenten jener Jahre bewußt war, erlebten sie damals die Abendröte der alten deutschen Universität."[405]

Verwaltungsrechtslehre der Nachkriegszeit; vgl. *Sterzel*, in: ders./Perels, Freiheit, S. 85 (86 m. Fn. 254); *Zwirner*, AöR 98 (1973), S. 313 (335 f.); allgemein *Stern*, Staatsrecht, Bd. III/1, S. 763 ff.

[403] Ausführlich hierzu *Kahl*, Staatsaufsicht, S. 255 ff.

[404] Vgl. *Dallinger*, in: ders./Bode/Dellian, HRG, § 58 Rn. 1; *Geis*, in: ders./Hailbronner, Kommentar zum HRG, § 58 Rn. 5 f.; *Karpen/Freund*, Hochschulgesetzgebung, S. 25; *Kühne*, DÖV 1997, S. 1 (3); *Letzelter*, DVerwGesch., Bd. 5, S. 654 (657); *W. Thieme*, Deutsches Hochschulrecht, Rn. 105. Einzelheiten bei *Hennis*, Die deutsche Unruhe, S. 31 ff.

[405] *G. Turner*, Hochschulpolitik, S. 9 ff. (13).

§ 10 Die Hochschule in der Phase der Unruhe und Konsolidierung bis zur deutschen Vereinigung

Spätestens in den sechziger Jahren geriet die deutsche Universität auch nach Meinung des Bundesverfassungsgerichts in eine „Struktur- und Organisationskrise“[406], für deren Kulmination die Ziffer „1968“ als Symbol für die antiautoritäre Studentenbewegung und „außerparlamentarische Opposition“ und deren Forderungen nach mehr Mitbestimmung, Transparenz und „Demokratisierung“ („Drittelparität“) steht. In der Zeit der Studentenrevolte und danach, als es auf der Ebene des Landesrechts – nach dem Muster des hessischen Hochschulgesetzes von 1966[407] – zur Ablösung der „Ordinarienuniversität“ durch die „Gruppenuniversität“ kam[408], setzte gleichsam reaktiv eine bis heute nachwirkende Tendenz zur „Repersonalisierung“[409] der Universität und zur Wiederbetonung der individuell-freiheitsrechtlichen Funktion von Art. 5 Abs. 3 S. 1 GG als liberales Abwehrrecht[410] des Einzelnen ein[411]. Zugleich wurden unter dem Eindruck der „68er“-Ereignisse in der Politik mehrheitlich Stimmen für eine Intensivierung staatlicher Kontrolle und Eingriffspflichten laut[412]. Demgegenüber forderten die Hochschulgruppen überwiegend mehr Autonomie für die Hochschulen im Sinne eines rechtlich geschützten Freiraums vor staatlichen Eingriffen[413]. Die Hochschulreformgesetzgebung der Länder gegen Ende der sechziger Jahre nahm diese Autonomieforderung auf und ver

[406] BVerfGE 35, 79 (110).

[407] G. v. 16.5.1966, GVBl. S. 121.

[408] Vgl. *Hennis*, Die deutsche Unruhe; *Kluth*, Funktionale Selbstverwaltung, S. 41 f.; *G. Turner*, Hochschulpolitik, S. 15 ff. (21); 23 ff. Zur mehrheitlichen Ablehnung im zeitgenössischen rechtswissenschaftlichen Schrifttum vgl. m.z.Nachw. *Sterzel*, in: ders./Perels, Freiheit, S. 85 (S. 86 Fn. 255 einerseits und S. 87 Fn. 256 f. andererseits).

[409] *H.P. Ipsen*, VVDStRL 27 (1969), S. 198 (199). Damit war und ist überwiegend keine Negierung, aber eine gewisse Zurückdrängung der institutionellen Dimension der Wissenschaftsfreiheit verbunden; vgl. *Hendler*, Selbstverwaltung als Ordnungsprinzip, S. 211.

[410] BVerfGE 15, 256 (263 f.); 35, 79 (112), st. Rspr.; aus neuerer Zeit: BVerfGE 95, 193 (209).

[411] Vgl. *Pfeifer*, in: Filbinger u.a., Bildungspolitik, S. 192 (198, 204 f.).

[412] Siehe stellv. zeitgenössisch *Hahn*, Bildung, S. 140 f.; *Pfeifer*, in: Filbinger u.a., Bildungspolitik, S. 203.

[413] Vgl. den Bericht und die Nachw. bei *G. Turner*, Hochschule, S. 213 ff.

stärkte den Trend weg von staatlicher Kontrolle hin zu mehr Eigenverantwortlichkeit und Kooperation[414].

Einen Meilenstein für das Hochschulrecht insgesamt und einen wesentlichen Beitrag zum Ausbau des körperschaftlichen Elements der Hochschulautonomie bedeutete das Hochschulurteil des Bundesverfassungsgerichts vom 29. Mai 1975. Danach schützt Art. 5 Abs. 3 S. 1 GG jede wissenschaftliche Tätigkeit, das heißt alles, was nach Inhalt und Form als ernsthafter planmäßiger Versuch zur Ermittlung der Wahrheit anzusehen ist[415]. Damit sich die Wissenschaft ungehindert an dem sie kennzeichnenden Bemühen um Wahrheitssuche ausrichten kann, ist sie zu „einem von staatlicher Fremdbestimmung freien Bereich persönlicher und autonomer Verantwortung des einzelnen Wissenschaftlers erklärt worden“[416]. Das Hochschulurteil wirkte grundlegend für das weitere Verständnis hinsichtlich der Stellung der Hochschulen im Staat[417]. Die Hochschulen, so das Bundesverfassungsgericht, hätten „nicht nur die Pflege der reinen Wissenschaft zur Aufgabe“, sondern seien „vor allem ... Ausbildungsstätten“, ohne dass diese Funktionen trennbar wären. Die Hochschulen seien auch „Gegenstand und Mittel einer öffentlich kontrollierten Forschungs- und Bildungspolitik“. Die Ausgestaltung der Wissenschaftsorganisation müsse beiden Funktionen angemessen Rechnung tragen[418].

(Zwischen-)Ergebnis der kontroversen Reformdebatten der sechziger und siebziger Jahre war das am 27. Januar 1976 in Kraft getretene Hochschulrahmengesetz[419]. Die Zuweisung der Rahmengesetzgebungskompetenz an den Bund in Art. 75 Abs. 1a GG[420] und die damit verbundene Umgestaltung der Zuständigkeit für den Aus- und Neubau von Hochschulen von einer ausschließlichen Aufgabe der Länder zu einer Gemeinschaftsaufgabe von Bund und Ländern in Art. 91a Abs. 1 Nr. 1 GG[421] hatten hierfür im Jahre 1969 den Weg geebnet. Das Hochschulrahmengesetz enthielt zwar allgemein gehaltene Vorgaben zum Verhältnis von Hochschule und

---

[414] *Geis*, in: Hailbronner/ders., Kommentar zum HRG, § 58 Rn. 7; allgemein zu den verschiedenen Wellen der Hochschulgesetzgebung seit den sechziger Jahren *Karpen/Freund*, Hochschulgesetzgebung, S. 27 ff.

[415] BVerfGE 35, 79 (113).

[416] BVerfGE 35, 79 (112 f.); aus späterer Zeit BVerfGE 47, 327 (367 f.); 90, 1 (12).

[417] BVerfGE 35, 79 (109 ff., 121 ff.); dazu *Geis*, in: Hailbronner/ders., Kommentar zum HRG, § 58 Rn. 8; *Herberger*, in: Haug, Hochschulrecht, Rn. 131 ff.; eingehender Überblick zur Entwicklung der späteren Kommentarliteratur auf der Basis des Hochschulurteils bei *Sterzel*, in: ders./Perels, Freiheit, S. 85 (87 ff.).

[418] BVerfGE 35, 79 (122).

[419] BGBl. I S. 185; zur umstrittenen Entstehungsgeschichte und zu den nachfolgenden Änderungen vgl. die Nachw. bei *Kickartz*, in: Wolff/Bachof/Stober, Verwaltungsrecht, Bd. 2, 5. Aufl., § 93 Rn. 3 ff.

[420] 22. Gesetz zur Änderung des Grundgesetzes v. 12.5.1969, BGBl. I S. 363.

[421] 21. Gesetz zur Änderung des Grundgesetzes v. 12.5.1969, BGBl. I S. 359.

Staat, ließ den Ländern aber Spielraum für deren nähere Ausgestaltung. Auf der Grundlage der in den siebziger und achtziger Jahren erlassenen Landeshochschulgesetze, der zweiten Welle der bundesrepublikanischen Hochschulgesetzgebung, kam es zu einer – wenn auch nur vorübergehenden – Beruhigung und Konsolidierung im Verhältnis von Hochschule und Staat. Zahlreiche Streitfragen aus der „68er-"Ära waren jetzt einer Klärung zugeführt. Es bildete sich ein erheblicher Bestand an weithin konsentierten Erkenntnissen heraus, die zumeist bis heute Gültigkeit beanspruchen können und die von den „neuen" Ländern nach ihrem Beitritt zur Bundesrepublik Deutschland im Jahre 1990 weitgehend in ihr Hochschulrecht übernommen wurden.

§ 58 Abs. 1 S. 3 HRG[422] bzw. das entsprechende Landesrecht[423], nach der herrschenden Lehre auch Art. 5 Abs. 3 S. 1 GG[424], räumt den Universitäten das Recht der Selbstverwaltung ein. Auch in den Verfassungen der Beitrittsländer erfolgte zum Teil in Anlehnung an die Vorbilder in Baden-Württemberg und Nordrhein-Westfalen der Zusatz, die Hochschule habe das Recht auf eine „ihrem besonderen Charakter entsprechende" Selbstverwaltung im Rahmen der Gesetze[425]. Das Selbstverwaltungsrecht firmiert dabei als Oberbegriff für die Selbstgesetzgebung (Satzungsautonomie) und die Selbstverwaltung im engeren Sinne[426]. Es ist gegenständlich begrenzt auf die Selbstverwaltungsangelegenheiten[427], die den Gegenbegriff zu den

422 Dazu BT-Drucks, 13/8796, S. 29; *Reich* , HRG, § 58 Rn. 1.

423 Auf Verfassungsebene: Art. 20 Abs. 2 Bad.-Württ. Verf., Art. 138 Abs. 2 S. 1 BayVerf., Art. 32 Abs. 1 BbgVerf., Art. 60 Abs. 1 S. 2 HessVerf., Art. 5 Abs. 3 NdsVerf., Art. 16 Abs. 1 Ndrh.-Westf. Verf., Art. 39 Abs. 1 S. 1 Rh.-Pf. Verf., Art. 33 Abs. 2 S. 1 SaarlVerf., Art. 107 Abs. 2 S. 1 SächsVerf., Art. 28 Abs. 1 S. 2 ThürVerf.; dazu *Hillermann*, Durchsetzung, S. 55 ff.; *Kühne*, DÖV 1997, S. 1 ff.; *Leuze*, DÖD 1993, S. 1 ff. Auf einfachgesetzlicher Ebene: § 5 Abs. 1 S. 3 Bad.-Würt. UG, Art. 4 Abs. 1 S. 1 BayHSchG, § 2 Abs. 1 S. 2 BerlHG, § 2 Abs. 1 S. 2 BbgHG, § 2 Abs. 1 S. 2 BremHG, § 1 Abs. 2 S. 1 HessHG, § 2 Abs. 1 S. 2 M-V HG, § 2 Abs. 1 S. 2 Ndrh.-Westf. HG, § 6 Abs. 2 S. 1 Rh.-Pf. HG, § 61 Abs. 1 S. 2 SächsHG, § 63 Abs. 1 S. 2 Sachs.-Anh. HG, § 9 Abs. 1 S. 2 Schl.-Hol. HG, § 3 Abs. 1 S. 2 ThürHG; dazu *Hillermann*, ebd., S. 60 ff.

424 Siehe an dieser Stelle nur *Fehling*, Die Verwaltung 35 (2002), S. 399 (399 m. Fn. 3) sowie bereits oben Fn. 400.

425 Siehe Art. 107 Abs. 2 S. 1 SächsVerf., Art. 31 Abs. 2 Sachs.-Anh. Verf. sowie oben bei Fn. 374 ff.

426 Vgl. *Wolff/Bachof*, Verwaltungsrecht, Bd. 2, § 93 IV d 4 (S. 303): „Selbstverwaltung bedeutet eigenverantwortliche, fachweisungsfreie Wahrnehmung der akademischen Angelegenheiten ... durch eigene, idR bestellte Organe." Einzelheiten bei *Herberger*, in: Haug, Hochschulrecht, Rn. 167 ff.; *W. Thieme*, Deutsches Hochschulrecht, Rn. 110 ff., 119 ff.

427 In Bayern „Körperschaftsangelegenheiten" genannt (vgl. Art. 5 Abs. 1 BayHSchG); zum Umfang der Selbstverwaltungsrechte vgl. stellv. die nicht abschließenden Aufzählungen in § 8 Rh.-Pf. HG, § 62 Abs. 2 SächsHG, § 64 Abs. 2 Sachs.-Anh. HG, § 10 Schl.-Hol. HG, § 7 Abs. 1 ThürHG; dazu *Hailbronner*, in: ders./Geis, Kommentar zum HRG, § 59 Rn. 25 f.

staatlichen Angelegenheiten[428] (Auftragsangelegenheiten)[429] bilden. Selbstverwaltungsangelegenheiten, die per definitionem eigenverantwortlich[430] und unter Rechtsaufsicht des Landes wahrgenommen werden, sind alle Angelegenheiten der Hochschule, die nicht durch Gesetz als staatliche Angelegenheiten übertragen sind[431]. Hochschulaufgaben und staatliche Aufgaben stehen nicht strikt getrennt nebeneinander, sondern sind vielfältig miteinander verknüpft[432]. Die Grenzen zwischen beiden Bereichen sind fließend, die Zuordnung im Einzelfall nicht immer leicht. Normativer Ausdruck der Verknüpfung der beiden Aufgabenbereiche war insbesondere[433] die Institutionalisierung eines Dritten Sektors in Gestalt des Zusammenwirkens von Staat und Hochschule (§ 60 HRG a.F.). Diese Form der Kooperation soll in Fällen, die weder von der Hochschule noch vom Staat allein entschieden werden sollen[434], zur Verwirklichung praktischer Konkordanz zwischen der aus dem Demokratieprinzip folgenden Verantwortung des Staates für die wesentlichen Allgemeininteressen der Bildungs-, Berufs- und Gesellschaftspolitik einerseits und der verfassungsrechtlich verbürgten Autonomie der Hochschule andererseits beitragen[435]. Zu den

---

[428] Vgl. § 59 S. 3 HRG; *Reich*, HRG, 8. Aufl., § 59 Rn. 3. § 59 Abs. 2 S. 1 HRG a.F. nannte beispielhaft die Personal-, Wirtschafts-, Haushalts- und Finanzverwaltung sowie die Krankenversorgung als staatliche Aufgaben; vgl. ferner konkretisierend etwa Art. 5 Abs. 3 BayHSchG, § 10 Abs. 1 S. 2 BremHG, § 6 Abs. 2 HmbHG, § 12 Abs. 2 M-V HG, § 47 Abs. 1 S. 2 NdsHG, § 107 Abs. 2 Ndrh.-Westf. HG, § 9 Abs. 1 Rh.-Pf. HG, § 3 Abs. 2 S. 2 SaarlUG, § 63 SächsHG, § 11 Schl.-Hol. HG, § 7 Abs. 2 ThürHG; dazu *Hailbronner*, in: ders./Geis, Kommentar zum HRG, § 59 Rn. 27, 31 ff.

[429] So die Bezeichnung in § 6 Abs. 2 HessHG, § 6 Abs. 2 S. 2 Rh.-Pf. HG, § 3 Abs. 2 S. 1 SaarlUG, § 64 Abs. 1 Sachs.-Anh. HG, § 7 Abs. 2 ThürHG; wieder anders § 9 Abs. 2 S. 1 Schl.-Hol. HG („Landesaufgaben").

[430] § 5 Abs. 1 HmbHG spricht von der „selbständigen" Aufgabenwahrnehmung und meint damit in der Sache dasselbe. Nach § 6 Abs. 1 HessHG nehmen die Hochschulen ihre Aufgaben „im eigenen Namen" wahr.

[431] Art. 5 Abs. 2 BayHSchG, § 9 S. 1 BremHG, § 5 Abs. 2 HmbHG, § 2 Abs. 2 S. 1 Ndrh.-Westf. HG, § 62 SächsHG; *Hailbronner*, in: ders./Geis, Kommentar zum HRG, § 59 Rn. 25. Umstritten ist die Frage einer gesetzlichen Vermutung zugunsten des Selbstverwaltungscharakters einer Aufgabe; mit Recht bejahend *Dallinger*, in: ders./Bode/Dellian, HRG, § 58 Rn. 2, 10; *Lüthje*, in: Denninger, HRG, § 58 Rn. 30; *Oppermann/Fechner*, HWissR, Bd. 1, S. 1009 (1022); verneinend *Kickartz*, in: Wolff/Bachof/Stober, Verwaltungsrecht, Bd. 2, 5. Aufl., § 93 Rn. 49.

[432] Vgl. *Geis*, in: Hailbronner/ders., Kommentar zum HRG, § 58 Rn. 49; *Hufeld*, DÖV 2002, S. 309 (312).

[433] Zu sonstigen, über das HRG verstreuten Mitwirkungsrechten vgl. die Zusammenstellung bei *Reich*, HRG, 5. Aufl., § 60 Rn. 1.

[434] Z.B. Berufungsfragen, Hochschulplanung, Einrichtung, Änderung und Aufhebung von Studiengängen.

[435] Anschaulich herausgearbeitet von *Hailbronner*, in: ders., Kommentar zum HRG, § 60 Rn. 2 ff. („harmonisierende Auslegung"); ähnlich *Hufen*, Die Freiheit der Kunst, S. 425 ff. („verhältnismäßige Zuordnung"); *Geis*, in: Hailbronner/ders., Kommentar zum HRG, § 58 Rn. 54; *Lorenz*, WissR 11 (1978), S. 1 (4). Auf das Prinzip der „Einheit der Verfassung" abhebend *Doderer*, in: Birk/Dittmann/Erhardt, Kulturverwaltungsrecht im

Mitwirkungsformen[436] zählen neben der Anhörung, Information oder Konsultation das Vorschlagsrecht, die Einrichtung von Gremien, die Aufforderung an die Universität aus wichtigem Grund, bestimmte Maßnahmen zu ergreifen[437], nach überwiegender Ansicht aber auch die staatlichen Genehmigungsvorbehalte[438]. Die Genehmigungsvorbehalte dienen nach der herrschenden Meinung nicht nur der Überprüfung der rechtlichen Unbedenklichkeit (präventive Rechtsaufsicht), sondern räumen dem Staat darüber hinaus eine Mitentscheidung und damit eine Sanktionskompetenz ein, welche die Einbringung eigenständiger Sachaspekte in den Entscheidungsprozess ermöglicht (sog. kondominiales Verwaltungshandeln)[439]. Sie sind insofern von der Aufsicht kategorial klar zu scheiden[440]. Im Einzelnen werden auf dieser Basis bis heute drei konzentrische Kreise unterschieden: Ein der staatlichen Verfügung entzogener Kernbereich der freien Forschung und Lehre, ein Kooperationsbereich des Zusammenwirkens von Hochschule und Staat sowie ein äußerer Bereich, welcher zwar der staatlichen, aber ihrerseits an Art. 5 Abs. 3 S. 1 GG und an das einschlägige Landesverfassungsrecht gebundenen Regelungsbefugnis unterfällt[441]. Zwar ist § 60 HRG mit der Novelle

---

Wandel, S. 164 (168); zustimmend *Tomerius*, Hochschulautonomie, S. 134 f. Vgl. zu § 60 HRG a.F. an dieser Stelle nur *Kickartz*, in: Wolff/Bachof/Stober, Verwaltungsrecht, Bd. 2, 5. Aufl., § 93 Rn. 62 ff.; *Hans v. Mangoldt*, Universität und Staat, S. 12 ff., 19 ff.; *Tomerius*, ebd., S. 131 ff.

436 Vgl. *Hailbronner*, in: ders., Kommentar zum HRG, § 60 Rn. 7 ff.; *Leuze*, in: ders./Epping, HG Ndrh.-Westf., § 108 Rn. 4.

437 So § 95 Abs. 2 SaarlUG. Kommt die Universität der Aufforderung nicht nach, kann das Ministerium die notwendigen Anordnungen an Stelle der Universität treffen (§ 95 Abs. 3 SaarlUG). Hierbei handelt es sich nur euphemistisch um „Mitwirkung", bei Lichte besehen indes um klassische aufsichtsrechtliche Befugnisse, die deshalb in den §§ 96 f. SaarlUG hätten integriert werden müssen.

438 Vgl. § 123 Bad.-Württ. UG, § 110 BremHG.

439 Vgl. etwa § 61 Abs. 3 S. 2 SächsHG, wonach die Grundordnung, sofern sie von bestimmten Regelungen des SächsHG abweicht (§ 61 Abs. 2 S. 2 SächsHG), auch „aus Fachgründen" versagt werden kann, sowie § 51 Abs. 3 S. 2 NdsHG; § 14 Abs. 3 Nr. 3; § 15 Abs. 2 S. 1 Nr. 4, S. 2 i.V.m. § 14 Abs. 3 Nr. 3 Schl.-Hol. HG. Im Schrifttum für die Zulässigkeit von Zweckmäßigkeitserwägungen im Rahmen der Genehmigungsvorbehalte im Anschluss an die Staatsaufsichtstheorie *Salzwedels* (dazu *Kahl*, Die Staatsaufsicht, S. 300 ff.) und *Köttgens* (dazu *Kahl*, ebd., S. 288 ff.) *Dallinger*, in: ders./Bode/Dellian, HRG, § 59 Rn. 1; § 60 Rn. 2; *Gallas*, Staatsaufsicht, S. 140 ff. (144 f.); *Hagebölling*, Niedersächsische Verfassung, Art. 5 Anm. 4; *Hahnelt*, Novellierung, S. 71 f.; *Hailbronner*, in: ders., Kommentar zum HRG, § 60 Rn. 14 ff.; *Hendler*, Selbstverwaltung als Ordnungsprinzip, S. 215; *v. Roetteken*, Rechtliche Rahmenbedingungen, S. 18; *Tomerius*, Hochschulautonomie, S. 149; ähnlich *Knemeyer*, HWissR, Bd. 1, S. 237 (249); differ. *Löwer*, in: ders./Tettinger, Kommentar, Art. 16 Rn. 41. Die Einzelheiten sind hier kontrovers; vgl. den Überblick über den Meinungsstand bei *Kahl*, ebd., S. 555 ff.; *Hahnelt*, ebd., S. 66 ff.; *Tomerius*, ebd., S. 140 f., 143 ff.

440 Vgl. stellv. *Leuze*, DÖD 1993, S. 1 (4).

441 Grundlegend *Schuster/Stenbock-Fermor*, WissR 1 (1968), S. 28 (31 ff.); dem folgend die ganz h.M.; vgl. *Fehling*, Die Verwaltung 35 (2002), S. 399 (407 f.); *Groß*, DÖV 1999,

vom 20. August 1998[442] aufgehoben worden, dies geschah jedoch allein aus föderaler Rücksichtnahme gegenüber der Regelungsautonomie der Länder und nicht auf Grund einer inhaltlichen Abkehrmotivation. Eine sachliche Änderung ist daher mit der Streichung von § 60 HRG a.F. nicht verbunden[443]. Es existiert noch immer ein weiter Bereich kondominialen Zusammenwirkens von Staat und Hochschule, der von dem Mindestkatalog des § 60 HRG a.F. ohnehin nur unvollständig erfasst wurde[444]. Insgesamt stellt sich das Verhältnis von Hochschule und Staat unter dem Aspekt der Aufgabenverteilung somit seit Inkrafttreten des Hochschulrahmengesetzes rechtlich als Drei-Sphären-Modell dar.

Zur Rechtsnatur der Universitäten äußert sich das Hochschulrahmengesetz mit der sibyllinischen Formel, diese seien „in der Regel Körperschaften des öffentlichen Rechts und zugleich staatliche Einrichtungen"[445]. Damit ist jedenfalls die Ansicht de lege lata überholt, die von einem rein anstaltlichen Charakter der Universität ausgegangen war[446]; historisch unrichtig war sie ohnehin von Anfang an. Bei der Wahrnehmung wissenschaftlicher Forschung und Lehre ging es zu keinem Zeitpunkt im Schwerpunkt darum, zugunsten bestimmter Benutzer einen mit Sach- und Personalmitteln ausgestatteten Verwaltungskomplex aus dem Muttergemeinwesen Staat auszugliedern[447]. Im Mittelpunkt stand vielmehr stets das Anliegen, bestimmte öffentliche Aufgaben der selbstverwaltenden Wahrnehmung einer mitgliedschaftlich verfassten Organisation anzuvertrauen und hierdurch vor einer Beherrschung des Willens der Organisation durch den Staat in Schutz zu nehmen. Akademische Freiheit und die mit dem Anstaltscharakter regelmäßig, wenn auch nicht begriffsnotwendig[448], verbundene staat-

---

S. 895 (900); *Geis*, in: Hailbronner/ders., Kommentar zum HRG, § 58 Rn. 49 ff.; *Hailbronner*, Freiheit, S. 110 f.; *Lorenz*, WissR 11 (1978), S. 1 (4); *Oppermann/Fechner*, HWissR, Bd. 1, S. 1009 (1022 ff.); *Wolff/Bachof*, Verwaltungsrecht, Bd. 2, § 93 IV d 2 (S. 302 f.); krit. *Hufen*, Die Freiheit der Kunst, S. 415 ff. (416).

[442] BGBl. I S. 2190.

[443] Vgl. auch z.B. § 11 M-V HG.

[444] Wie hier *Groß*, DÖV 1999, S. 895 (899 f.).

[445] § 58 Abs. 1 S. 1 HRG. Vgl. auch die dem § 58 Abs. 1 S. 1 HRG weitgehend entsprechenden Bestimmungen des Landesrechts, etwa § 5 Abs. 1 S. 1 Bad.-Württ. UG, Art. 4 Abs. 1 BayHSchG, § 2 Abs. 1 S. 1 BerlHG, § 2 Abs. 1 S. 1 BbgHG, § 2 Abs. 1 S. 1 BremHG, § 1 Abs. 1 S. 1 HessHG, § 2 Abs. 1 S. 1 M-V HG, § 2 Abs. 1 S. 1 Ndrh.-Westf. HG, § 6 Abs. 1 S. 1 Rh.-Pf. HG, § 1 Abs. 1 S. 1 SaarlUG, § 61 Abs. 1 S. 1 SächsHG, § 63 Abs. 1 S. 1 Sachs.-Anh. HG, § 3 Abs. 1 S. 1 ThürHG.

[446] *Forsthoff*, Lehrbuch des Verwaltungsrechts, S. 489. Ebenso *Bachof*, in: FS für Jahrreiß, S. 5 (12); *Jecht*, Die öffentliche Anstalt, S. 101; zuletzt wieder ähnlich *Göke*, FuL 2003, S. 73 ff.

[447] Klassisch *O. Mayer*, Deutsches Verwaltungsrecht, 3. Aufl., Bd. 2, S. 268; in enger Anlehnung hieran die bis heute h.L.; vgl. nur *Burgi*, in: Erichsen/Ehlers, Allgemeines Verwaltungsrecht, § 52 Rn. 13; *v. Mutius*, in: ders., Autonomie, S. 21 (26 f.).

[448] Zur Kategorie der „staatsfreien Anstalten" (z.B. Rundfunkanstalten, Bundesbank) *K. Lange*, VVDStRL 44 (1986), S. 169 (193 f.); vgl. auch *R. Breuer*, VVDStRL 44 (1986),

liche Fremdbestimmung sind, zumindest historisch betrachtet, entgegengesetzt und schließen sich tendenziell aus[449]. Zahlreiche Anhänger findet dagegen noch immer die Ansicht, die den Universitäten eine Mischform bzw. einen aus körperschaftlichen und anstaltlichen Elementen zusammengesetzten Doppelstatus zuweist[450]. Diesen von einem Mixtum compositum ausgehenden Konstruktionen gebricht es jedoch an dogmatischer Klarheit und Überzeugungskraft[451]. Gegen sie richtete sich bereits Otto von Gierke mit dem zutreffenden Einwand: „Die Verbandspersonen sind entweder Körperschaften oder Anstalten. ... Körperschaftlicher und anstaltlicher Typus können sich mischen. ... Doch überwiegt stets der eine oder der andere Typus. Man kann daher die Eintheilung aller Verbandspersonen in Körperschaften und Anstalten durchführen und muß sich nur bewußt bleiben, daß die Körperschaft anstaltliche, die Anstalt körperschaftliche Einrichtungen und Vorstellungen in sich aufnehmen oder aus sich entwickeln kann."[452] Ähnlich hat Arnold Köttgen formuliert: Die Universität bilde eine juristische Einheit, „so daß nur die Möglichkeit besteht, ihren Korporationscharakter überhaupt zu leugnen oder mit ihm als einheitlichem verfassungsrechtlichem Kriterium der Universität überhaupt zu rechnen"[453]. Die Universität ist folglich verwaltungsorganisationsrechtlich auch auf der Basis des Hochschulrahmengesetzes trotz gewisser „anstaltlicher Realitäten"[454] infolge staatlicher Personalhoheit und Finanzierung[455] eine reine (Perso-

S. 211 (220 f., 224 ff., 231 f., 232 ff., 235 ff.); *Schuppert*, HWW, Bd. 5, S. 399 (403). Richtig *Berg*, NJW 1985, S. 2294 (2297): „ ... keinesfalls läßt sich sagen, daß Selbstverwaltung und Anstaltsbegriff miteinander nicht zu vereinbarende Elemente wären. Nicht die Organisationsform, sondern das materielle Recht entscheidet über Art und Umfang der Fremd- oder Selbstbestimmung." Ebenso *Frank*, Selbständigkeit, S. 56; *Kickartz*, in: Wolff/Bachof/Stober, Verwaltungsrecht, Bd. 2, 5. Aufl., § 93 Rn. 44.

449 Vgl., allerdings zu einseitig, *Jecht*, Die öffentliche Anstalt, S. 10, 33; ferner *Köttgen*, Deutsches Universitätsrecht, S. 51; *ders.*, Das Grundrecht der deutschen Universität, S. 52; *H. H. Klein*, „Demokratisierung" der Universität?, S. 30 f.

450 Von einer dualistischen Struktur ausgehend die h.L.; vgl. nur *Gallas*, Staatsaufsicht, S. 86 f.; *Görisch*, DÖV 2003, S. 583 (587); *Hailbronner*, in: ders., Kommentar zum HRG, § 58 Rn. 8; *Hufeld*, DÖV 2002, S. 309 (312); *Karpen*, Abbau, S. 69; *Löwer*, in: Ruffert, Recht und Organisation, S. 25 (33); *Oldiges*, in: FS für Thieme, S. 647 (649 ff.); *Oppermann*, in: Isensee/Kirchhof, HdbStR, Bd. VI, § 145 Rn. 51; *Meder*, Verfassung, Art. 138 Rn. 3; *Peters*, StL, 6. Aufl., Bd. 4, Sp. 116 (118); unklar *Reich*, HRG, 8. Aufl., § 58 Rn. 1.

451 So auch *Kimminich*, HWissR, Bd. 1, S. 227 (235).

452 *v. Gierke*, Deutsches Privatrecht, Bd. I, S. 474.

453 *Köttgen*, Deutsches Universitätsrecht, S. 44. Vgl. auch *H. H. Klein*, „Demokratisierung" der Universität?, S. 31 ff. (33): „Nach allem braucht keineswegs geleugnet zu werden, daß sich in das Bild der Universitätskorporation sehr viele anstaltliche Züge mischen – nur, daß sie dieses Bild verwischen, gilt es zu verhindern." Ferner wie hier *Bethge*, in: Achterberg/Püttner/Würtenberger, Besonderes Verwaltungsrecht, Bd. I, § 13 Rn. 74 f.; *Kimminich*, HWissR, Bd. 1, S. 227 (231 ff.); *F. Mayer*, Rechtsnatur, S. 24 ff.

454 *Oppermann/Fechner*, HWissR, Bd. 1, S. 1009 (1011).

455 Vgl. stellv. Art. 7 BayHSchG, § 2 Abs. 3 Ndrh.-Westf. HG; *Meder*, Verfassung, Art. 138 Rn. 4.

nal-)Körperschaft[456] mit Mitgliedern[457]. Nur der körperschaftliche Organisationstyp entspricht der der Universität eingeräumten Selbstverwaltung, welche insbesondere in dem Recht auf eigenverantwortliche Aufgabenwahrnehmung zum Ausdruck kommt[458]. Anders als nach dem PrALR 1794 ist die Universität kein Verwaltungsträger sui generis mehr. Dies folgt aus ihrer Entwicklungsgeschichte, zumal während der Weimarer Republik, und entspricht dem Wortlaut des § 58 Abs. 1 S. 1 HRG, der im Bewusstsein des Streites um die Frage „Anstalt oder Körperschaft" die Worte „Anstalt" oder „anstaltlich" absichtsvoll vermieden hat[459]. Die Worte „staatliche Einrichtungen" bringen lediglich zum Ausdruck, dass die Hochschulen als juristische Personen des öffentlichen Rechts auf einem Konstitutionsakt des Staates beruhen, der Staat für die Funktionsfähigkeit der Universität die „pflegerische Verantwortung"[460] trägt und die Hochschule auch staatliche Angelegenheiten erfüllt[461]. Eine eigenständige organisationsrechtliche Bedeutung kommt ihnen nicht zu[462]. Das Gleiche gilt für die Fachaufsicht („weitergehende Aufsicht" im Sinne von § 59 S. 3 HRG), die keine allgemeine Organaufsicht über administrativ-hierarchisch nachgeordnete

---

[456] So auch die h.M.; vgl. BVerwGE 7, 287 (292); BayVerfGH, DVBl. 1964, S. 485 (485 Ls. 3, 486); *Erichsen/Scherzberg*, NVwZ 1990, S. 8 (10, 12 f.); *Geis*, in: Hailbronner/ders., Kommentar zum HRG, § 58 Rn. 10 f.; *E. Klein*, Die verfassungsrechtliche Problematik, S. 133; *H. H. Klein*, „Demokratisierung" der Universität?, S. 30 ff.; *Kluth*, Funktionale Selbstverwaltung, S. 43; *Leuze*, in: ders./Epping, HG Ndrh.-Westf., § 106 Rn. 3; *Löwer*, in: ders./Tettinger, Kommentar, Art. 16 Rn. 29 in Fn. 114; *v. Lübtow/Harder*, Autonomie, S. 33; *Lüthje*, in: Denninger, HRG, § 58 Rn. 15 ff.; *Hans v. Mangoldt*, Universität und Staat, S. 5; *F. Mayer*, Rechtsnatur, S. 32 f.; *Schiedermair*, WissR 21 (1988), S. 1 (2); *Scholz*, in: Maunz/Dürig, Grundgesetz, Art. 5 Abs. 3 Rn. 142; *W. Thieme*, Deutsches Hochschulrecht, Rn. 105 f. Nach *Kimminich*, HWissR, Bd. 1, S. 227 (231), handelt es sich hierbei um die Auffassung, die „nach Inkrafttreten des GG alsbald zur h.M. wurde".

[457] Die Bestimmung der Mitglieder erfolgt durch § 36 Abs. 1 HRG; dazu *Kluth*, Funktionale Selbstverwaltung, S. 46 f.

[458] Vgl. bereits *H. Gerber*, DÖV 1953, S. 33 (33).

[459] Ebenso § 2 Abs. 1 S. 1 HmbHG, § 15 S. 1 NdsHG, § 9 Abs. 1 S. 1 Schl.-Hol. HG.

[460] *Köttgen*, Das Grundrecht der deutschen Universität, S. 52. § 1 Abs. 1 NdsHG spricht von der „staatlichen Verantwortung", welche die Landeshochschulplanung und die Finanzierung der Hochschulen umfasst.

[461] Vgl. BT-Drucks. 7/1328, S. 72; *Erichsen/Scherzberg*, NVwZ 1990, S. 8 (13 ff.); *Geis*, in: Hailbronner/ders., Kommentar zum HRG, § 58 Rn. 16 ff.; *Kickartz*, in: Wolff/Bachof/Stober, Verwaltungsrecht, Bd. 2, 5. Aufl., § 93 Rn. 45; *Lüthje*, in: Denninger, HRG, § 58 Rn. 26; *Hans v. Mangoldt*, Universität und Staat, S. 6 ff.; ähnlich *W. Thieme*, Deutsches Hochschulrecht, Rn. 107.

[462] Vgl. *Bethge*, in: Achterberg/Püttner/Würtenberger, Besonderes Verwaltungsrecht, Bd. I, § 13 Rn. 75 f.; *Erichsen/Scherzberg*, NVwZ 1990, S. 8 (13 f.). A.A., aber m.E. nicht richtig *M. Schröder*, in: Brohm, Drittes deutsch-polnisches Verwaltungssymposion, S. 123 (134): „Damit war die in den Nachkriegsjahren zu verzeichnende Zurückdrängung des staatlichen Einflusses auf die Hochschulen endgültig gestoppt und der Weg freigemacht für eine staatliche Inanspruchnahme der Hochschulen als dekonzentrierte Einheiten der Staatsverwaltung … ."

Staatsbehörden desselben Geschäftsbereichs darstellt[463]. Vielmehr nehmen die Hochschulen auch die staatlichen Angelegenheiten in eigener Zuständigkeit wahr[464]. Die Verwaltung der staatlichen Aufgaben stellt – anders als die Wahrnehmung der Aufgaben des übertragenen Wirkungskreises im Kommunalrecht – keine Fremd- bzw. Auftragsverwaltung, sondern Eigenverwaltung dar[465]. Die von Hans Julius Wolff entworfene Konstruktion eines Nebeneinanders von Körperschaft und Anstalt[466] verkennt die Bedeutung der Ersetzung des alten preußischen, in einigen Universitäten bis in die sechziger Jahre hinein fortbestehenden[467], auf dem Trennungsgedanken beruhenden Kuratorialsystems durch das System der Einheitsverwaltung (§ 58 Abs. 3 HRG a.F.)[468]. Das Modell der Einheitsverwaltung beseitigte gerade den alten Dualismus zweier Verwaltungen und basiert auf dem Prinzip der ungeteilten Leitung, durch welches die Eigenverantwortung der Universitäten gestärkt werden sollte[469]. Die Annahme, die Hochschulorgane wirkten bei der Erfüllung staatlicher Aufgaben als Organe des Landes, liefe dieser Absicht des Gesetzgebers diametral zuwider.

Für die deutsche Universität ist weitgehend anerkannt, dass sie keine nachgeordnete Staatsbehörde bildet[470]. Zu Recht wird sie nicht als Teil der unmittelbaren Staatsverwaltung[471], sondern als „eine eigene von der allge-

---

[463] Zutreffend *Hailbronner*, in: ders./Geis, Kommentar zum HRG, § 59 Rn. 28; dem folgend *Geis*, in: Hailbronner/ders., ebd., § 58 Rn. 19.

[464] So ausdrücklich § 9 Abs. 2 Rh.-Pf. HG; vgl. auch *Geis*, in: Hailbronner/ders., Kommentar zum HRG, § 58 Rn. 18, 58; *Hailbronner*, in: ders./Geis, Kommentar zum HRG, § 59 Rn. 30.

[465] *Knöpfle*, in: FS für Ule, S. 311 (328); *Köttgen*, Das Grundrecht der deutschen Universität, S. 46.

[466] *Wolff*, Die Rechtsgestalt der Universität, S. 19 ff.; weiterentwickelt von *Bachof*, in: Wolff/Bachof, Verwaltungsrecht, Bd. 2, § 93 IV c (S. 300).

[467] Vgl. dazu sowie zur Entwicklung vom monokratischen zum kollegialen Kuratorialsystem *H. H. Klein*, AöR 90 (1965), S. 129 (171 ff.).

[468] Die Streichung des § 58 Abs. 3 HRG a.F. durch das 4. HRG-Änderungsgesetz v. 20.8.1998 (BGBl. I S. 2190) sollte keine inhaltliche Änderung bringen, sondern lediglich den Ländern größeren Freiraum bei der Gestaltung von Organisation und Verwaltung der Hochschulen verschaffen; vgl. BT-Drucks. 13/8796, S. 30. Nach Landesrecht gilt die Einheitsverwaltung fort; vgl. § 10 Abs. 1 Bad.-Württ. UG; § 2 Abs. 2 S. 1 BbgHG; § 2 Abs. 1 S. 3, § 111 Abs. 8 S. 4 BremHG; § 2 Abs. 3 M-V HG; § 2 Abs. 2 S. 2 Ndrh.-Westf. HG; § 3 Abs. 3 SaarlUG; § 61 Abs. 4 SächsHG; § 63 Abs. 3 Sachs.-Anh. HG; § 9 Abs. 2 S. 2 Schl.-Hol. HG; § 3 Abs. 2 ThürHG.

[469] BT-Drucks. 7/1328, S. 72 f.; *Hailbronner*, in: ders., Kommentar zum HRG, § 58 Rn. 49, krit. hierzu und mit deutlicher Präferenz für das dualistische Kuratorialsystem *Böckenförde*, in: FS für Grotemeyer, S. 151 (156).

[470] Vgl. *Lorenz*, JZ 1981, S. 113 (117); *Raiser*, Die Universität im Staat, S. 31 („Hinordnung zum Staat"); *Schuster/Stenbock-Fermor*, WissR 1 (1968), S. 28 (40).

[471] Vgl. *F. Mayer*, Rechtsnatur, S. 34; *Peters*, in: FS für Nipperdey, Bd. 2, S. 877 (882). A.A. für die Wahrnehmung der staatlichen Angelegenheiten *Dallinger*, in: ders./Bode/Dellian, HRG, § 58 Rn. 3, 5; *M. Schröder*, in: Brohm, Drittes deutsch-polnisches Verwaltungssymposion, S. 123 (134) sowie für die Rechtslage in Bayern (vgl. Art. 5 Abs. 1 2. Hs.

meinen Staatsgewalt zu unterscheidende Hoheitsgewalt"[472] eingestuft. Die Rede ist von „eine(r) dem Staat gegenüber eigenständige(n) Größe"[473], die sich als historisch durchgängiges Phänomen in Distanz zum Staat befindet[474], die aber, wie Grundrechtsbindung, öffentlich-rechtliche Organisationsform, Staatsaufsicht und öffentliche Aufgabe[475] dokumentieren, nicht der Gesellschaft zuzurechnen ist[476], sondern ein Stück öffentliche Gewalt verkörpert[477]. Diese Distanzierung vom Staat im engeren Sinne ist sachnotwendig, denn der Bestimmungsgrund der akademischen Selbstverwaltung liegt zuvörderst in der Sicherung und Förderung der grundrechtlich geschützten Freiheit des einzelnen Wissenschaftlers[478]. Die Universität ist folglich Teil des so genannten Dritten Sektors[479] mit gewissen, wenngleich nicht überdehnbaren[480], Ähnlichkeiten zum Rundfunk[481]. Wie der Rundfunk, so lässt sich auch die Hochschule „nicht in das mechanistische Trabantenverhältnis mittelbarer Staatsverwaltung zwingen"[482]. Weder die berufsbezogene Ausbildung, die zu den staatlichen Aufgaben der Universität

---

BayHSchG, wonach die Hochschulen staatliche Angelegenheiten „als staatliche Einrichtungen" wahrnehmen) BayVGH, BayVBl. 1971, S. 233; BayVGH, DÖV 1974, S. 68 f.; *Knöpfle*, in: FS für Ule, S. 311 (328).

[472] *Oppermann*, Kulturverwaltungsrecht, S. 324; zustimmend *Hailbronner*, in: ders., Kommentar zum HRG, § 58 Rn. 50; ähnlich *Reinhardt*, WissR 1 (1968), S. 6 (6).

[473] *Köttgen*, Das Grundrecht der deutschen Universität, S. 52.

[474] Wie hier *Geis*, in: Hailbronner/ders., Kommentar zum HRG, § 58 Rn. 10 („Ausgliederung aus dem staatlich-hierarchischen Verwaltungsaufbau"); *P. Kirchhof*, Wissenschaft in verfaßter Freiheit, S. 4; *Loeser*, System des Verwaltungsrechts, Bd. 2, § 10 Rn. 127; *Hans v. Mangoldt*, Universität und Staat, S. 8, 10, 46; *Tomerius*, Hochschulautonomie, S. 73 ff., 76. A.A. *Köttgen*, in: Neumann/Nipperdey/Scheuner, Die Grundrechte, Bd. II, S. 291 (323); *Schiedermair*, WissR 21 (1988), S. 1 (11).

[475] Wegbereitend *Martens*, Öffentlich als Rechtsbegriff, S. 121; zustimmend *R. Breuer*, VVDStRL 44 (1986), S. 211 (222); *Scholz*, in: Maunz/Dürig, Grundgesetz, Art. 5 Abs. 3 Rn. 133.

[476] Vgl. *Geis*, in: Hailbronner/ders., Kommentar zum HRG, § 58 Rn. 39.

[477] Zum öffentlich-rechtlichen Handeln der Universitäten vgl. *Reich*, HRG, 8. Aufl., § 58 Rn. 1.

[478] *Gallas*, Staatsaufsicht, S. 100 f.; *Reinhardt*, WissR 1 (1968), S. 6 (9).

[479] Ähnlich *Köttgen*, in: Neumann/Nipperdey/Scheuner, Die Grundrechte, Bd. II, S. 291 (326; anders aber ebd., S. 323); *Peters*, in: FS für Jahrreiß, S. 319 (324); noch weitergehend *H. Gerber*, DÖV 1953, S. 33 (34), der sogar von einer Parallele zu den Kirchen ausgeht; dagegen richtig *Köttgen*, Das Grundrecht der deutschen Universität, S. 7, 46.

[480] Zu dem im Hochschulrecht – im Gegensatz zum Rundfunkrecht – nicht anerkannten Grundsatz der Staatsfreiheit vgl. *Trute*, Forschung, S. 289 ff.; a.A. unter Hinweis auf die Grundrechtsfähigkeit der Universitäten BVerfGE 15, 256 (262); vgl. auch BVerfGE 85, 360 (385).

[481] Insoweit wie hier *Schuppert*, in: FG für v. Unruh, S. 183 (195 ff., 205), dessen Begriff der „anstaltlichen Selbstverwaltung" aber für die körperschaftlich organisierten Universitäten nicht passt. Vgl. auch *Knöpfle*, Zuständigkeit der Rechnungshöfe, S. 18; *M. Schröder*, Grundlagen, S. 459.

[482] So treffend *Bethge*, in: Achterberg/Püttner/Würtenberger, Besonderes Verwaltungsrecht, Bd. I, § 13 Rn. 76; vgl. auch *ders.*, in: Sachs, Grundgesetz, Art. 5 Rn. 210. Ebenso *Geis*, in: Hailbronner/ders., Kommentar zum HRG, § 58 Rn. 6; *v. Lübtow/Harder*,

zählt[483], noch die Symbiose[484] von akademischer Ausbildungsstätte und Stätte freier Forschung und Lehre macht die Alma mater zur Staatsanstalt oder die Wissenschaft insgesamt zur Staatsaufgabe[485]. Entgegen der „Kompetenzkerntheorie" von Winfried Brohm[486] sind prägend und maßgeblich für den Charakter der Selbstverwaltungskörperschaften deren eigene Aufgaben, nicht die bei wertender Gesamtbetrachtung[487] lediglich untergeordneten Staatsaufgaben, die sich in der Peripherie des verfassungskräftigen Kerns der Selbstverwaltung „ankristallisieren"[488]. Zwischen dem Staat und den Hochschulen besteht folglich in toto kein Verhältnis der Hierarchie und der Subordination[489], sondern ein primäres, vom Prinzip der Kooperation[490] geleitetes Verhältnis der Koordination. Die Hochschulen sind dem Staat insgesamt organisationsrechtlich nicht *ein*-, sondern *an*gegliedert[491].

Das Institut der Hochschulaufsicht wird im Grundgesetz nicht erwähnt, sondern vorausgesetzt. Damit ist nicht gesagt, dass Art. 5 Abs. 3 S. 1 GG für die Aufsicht über die Universitäten ohne Belang wäre. Im Gegenteil: Indem das Freiheitsgrundrecht den „Prozeß der Gewinnung und Vermittlung wissenschaftlicher Erkenntnisse"[492] schützt, schließt es eine exzessive Einmischungs- und Bevormundungsaufsicht ebenso aus wie in wissenschaftlichen Angelegenheiten eine Fachaufsicht[493]. In den Landesverfassungen findet sich nur ausnahmsweise eine Bestimmung über die Hochschulaufsicht[494]. Regelmäßig beschränken sich die Konstitutionen der Länder auf

Autonomie, S. 16; *Martens*, Öffentlich als Rechtsbegriff, S. 121; *Peters*, in: FS für Nipperdey, Bd. 2, S. 877 (882, 892); *Tomerius*, Hochschulautonomie, S. 60 f., 73 ff., 76 f., 77 ff.

[483] Vgl. *Waibel*, WissR 5 (1972), S. 258 (258); *Wolff/Bachof*, Verwaltungsrecht, Bd. 2, § 93 II d (S. 293).

[484] Den Begriff der „Symbiose" verwenden *Doderer*, in: Birk/Dittmann/Erhardt, Kulturverwaltungsrecht im Wandel, S. 164 (165 und öfters); *Oldiges*, in: FS für Thieme, S. 647 (651); *Oppermann/Fechner*, HWissR, Bd. 1, S. 1009 (1027); *M. Schröder*, WissR 18 (1985), S. 199 (214 f.).

[485] So aber *Hailbronner*, Freiheit, S. 74; *Lorenz*, JZ 1981, S. 113 (113).

[486] *Brohm*, Strukturen der Wirtschaftsverwaltung, S. 185 f.

[487] Zu deren Maßgeblichkeit *E. R. Huber*, Wirtschaftsverwaltungsrecht, S. 6.

[488] So plastisch *Köttgen*, Das Grundrecht der deutschen Universität, S. 52.

[489] Klar betont von *K. Perels*, AöR N.F. 16 (1929), S. 110 (119).

[490] Grundlegend *Trute*, Forschung, S. 312 ff., 378 ff.; vgl. auch *Fehling*, Die Verwaltung 35 (2002), S. 399 (408 m. Fn. 48 a.E.); *Hufeld*, DÖV 2002, S. 309 (312); *Schmidt-Aßmann*, Das allgemeine Verwaltungsrecht, Kap. 3 Rn. 37 f., 40, 43; *Scholz*, in: Maunz/Dürig, GG, Art. 5 Abs. 3 Rn. 137; *Sterzel*, in: ders./Perels, Freiheit, S. 41, 152 („Prinzip der Verantwortungsteilung").

[491] Anders die h.M., vgl. stellv. BVerfGE 15, 256 (262; „Teil des staatlichen Gefüges"); BayVerfGHE 17, 30 (37); *Burgi*, in: Erichsen/Ehlers, Allgemeines Verwaltungsrecht, § 52 Rn. 11; *Meder*, Verfassung, Art. 138 Rn. 3; eingehend zum Ganzen *Kahl*, Die Staatsaufsicht, S. 366 ff. (insbes. S. 374 ff.).

[492] BVerfGE 35, 79 (113); 90, 1 (12).

[493] *Reich*, HRG, 8. Aufl., § 59 Rn. 1.

[494] Art. 20 Abs. 2 Bad.-Württ. Verf., Art. 60 Abs. 1 S. 1 HessVerf., Art. 16 Abs. 1 S. 1 Ndrh.-Westf. Verf., Art. 28 Abs. 1 S. 1 ThürVerf.

eine Klausel, wonach die akademische Selbstverwaltung „im Rahmen der Gesetze" gewährleistet ist[495]. Die Bestimmung des näheren Umfangs der Staatsaufsicht ist Sache des (Landes-)Gesetzgebers. Er hat dabei die Ausstrahlungswirkung von Art. 5 Abs. 3 S. 1 GG und der landesverfassungsrechtlichen Parallelnormen zu beachten[496], da diese in Ergänzung ihrer subjektiv-rechtlichen Wirkung auch einen objektiv-rechtlichen Gehalt aufweisen[497]. Sie verkörpern eine „wertentscheidende Grundsatznorm"[498]. In ihrer objektiven Wirkung schließen sie die Verpflichtung des Staates ein, „schützend und fördernd einer Aushöhlung dieser Freiheitsgarantie vorzubeugen"[499]. Im Einzelnen bedeutet dies: „Der Staat muss für funktionsfähige Institutionen eines freien Wissenschaftsbetriebs sorgen und durch geeignete organisatorische Maßnahmen sicherstellen, dass das individuelle Grundrecht der freien wissenschaftlichen Betätigung so weit unangetastet bleibt, wie das unter Berücksichtigung der anderen legitimen Aufgaben der Wissenschaftseinrichtung und der Grundrechte der verschiedenen Beteiligten möglich ist."[500] Art. 60 Abs. 1 S. 1 HessVerf. zieht hieraus die Konsequenz und formuliert: „Die Universitäten und staatlichen Hochschulen genießen den Schutz des Staates und stehen unter seiner Aufsicht."[501] Unter bestimmten Voraussetzungen verstärkt der in Art. 5 Abs. 3 S. 1 GG angelegte objektive Gehalt dessen Geltungskraft in Richtung auf eine Teilhabeberechtigung[502] bzw. subjektive Ansprüche auf Grundrechtsschutz durch

[495] In diesem Sinne auch § 58 Abs. 1 S. 3 HRG.

[496] *Bethge*, in: Achterberg/Püttner/Würtenberger, Besonderes Verwaltungsrecht, Bd. I, § 13 Rn. 90.

[497] Ganz h.M., vgl. nur *Herberger*, in: Haug, Hochschulrecht, Rn. 130, 137 ff.; *Oppermann*, in: Isensee/Kirchhof, HbStR, Bd. VI, § 145 Rn. 20 ff.; *Scholz*, in: Maunz/Dürig, GG, Art. 5 Abs. 3 Rn. 2 f., 5, 81; *Starck*, in: v. Mangoldt/Klein/ders., Bonner GG, Art. 5 Abs. 3 Rn. 269; *Wendt*, in: v. Münch/Kunig, GG, Art. 5 Rn. 104.

[498] So für Art. 5 Abs. 3 S. 1 GG BVerfGE 35, 79 (112); 43, 242 (267); 88, 129 (146); ähnlich BVerfGE 47, 327 (368; „Wertentscheidung"); 90, 1 (11; „objektive Grundsatznorm"); BVerwGE 45, 39 (46); 52, 313 (318); 55, 73 (75); 91, 24 (36).

[499] BVerfGE 35, 79 (114); 81, 108 (116); 85, 360 (384); BVerfG, NVwZ-RR 2000, S. 22 (22); *Hageböllіng*, Niedersächsische Verfassung, Art. 5 Anm. 1 f.; *Hendler*, Selbstverwaltung als Ordnungsprinzip, S. 209.

[500] BVerfGE 35, 79 (114 f.); 85, 360 (384); BVerfG, NVwZ-RR 2000, S. 22 (22); NVwZ-RR 2001, S. 587 (587).

[501] Nahezu wortgleich: Art. 28 Abs. 1 S. 1 ThürVerf. Allgemein zu den Funktionen der Staatsaufsicht *Kahl*, Die Staatsaufsicht, S. 524 ff., speziell zur Hochschulaufsicht *Gallas*, Staatsaufsicht, S. 105 f.; *Leuze*, in: ders./Epping, HG Ndrh.-Westf., § 106 Rn. 4. Nach der Lehre vom Kulturstaat besteht eine allgemeine Verpflichtung des Staates zur Förderung und Pflege der Wissenschaft; vgl. BVerfGE 35, 79 (114); *Grupp*, in: FS für Roellecke, S. 97 (108); *Oppermann*, in: Isensee/Kirchhof, HbStR, Bd. VI, § 145 Rn. 24; *Pernice*, in: H. Dreier, Grundgesetz, Art. 5 III (Wissenschaft) Rn. 22; *Scholz*, in: Maunz/Dürig, GG, Art. 5 Abs. 3 Rn. 8; im Sinne einer Staatszielbestimmung Kulturstaat BVerfGE 81, 108 (116); a.A. *Groß*, DÖV 1999, S. 895 (901); ausführlich zum Ganzen *Geis*, Kulturstaat und kulturelle Freiheit, 1990; *Trute*, Forschung, S. 182 ff.

[502] BVerfGE 35, 79 (115 f.); 88, 129 (126 f.); zum kontroversen Meinungsstand in der Lit. siehe *Grupp*, in: FS für Roellecke, S. 97 (108) m.w.Nachw.

Organisation und Verfahren. Hieraus können für den einzelnen Wissenschaftler Rechte auf staatliche Maßnahmen organisatorischer Art erwachsen[503], etwa auf ein Einschreiten des Staates für den Fall, dass Studenten im Rahmen von „Streikaktionen" oder Demonstrationen die Durchführung von Lehrveranstaltungen mit Gewalt verhindern. Allgemein kommt dem Gesetzgeber bei Fragen der Organisation der Universität, und hierzu gehört auch und gerade die Ausgestaltung des Aufsichtsrechtsverhältnisses, grundsätzlich ein weiter Gestaltungsspielraum zu. Die verfassungsrechtlichen Garantien der Wissenschaftsfreiheit haben weder das überlieferte Strukturmodell der deutschen Universität zur Grundlage, noch schreiben sie eine bestimmte Organisationsform vor[504]. Der Gesetzgeber ist vielmehr befugt, die Organisation der Hochschulen nach seinem Ermessen zu ordnen, solange gewährleistet ist, dass der Kernbereich wissenschaftlicher Betätigung der Selbstbestimmung des einzelnen Grundrechtsträgers vorbehalten bleibt[505]. „Zielpunkt muß" nämlich „stets die Gewährleistung individueller grundrechtlicher (Wissenschafts-)Freiheit bleiben; diese Freiheit des einzelnen läßt sich weder durch mehr Autonomie für die Hochschule insgesamt ersetzen noch können traditionelle Selbstverwaltungsstrukturen ohne weiteres als Optimierung individueller Wissenschaftsfreiheit angesehen werden."[506]

Von seinem weiten Gestaltungsspielraum hat der Bundesgesetzgeber des Jahres 1976 für das Verhältnis von Hochschule und Staat durch die sehr allgemein gehaltenen Rahmenvorschriften der §§ 58–60 HRG Gebrauch gemacht. Die Aufsicht über die Hochschulen hat er durch § 59 HRG geregelt. Sie wird durch die jeweiligen Bestimmungen des Landeshochschulrechts ausgefüllt[507]. Die Staatsaufsicht in akademischen Angelegenheiten ist stets

---

503 BVerfGE 35, 79 (114 ff.), st. Rspr.; zuletzt BVerfGE 95, 193 (209); vgl. aber auch das Sondervotum der Richter *Simon* und *Rupp-v. Brünneck*, BVerfGE 35, 148 ff.

504 BVerfGE 35, 79 (116); 43, 242 (267 f.); tendenziell enger *Scholz*, in: Maunz/Dürig, GG, Art. 5 Abs. 3 Rn. 134.

505 Grundlegend BVerfGE 35, 79 (115); ferner BVerfGE 67, 1 (20); 85, 360 (384); 93, 85 (95); BVerfG, NVwZ-RR 2000, S. 22 (22); NVwZ-RR 2001, S. 587 (587); *Geis*, in: Hailbronner/ders., Kommentar zum HRG, § 58 Rn. 34; *Hageböllìng*, Niedersächsische Verfassung, Art. 5 Anm. 1. Die aus der Selbstverwaltungsgarantie der Hochschulen ableitbaren Direktiven für eine wissenschaftsadäquate Universitätsorganisation näher entfaltend *Herberger*, in: Haug, Hochschulrecht, Rn. 140 ff.; *Löwer*, in: Ruffert, Recht und Organisation, S. 25 (33 ff., insbes. S. 40 f.); *ders.*, in: ders./Tettinger, Kommentar, Art. 16 Rn. 31 ff.; vgl. auch *Görisch*, DÖV 2003, S. 583 (584); *Tettinger*, in: FS für Leuze, S. 539 (543 ff.); vgl. in diesem Kontext auch noch *Trute*, in: Hoffmann-Riem/Schneider, Rechtswissenschaftliche Innovationsforschung, S. 208 (217 ff.).

506 *Fehling*, Die Verwaltung 35 (2002), S. 399 (417 f.).

507 Vgl. § 2 Abs. 4, 5 BbgHG; Art. 118 BayHSchG; §§ 106 f. Ndrh.-Westf. HG; § 64 SächsHG. Weitere Nachw. zum Landesaufsichtsrecht bei *Oppermann/Fechner*, HWissR, Bd. 1, S. 1107 (1108 in Fn. 3). Nach *Hufen*, Die Freiheit der Kunst, S. 51, hat das Hochschulrahmengesetz allgemein in der Tendenz zu einer „Zerwaltung" der Hochschulen und speziell zu einer Verstärkung der Staatsaufsicht geführt.

Rechtsaufsicht[508]. Was damit in der Sache gemeint ist, bringt § 96 Abs. 1 S. 2 SaarlUG exemplarisch auf den Punkt: „Das Ministerium sorgt in Ausübung der Rechtsaufsicht dafür, dass die Universität Recht und Gesetz beachtet und ihre rechtlichen Verpflichtungen erfüllt (Körperschaftsaufsicht)."[509] Die Rechtsaufsicht muss darauf gerichtet sein, die Wahrnehmung der Aufgaben der Hochschule nach den einschlägigen Vorschriften zu gewährleisten[510]. Sie ist primär Rahmen- oder Gewährleistungsaufsicht[511]. Eine Zweckmäßigkeitsaufsicht, ja selbst eine faktische Entwicklung zu einer solchen, ist insoweit verfassungsrechtlich ausgeschlossen[512]. Soweit der kognitive Bereich der Wissenschaft in Rede steht, ist die Rechtsaufsicht auf eine Evidenzkontrolle reduziert[513]. Den Maßstab der Rechtsaufsicht bilden allein die Verfassungen, Gesetze, Rechtsverordnungen, Satzungen und bindenden Beschlüsse der Universitätsorgane[514]. Verfassungswidrig ist daher die Befugnis des zuständigen Ministeriums, gemäß § 66 Abs. 4 S. 2 Sachs.-Anh. HG bei bestimmten in § 66 Abs. 4 S. 1 Sachs.-Anh. HG aufgelisteten Maßnahmen der Universität eine Änderung zu verlangen, „wenn dies zur Wahrung staatlicher Belange erforderlich ist". Auch ungeschriebene Maßstäbe wie die „Funktionsfähigkeit der Hochschule" müssen als zulässige Beurteilungsmaßstäbe ausscheiden[515]. Ihnen kann, ebenso wie Verwaltungsvorschriften und Kultusministervereinbarungen, allenfalls eine indirekte Bedeutung im Rahmen der Konkretisierung unbestimmter Rechtsbegriffe der Aufsichtsmaßstäbe zukommen. Da jedes Einschreiten der Rechtsaufsichtsbehörden einen Eingriff in den Rechtskreis der Universität darstellt, bedarf es hierfür nach der Lehre vom Vorbehalt des Geset-

---

[508] § 59 S. 1 HRG; vgl. auch § 124 Abs. 1 Bad.-Württ. UG; Art. 118 Abs. 1 BayHSchG; § 2 Abs. 4 S. 1 BbgHG; § 111 Abs. 1 BremHG; § 12 Abs. 3 S. 1 1. Hs. M-V HG; § 51 Abs. 1 S. 1 NdsHG; § 106 Abs. 1 Ndrh.-Westf. HG; § 105 Abs. 1 Rh.-Pf. HG; § 78 Abs. 1, § 96 Abs. 1 S. 1 SaarlUG; § 64 Abs. 1 S. 1 SächsHG; § 66 Abs. 1 S. 1 Sachs.-Anh. HG; § 110 Abs. 1 ThürHG; *Scholz*, in: Maunz/Dürig, Grundgesetz, Art. 5 Abs. 3 Rn. 144; *Starck*, in: v. Mangoldt/Klein/ders., Das Bonner Grundgesetz, Art. 5 Abs. 3 Rn. 360; ausführlich *Hailbronner*, in: ders./Geis, Kommentar zum HRG, § 59 Rn. 1 ff.; *Wolff/Bachof*, Verwaltungsrecht, Bd. 2, § 93 IV e (S. 306).

[509] Ähnlich die Legaldefinition der Rechtsaufsicht in Art. 118 Abs. 1 BayHSchG.

[510] So repräsentativ § 111 Abs. 7 S. 1 BremHG.

[511] Zum Begriff siehe *Schuppert*, Verwaltungswissenschaft, S. 898 ff.; *Kahl*, in: Bauer/Huber/Niewiadomski, Ius Publicum Europaeum, S. 188 (204 ff.). Wie hier für den Bereich des Zusammenwirkens von Hochschule und Staat *Fehling*, Die Verwaltung 35 (2002), S. 399 (406); vgl. auch *Schmidt-Aßmann*, in: ders./Hoffmann-Riem, Verwaltungsorganisationsrecht, S. 9 (30).

[512] VG Saarlouis, NVwZ 1988, S. 864 (866); *Leuze*, in: ders./Epping, HG Ndrh.-Westf., § 106 Rn. 4.

[513] *Kahl*, Die Staatsaufsicht, S. 500 f.; zustimmend *Bethge*, in: Sachs, Grundgesetz, Art. 5 Rn. 210.

[514] *Leuze*, in: ders./Epping, HG Ndrh.-Westf., § 106 Rn. 4.

[515] Problembewusst *Hailbronner*, in: ders./Geis, Kommentar zum HRG, § 59 Rn. 3; *Leuze*, in: ders./Epping, HG Ndrh.-Westf., § 106 Rn. 4; siehe auch *Kahl*, Die Staatsaufsicht, S. 359 f.

zes einer speziellen und hinreichend bestimmten gesetzlichen Grundlage. „Die Berufung auf normativ nicht verbindlich gemachte Prinzipien wie ‚Ziele der Hochschulplanung' oder ‚Einheitlichkeit im Hochschulwesen' darf nicht zu einer undifferenzierten Einmischung für den universitären Eigenbereich führen"[516]. Die Hochschulen unterstehen unmittelbar (nur) der Aufsicht des Ministeriums (Grundsatz der Einheit der Rechtsaufsicht)[517]. Adressat der aufsichtlichen Maßnahmen ist stets die Universität als solche (Körperschafts- bzw. Verbandsaufsicht), nicht deren einzelne Organe oder Organwalter[518]. Im Bereich der staatlichen Angelegenheiten ist nach § 59 S. 3 HRG „eine weitergehende Aufsicht vorzusehen", deren Art und Umfang sich im Einzelnen nach dem Landeshochschulrecht bestimmen, welches in diesem Zusammenhang gewöhnlich, aber bundesrechtlich nicht zwingend[519], von Fachaufsicht spricht[520]. Zum Teil ist auch dort eine Fachaufsicht vorgesehen, wo die Hochschulen Aufgaben bei der Ermittlung der Ausbildungskapazität und der Festsetzung von Zulassungszahlen wahrnehmen und wo diese nicht zu den staatlichen Angelegenheiten gerechnet, sondern offensichtlich als dritte Kategorie (Sonderkategorie) qualifiziert werden[521]. Die Fachaufsicht sorgt dafür, dass die Angelegenheiten rechtmäßig und zweckmäßig erfüllt werden[522]. Die Einzelbefugnisse der Fachaufsichtsbehörden weichen dabei in den Hochschul- bzw. Universitätsgesetzen von Land zu Land durchaus ab; generalisierende Aussagen sind daher nur begrenzt möglich und ertragversprechend. Im Unterschied zur Rechtsaufsicht[523] umschließt die Fachaufsicht in ihrer typischen landesgesetz-

---

[516] So *Hailbronner*, in: ders., Kommentar zum HRG, § 58 Rn. 32; vgl. auch *Geis*, in: Hailbronner/ders., Kommentar zum HRG, § 58 Rn. 61; *Lorenz*, WissR 11 (1978), S. 1 (15).

[517] Vgl. § 79 Abs. 1 NdsHG 1998.

[518] So für die Fachaufsicht OVG Ndrh.-Westf., NWVBl. 1989, S. 204 (205). Für die Rechtsaufsicht gilt nichts anderes; vgl. *Hailbronner*, in: ders./Geis, Kommentar zum HRG, § 59 Rn. 20.

[519] § 59 S. 3 HRG verlangt im Bereich der staatlichen Angelegenheiten nur eine über eine bloße Rechtsaufsicht hinaus gehende Aufsicht. Dies muss keine volle Fachaufsicht sein. Die Regelung der Fachaufsicht sollte nach Ansicht der damaligen Bundesregierung – entgegen der Meinung der damaligen CDU/CSU-Fraktion im Deutschen Bundestag, die für die Vorgabe einer obligatorischen Fachaufsicht im Hochschulrahmengesetz eintrat – bewusst dem Landesrecht überlassen bleiben; vgl. BT-Drucks. VI/3506, S. 5; BT-Drucks. VI/1784, S. 3 f. (§ 9 HRGE); BT-Drucks. VI/1873, S. 4, 22 (§ 8 HRGE); BT-Drucks. 7/1328, S. 73 (§ 60 HRGE).

[520] Vgl. § 124 Abs. 2 Bad.-Württ. UG, § 89 Abs. 2 BerlHG, § 2 Abs. 5 S. 1 BbgHG, § 111 Abs. 8 S. 1 BremHG, § 12 Abs. 3 S. 1 2. Hs. M-V HG, § 51 Abs. 1 S. 1 NdsHG, § 107 Abs. 1 Ndrh.-Westf. HG, § 105 Abs. 2 Rh.-Pf. HG, § 97 Abs. 1 S. 1 SaarlUG, § 64 Abs. 2 S. 1 SächsHG, § 66 Abs. 2 S. 1 Sachs.-Anh. HG, § 13 Abs. 1 S. 2 Schl.-Hol. HG, § 110 Abs. 2 ThürHG; anders Art. 117 S. 2 BayHSchG, der auf Art. 55 Nr. 5 S. 1 BayVerf. verweist; vgl. auch *Hailbronner*, in: ders./Geis, Kommentar zum HRG, § 59 Rn. 28 f.

[521] So etwa § 2 Abs. 5 S. 2 BbgHG.

[522] § 97 Abs. 1 S. 2 SaarlUG.

[523] Dazu sogleich näher unten bei Fn. 534 ff.

lichen Ausgestaltung zusätzlich zu den Informationsrechten[524] eine staatliche Weisungskompetenz gegenüber der Hochschule[525]. Die Weisungen, die in abstrakt-genereller Form (Richtlinien) oder konkret-individuell erfolgen können[526], sind an das Rektorat/Präsidium zu richten; sie binden die Organe, Gremien und Amtsträger[527]. Vor einer Weisung soll der Hochschule Gelegenheit zur Stellungnahme gegeben werden[528]. Fachaufsicht über die Universitäten bedeutet aber „keine unbegrenzte staatliche Zweckmäßigkeitskontrolle, sondern die Durchsetzung staatlicher, d.h. gesamtgesellschaftlicher Interessen unter Beachtung spezifisch wissenschaftlicher Aspekte“[529]. Auch Maßnahmen der Fachaufsicht sind so zu gestalten, dass der Grundsatz der Einheitsverwaltung unter Berücksichtigung des Selbstverwaltungsrechts der Hochschule gewährleistet bleibt[530]. Zu Recht weist Franz-Ludwig Knemeyer darauf hin, dass die akademische Fachaufsicht nicht mit dem System innerdienstlicher Weisung und Kontrolle gleichgesetzt werden kann, sondern auch hier zu berücksichtigen ist, dass die Aufsichtsmaßnahmen gegenüber einem selbstständigen Rechtsträger ergehen[531]. So soll das Wissenschaftsministerium nach § 97 Abs. 2 S. 3 SaarlUG Weisungen, durch die in das Verwaltungsermessen der Universität eingegriffen wird, nur erteilen, wenn öffentliche Interessen oder öffentlichrechtliche Ansprüche Einzelner ihm dies geboten erscheinen lassen. Kommt die Universität einer Weisung innerhalb der gesetzten Frist nicht nach, kann das zuständige Landesministerium an Stelle der Universität das Erforderliche veranlassen[532]. Schließlich unterliegen die Hochschulen noch der – von der Rechts- und der Fachaufsicht als dritte Kategorie zu trennenden – Dienstaufsicht[533]. So bestimmt beispielsweise § 48 Abs. 3 NdsHG: „Das an den Hochschulen tätige Personal wird im Landesdienst beschäftigt. Dienstvorgesetzter der Mitglieder des Präsidiums ist das Fachministerium. Dienst-

---

524 Vgl. stellv. § 97 Abs. 1 S. 2, § 66 Abs. 3 Sachs.-Anh. HG.

525 Vgl. § 93 Abs. 3 S. 1 HessHG, § 14 Abs. 3 S. 1 M-V HG, § 107 Abs. 3 S. 1 Rh.-Pf. HG, § 97 Abs. 2 S. 1 SaarlUG, § 112 Abs. 3 S. 1 ThürHG.

526 Siehe repräsentativ § 111 Abs. 8 S. 1 BremHG, § 6 Abs. 4 S. 2 HmbHG.

527 § 124 Abs. 2 S. 2 Bad.-Württ. UG. In Berlin wird hinsichtlich der Ausübung der Fachaufsicht auf § 8 des Allgemeinen Zuständigkeitsgesetzes verwiesen (§ 89 Abs. 2 S. 2 BerlHG), in Nordrhein-Westfalen auf § 13 Abs. 1 und 3 LOG und § 106 Abs. 2–4 Ndrh.-Westf. HG analog (vgl. § 107 Abs. 1 S. 1 2. Hs. Ndrh.-Westf. HG).

528 § 2 Abs. 5 S. 3 BbgHG, § 107 Abs. 3 S. 2 Rh.-Pf. HG, § 64 Abs. 2 S. 2 SächsHG, § 66 Abs. 2 S. 2 Sachs.-Anh. HG, § 112 Abs. 3 S. 2 ThürHG; nicht nur um eine Soll-, sondern um eine Muss-Vorschrift handelt es sich gem. § 14 Abs. 3 S. 2 M-V HG.

529 *Hailbronner*, JZ 1985, S. 864 (865); vgl. auch anhand einzelner staatlicher Aufgaben *ders.*, in: ders./Geis, Kommentar zum HRG, § 59 Rn. 30 ff.

530 § 111 Abs. 8 S. 4 BremHG.

531 *Knemeyer*, HWissR, Bd. 1, S. 237 (254); ähnlich schon *Hufen*, Die Freiheit der Kunst, S. 456 f.

532 § 97 Abs. 3 SaarlUG.

533 Vgl. *Hailbronner*, in: ders./Geis, Kommentar zum HRG, § 59 Rn. 28; OVG Ndrh.-Westf., NWVBl. 1989, S. 204 (205).

vorgesetzte oder Dienstvorgesetzter des Hochschulpersonals ist die Präsidentin oder der Präsident. Die Erhebung der Disziplinarklage gegen Professorinnen und Professoren bleibt dem Fachministerium vorbehalten."

Was die Rechtsaufsichtsmittel angeht, so ergeben sich diese zumeist gleichfalls aus mehr oder weniger detaillierten und präzise gefassten Katalogen in den Landeshochschulgesetzen[534]. Auch hier ist, wie bei der Fachaufsicht, eine zum Teil nicht unwesentliche Divergenz im Einzelnen von Land zu Land zu beobachten, was allgemeine Aussagen schwierig macht. Stets lässt sich eine gleitende, abgestufte Skala nach dem Grad der Intensität feststellen, die eine gewisse Ähnlichkeit zur Kommunalaufsicht erkennen lässt, ohne dass die unterschiedlichen Strukturen beider Selbstverwaltungsbereiche verkannt werden dürfen[535]. Am unteren Ende der Skala stehen die Informationsrechte. Die Aufsichtsbehörde kann sich über alle Angelegenheiten der Universitäten unterrichten, insbesondere die Universität besichtigen, die Geschäfts- und Kassenführung prüfen sowie mündliche und schriftliche Berichte, Akten und sonstige Unterlagen anfordern oder einsehen[536]. Diese Unterrichtung darf nur anlassbezogen, nicht aber begleitend als ständige Aufsicht erfolgen[537]. Bei entsprechender Rechtsgrundlage können Vertreter des fachlich zuständigen Ministeriums an Sitzungen der Universitätsgremien teilnehmen[538]. Im Benehmen mit dem Finanzministerium kann die Aufsichtsbehörde zum Teil statistische Erhebungen anordnen[539]. Ferner verfügt sie über die Befugnis, rechtswidrige Beschlüsse, Maßnahmen und Unterlassungen der Hochschule zu beanstanden und ihre Aufhebung oder Änderung innerhalb einer angemessenen Frist[540] zu

---

[534] Vgl. Art. 118 Abs. 2–4 BayHSchG; §§ 125, 126 Bad.-Württ. UG; § 2 Abs. 4, 5 BbgHG; § 111 Abs. 2–8 BremHG; § 93 HessHG; § 107 HmbHG; § 14 M-V HG; § 51 NdsHG; §§ 106, 107 Abs. 1 Ndrh.-Westf. HG; §§ 106, 107 Rh.-Pf. HG; § 64 SächsHG; § 66 Sachs.-Anh. HG; § 13 Schl.-Hol. HG; § 112 ThürHG; ausführlich *Hailbronner*, in: ders./Geis, Kommentar zum HRG, § 59 Rn. 5 ff.; Überblicke bei *Bethge*, in: Achterberg/Püttner/Würtenberger, Besonderes Verwaltungsrecht, Bd. I, § 13 Rn. 96 ff.; *Gallas*, Staatsaufsicht, S. 109 ff.; *Oppermann/Fechner*, HWissR, Bd. 1, S. 1107 (1121 ff.) m.w.Nachw.

[535] Dazu *Fehling*, Die Verwaltung 35 (2002), S. 399 (401 f.); *Geis*, in: Hailbronnner/ders., Kommentar zum HRG, § 58 Rn. 12; *Hillermann*, Durchsetzung, S. 72 f.; *Jestaedt*, Die Verwaltung 35 (2002), S. 293 (305 f.); *Lorenz*, JZ 1981, S. 113 (117).

[536] Vgl. – mit Abweichungen im Einzelnen – § 125 Abs. 1 Bad.-Württ. UG, Art. 118 Abs. 2 BayHSchG, § 2 Abs. 4 S. 2 BbgHG, § 111 Abs. 2 BremHG, § 14 Abs. 1 M-V HG, § 51 Abs. 1 S. 2 NdsHG, § 106 Abs. 4 Ndrh.-Westf. HG, § 96 Abs. 3 SaarlUG, § 64 Abs. 1 S. 2 SächsHG, § 66 Abs. 3 Sachs.-Anh. HG; dazu *Hailbronner*, in: ders./Geis, Kommentar zum HRG, § 59 Rn. 7.

[537] *Löwer*, in: ders./Tettinger, Kommentar, Art. 16 Rn. 39 Fn. 150.

[538] Vgl. § 106 S. 2 Rh.-Pf. HG, § 111 S. 2 ThürHG; ohne ausdrückliche gesetzliche Regelung ist die Teilnahme des Ministeriums an Gremiensitzungen der Universität unzulässig; vgl. zum diesbezüglichen kontroversen Meinungsstand die Nachw. bei *Löwer*, in: ders./Tettinger, Kommentar, Art. 16 Rn. 39 Fn. 152.

[539] § 125 Abs. 2 Bad.-Württ. UG.

[540] Einer Fristsetzung bedarf es nicht, wenn die Hochschule die Befolgung einer Beanstandung oder Anordnung oder die Erfüllung einer ihr obliegenden Pflicht verweigert

verlangen[541]. Die Beanstandung hat aufschiebende Wirkung[542]. Das Beanstandungsrecht des Landeswissenschaftsministers/-senators beeinträchtigt eine etwaige interne Beanstandungsbefugnis der Universitäts- und Fachbereichsleitung (Präsident/Rektor, Dekan) nicht, sondern besteht „unbeschadet" der Letzteren[543]. Kommt die Hochschule der Beanstandung oder Anordnung nicht fristgemäß nach oder erfüllt sie sonst binnen einer vom Wissenschaftsministerium gesetzten Frist[544] die ihr nach Gesetz oder Satzung obliegenden Pflichten nicht, so kann das Wissenschaftsministerium die notwendigen Maßnahmen veranlassen oder im Wege der Ersatzvornahme an ihrer Stelle selbst treffen[545]. Für Hochschulsatzungen gilt hinsichtlich der Rechte zur Beanstandung, zum Aufhebungs- oder Änderungsverlangen sowie zur Ersatzvornahme Entsprechendes[546]. Soweit die genannten Aufsichtsmittel nicht ausreichen, kann nach einzelnen Landeshochschulgesetzen das Ministerium Beauftragte (Staatskommissare) bestellen oder durch das Rektorat/Präsidium bestellen lassen, die die Aufgaben einzelner oder mehrerer Universitätsorgane wahrnehmen. Die Beauftragten haben im Rahmen ihres Auftrags die Stellung eines Organs der Hochschule[547]. Zur Sicherung der Funktionsfähigkeit der Hochschule stehen endlich noch,

---

oder ihre Gremien beschlussunfähig sind; vgl. § 2 Abs. 4 S. 5 BbgHG, § 14 Abs. 2 S. 4 M-V HG. Dies gilt auch ohne gesetzliche Anordnung, da es sich hierbei um eine Konsequenz des Grundsatzes der Hochschultreue handelt; dazu allgemein *Kahl*, Die Staatsaufsicht, S. 472 ff.

[541] § 126 Abs. 1 Bad.-Württ. UG; Art. 118 Abs. 3 S. 1 BayHSchG; § 2 Abs. 4 S. 3 1. Hs. BbgHG; § 111 Abs. 3 S. 1 BremHG; § 107 Abs. 2 S. 1 HmbHG; § 93 Abs. 1, 2 HessHG; § 14 Abs. 2 S. 1 M-V HG; § 51 Abs. 1 S. 3 NdsHG; § 106 Abs. 2 S. 1 Ndrh.-Westf. HG; § 107 Abs. 1 und 2 Rh.-Pf. HG; § 64 Abs. 1 S. 3 SächsHG; § 66 Abs. 1 S. 2 Sachs.-Anh. HG; § 112 Abs. 1, 2 ThürHG; dazu *Hailbronner*, in: ders./Geis, Kommentar zum HRG, § 59 Rn. 8 f.

[542] § 2 Abs. 4 S. 3 2. Hs. BbgHG; § 111 Abs. 3 S. 2 BremHG; § 107 Abs. 2 S. 2 HmbHG; § 14 Abs. 2 S. 2 M-V HG; § 51 Abs. 1 S. 4 NdsHG; § 106 Abs. 2 S. 2 Ndrh.-Westf. HG; § 96 Abs. 2 S. 1, 2 und 4 SaarlUG; § 64 Abs. 1 S. 4 SächsHG; § 66 Abs. 1 S. 3 Sachs.-Anh. HG.

[543] So etwa dezidiert § 96 Abs. 2 S. 1 SaarlUG.

[544] Von der Fristsetzung kann auch hier bei Erfüllungsverweigerung oder dauernder Beschlussunfähigkeit abgesehen werden; vgl. § 14 Abs. 2 S. 4 M-V HG, § 64 Abs. 1 S. 6 SächsHG, § 66 Abs. 1 S. 5 Sachs.-Anh. HG.

[545] § 126 Abs. 2 Bad.-Württ. UG; Art. 118 Abs. 3 S. 2, 3 BayHSchG; § 2 Abs. 4 S. 4 BbgHG; § 111 Abs. 3 S. 3, Abs. 4 S. 2 BremHG; § 107 Abs. 3, 4 HmbHG; § 93 Abs. 4 HessHG; § 14 Abs. 2 S. 3 M-V HG; § 51 Abs. 1 S. 5, 6 NdsHG; § 106 Abs. 2 S. 3 Ndrh.-Westf. HG; § 107 Abs. 4 Rh.-Pf. HG; § 96 Abs. 2 S. 3 SaarlUG; § 64 Abs. 1 S. 5 SächsHG; § 66 Abs. 1 S. 4 Sachs.-Anh. HG; § 112 Abs. 4 ThürHG. Dazu *Hailbronner*, JZ 1985, S. 864 (869); *ders.*, in: ders./Geis, Kommentar zum HRG, § 59 Rn. 10 ff., jeweils m.w.Nachw. Umstritten ist insbesondere die Befugnis zum sogenannten Satzungsoktroi; vgl. bejahend *Wolff/Bachof*, Verwaltungsrecht, Bd. 2, § 93 IV e (S. 306).

[546] Art. 118 Abs. 3 S. 4 BayHSchG.

[547] § 126 Abs. 3 Bad.-Württ. UG, § 111 Abs. 6 BremHG, § 107 Abs. 5 HmbHG, § 51 Abs. 1 S. 7 NdsHG, § 106 Abs. 3 S. 2 Ndrh.-Westf. HG; *Hailbronner*, in: ders./Geis, Kommentar zum HRG, § 59 Rn. 15.

vorausgesetzt es existiert eine gesetzliche Grundlage im Landesrecht, die Instrumente der ministeriellen Auflösung eines dauerhaft beschlussunfähigen Universitätsorgans und der Anordnung seiner Neuwahl[548] sowie die vollständige oder teilweise vorübergehende Schließung der Hochschule[549] zur Verfügung. Die verfassungsrechtliche Zulässigkeit und Reichweite der sog. verrichtenden Aufsichtsmittel (Ersatzvornahme, Bestellung eines Staatsbeauftragten)[550] ist kontrovers. Richtigerweise ist von deren grundsätzlicher Unzulässigkeit auszugehen, soweit es um den inneren, von staatlicher Lenkung freien Bereich der Forschung und Lehre geht[551]. Etwas anderes hat jedoch zu gelten, wenn die Funktionsfähigkeit der Universität insgesamt oder ihrer einzelnen Organe auf dem Spiel steht. Hier sind auch verrichtende Aufsichtsmittel möglich[552], vorausgesetzt sie sind gesetzlich vorgesehen. Ein allgemeines Mittelerfindungsrecht existiert dagegen nicht[553]. Schranken der Ausübung der Rechts- und Fachaufsicht verkörpern das Übermaßverbot[554], das Untermaßverbot[555] und der Grundsatz des hochschulfreundlichen Verhaltens[556]. Im Übrigen gilt auch im Aufsichtsbereich der allgemeine hochschulrechtliche Grundsatz, dass die Staatsbehörden nicht ihr eigenes Urteil an die Stelle der wissenschaftlichen Facheinschät-

---

548 So z.B. § 111 Abs. 5 BremHG, § 106 Abs. 3 S. 1 Ndrh.-Westf. HG.

549 Art. 118 Abs. 4 BayHSchG, § 13 Abs. 3 Schl.-Hol. HG; Überblick bei *Hailbronner*, in: ders./Geis, Kommentar zum HRG, § 59 Rn. 16; *Kickartz*, in: Wolff/Bachof/Stober, Verwaltungsrecht, Bd. 2, 5. Aufl., § 93 Rn. 56; *W. Thieme*, Deutsches Hochschulrecht, Rn. 131; gegen deren Zulässigkeit *Gallas*, Staatsaufsicht, S. 139 f.

550 Zur Begrifflichkeit *Wolff*, EvStL, 2. Aufl., Sp. 2521 (2523).

551 Maßgeblich ist die Wissenschaftsbezogenheit der zu erledigenden Aufgabe. So kommt etwa als Beauftragter für die von der Universität nicht fristgemäß erledigte Einreichung von Vorschlägen zur Überleitung von Dozenten in ein Beamtenverhältnis auf Zeit oder Vorlage einer Berufungsliste für eine freie Professorenstelle nur ein Hochschullehrer und kein Beamter des Kultusministeriums in Betracht; vgl. *Hailbronner*, JZ 1985, S. 864 (869) m.w.Nachw.

552 Vgl. HessVGH, DÖV 1970, S. 197 f.; VG Frankfurt am Main, NVwZ-RR 1992, S. 25 f.; OVG Hamburg, NVwZ-RR 1994, S. 587 f.; *Gallas*, Staatsaufsicht, S. 124 ff., 131 ff.; *Lüthje*, in: Denninger, HRG, § 59 Rn. 34 ff.; *Scholz*, in: Maunz/Dürig, Grundgesetz, Art. 5 Abs. 3 Rn. 144; *Trute*, Forschung, S. 470 f.; extensiver *Hailbronner*, in: ders./Geis, Kommentar zum HRG, § 59 Rn. 13 f.; verfehlt (generelle Verfassungswidrigkeit der Ersatzvornahme und der Bestellung eines Staatskommissars) dagegen *Deumeland*, HRG, S. 141 f. m.w.Nachw. auf das ältere Schrifttum.

553 OVG Berlin, OVGE 14, 59 (61).

554 Art. 118 Abs. 3 S. 2 und 3 BayHSchG erwähnt repräsentativ den Grundsatz der Erforderlichkeit; aus dem Schrifttum: *Hailbronner*, in: ders./Geis, Kommentar zum HRG, § 59 Rn. 18; *Reich*, HRG, 8. Aufl., § 59 Rn. 2 m.w.Nachw. vor allem auf die einschlägige Rechtsprechung.

555 In diesem Sinne *Oppermann/Fechner*, HWissR, Bd. 1, S. 1107 (1127); *M. Schröder*, WissR 18 (1985), S. 199 (212 f.).

556 Dazu grundlegend *Lorenz*, WissR 11 (1978), S. 1 (19 ff.); zustimmend *Fehling*, Die Verwaltung 35 (2002), S. 399 (406); *Geis*, in: Hailbronner/ders., Kommentar zum HRG, § 58 Rn. 40, 45; *Karpen*, Abbau, S. 41 ff.; *Leuze*, in: ders./Epping, HG Ndrh.-Westf., § 106 Rn. 9; skept. *Schröder*, WissR 18 (1985), S. 199 (204); *Leuze*, DÖD 1993, S. 1 (4 f.).

zung der Hochschulen und deren Mitglieder setzen dürfen (Verbot des staatlichen Wissenschaftsrichtertums)[557].

§ 58 Abs. 2 HRG schreibt nur für die Grundordnung der Universität die Genehmigung durch die für die Hochschule zuständige Landesbehörde zwingend vor. Die Landeshochschulgesetze gehen in diesem Punkt auseinander. Zum Teil wird die Genehmigungsbedürftigkeit gleichfalls auf die Grundordnung beschränkt[558]. In Nordrhein-Westfalen sind die Grundordnung sowie die Einführung, Änderung und Aufhebung von Studiengängen nach den §§ 84–88 Ndrh.-Westf. HG einschließlich der Studienfächer sowie die zu verleihenden Hochschulgrade (§ 96 Ndrh.-Westf. HG) genehmigungspflichtig[559]. In wieder anderen Ländern bedürfen mit Ausnahme der Studienordnungen[560] oder mit Ausnahme der Studienordnungen, der Benutzungsordnungen und der Geschäftsordnung für die Gremien[561] alle Rechtsvorschriften der Hochschulen der Bestätigung durch die Wissenschaftsbehörde. In Hessen sind neben den Satzungen die Bildung und Aufhebung von Fachbereichen und medizinischen Einrichtungen sowie die Einführung von grundständigen Studiengängen grundsätzlich genehmigungspflichtig[562]. Die Genehmigung ist vorgezogene Rechtsaufsicht. Sie ist daher (nur) zu versagen bei Verstößen gegen Rechtsvorschriften[563]. Zu unbestimmt und daher mit Art. 5 Abs. 3 S. 1 GG bzw. der korrespondierenden landesverfassungsrechtlichen Norm nicht vereinbar ist § 95 Abs. 1 1. Hs. SaarlUG, nach dem die Zustimmung des Staates zu Ordnungen der Universität auch aus „wichtigen Sachgründen" versagt werden darf. Verfassungswidrig war auch der frühere § 80 Abs. 4 S. 2 NdsHG (1998), welcher lautete: „Im übrigen ist eine Versagung aus Gründen der Zweckmäßigkeit zulässig, sofern dies zur Wahrung staatlicher Belange erforderlich ist."[564] Das Gleiche gilt mangels Bestimmtheit und mangels Vereinbarkeit mit den Zie-

---

[557] *Hufen*, Die Freiheit der Kunst, S. 174 ff., 456 f.; *Scholz*, in: Maunz/Dürig, Grundgesetz, Art. 5 Abs. 3 Rn. 8; zum Gebot kulturpolitischer Neutralität und Toleranz vgl. *Oppermann*, in: Isensee/Kirchhof, HdbStR, Bd. VI, § 145 Rn. 24.

[558] § 2 Abs. 1 S. 3 BbgHG, § 13 Abs. 3 S. 1 M-V HG, § 10 SaarlUG, § 63 Abs. 2 S. 1 Sachs.-Anh. HG.

[559] § 108 Abs. 1 und 2 Ndrh.-Westf. HG. Ähnlich §§ 109 S. 1, 109a Abs. 1 S. 1 ThürHG.

[560] § 90 Abs. 1 BerlHG.

[561] § 94 Abs. 1 Nr. 1 HessHG.

[562] § 94 Abs. 1 Nr. 2 und 3 HessHG.

[563] § 123 Abs. 1 S. 1 Bad.-Württ. UG, § 2 Abs. 1 S. 3 BbgHG, § 94 Abs. 2 S. 1 HessHG, § 13 Abs. 3 S. 2 M-V HG, § 108 Abs. 3 a) Ndrh.-Westf. HG, § 10 Abs. 1 S. 2 SaarlUG, § 64 Abs. 3 S. 3 Sachs.-Anh. HG; *Geis*, in: Hailbronner/ders., Kommentar zum HRG, § 58 Rn. 55, 70, 86 f.; *Hailbronner*, in: ders., Kommentar zum HRG, § 60 Rn. 12; *Reich*, HRG, 8. Aufl., § 58 Rn. 4 f.; § 59 Rn. 2; zur hiervon abweichenden Rechtsetzungspraxis und h.M. siehe oben Fn. 439; zu Recht krit. dazu *Geis*, ebd., Rn. 89.

[564] Verfassungskonform dagegen jetzt § 51 Abs. 3 S. 2 NdsHG: „Die Genehmigung kann aus Rechtsgründen und, soweit sie staatliche Angelegenheiten betrifft, aus Gründen der Zweckmäßigkeit versagt werden."

len des Hochschulrahmengesetzes für die Formulierungen, nach denen die Genehmigung versagt werden kann, wenn Ordnungen die „Einheitlichkeit des Hochschulwesens gefährden"[565]. Demgegenüber ist eine Bindung der Genehmigungserteilung für Hochschulsatzungen an die haushaltsrechtlichen Grundsätze der Wirtschaftlichkeit und Sparsamkeit[566] unbedenklich[567]. Zulässig und überdies sachlich sinnvoll ist die Koppelung der Genehmigungserteilung an die Erfüllung der dem Land gegenüber den anderen Ländern oder dem Bund obliegenden Verpflichtungen[568] sowie vor allem an die Gewähr für gleichwertige Studienbedingungen und -abschlüsse[569]. Auch die Möglichkeit der Versagung der Genehmigung für Prüfungsordnungen oder andere Satzungen für den Fall, dass die Satzungen die gesetzlich festgelegte Regelstudienzeit heraufsetzen, ohne dies besonders zu begründen, ist bereits im Interesse der Widerspruchsfreiheit der Rechtsordnung zu befürworten[570]. Ein grundsätzlich gegen den Bestimmtheitsgrundsatz verstoßender Eingriff in Art. 5 Abs. 3 S. 1 GG ist die nicht abschließende Festlegung der Versagungsgründe in Gestalt von Regelbeispielen[571]. Eine Regelbeispielskonstruktion ist nur akzeptabel, „wenn die Regelbeispiele in sich klar gefaßt sind und sich aus dem Zusammenhang der Regelbeispiele und dem Sinn und Zweck der Vorschrift hinreichend klar ergibt, daß eine umfassende Zweckmäßigkeitskontrolle nicht erfolgen soll, und sich ein unbenannter Versagungsgrund nach Art und Ausmaß hinreichend genau bestimmen läßt. Entsprechende Vorschriften sind daher eng auszulegen."[572]

Das Rechtsverhältnis von Hochschule und Staat ist auch und gerade im Aufsichtsbereich maßgeblich durch die Prinzipien der Kooperation und

[565] So z.B. in § 90 Abs. 2 S. 2 BerlHG, § 14 Abs. 3 Schl. Hol. HG.

[566] § 7 I LHO, § 6 I HGrG. Bei dem Wirtschaftlichkeitsgebot handelt es sich um ein Verfassungsprinzip, das eine finanzrechtliche Ausprägung des rechtsstaatlichen Verhältnismäßigkeitsprinzips darstellt; vgl. VerfGH Ndrh.-Westf., NVwZ 2004, S. 217 (218); *Kahl*, Die Staatsaufsicht, S. 539 f., jeweils m.w.Nachw.

[567] Vgl. stellv. § 108 Abs. 2 S. 2 HmbHG, § 10 Abs. 1 S. 2 SaarlUG, § 109 S. 2 ThürHG; *Geis*, in: Hailbronner/ders., Kommentar zum HRG, § 58 Rn. 67, 96; zurückhaltender *Hailbronner*, in: ders./Geis, ebd., § 59 Rn. 3; *Löwer*, in: ders./Tettinger, Kommentar, Art. 16 Rn. 39 m. Fn. 155.

[568] § 123 Abs. 2 Bad.-Württ. UG, § 94 Abs. 2 S. 2 Nr. 2 HessHG, § 108 Abs. 3 c) Ndrh.-Westf. HG, § 62 Abs. 3 S. 2 Nr. 2 SächsHG, § 64 Abs. 3 S. 4 Nr. 2 Sachs.-Anh. HG, § 14 Abs. 2 Schl.-Hol. HG.

[569] § 94 Abs. 2 S. 2 Nr. 1 HessHG, § 62 Abs. 3 S. 2 Nr. 3 SächsHG, § 109a Abs. 3 S. 3 Nr. 1 ThürHG; *Geis*, in: Hailbronner/ders., Kommentar zum HRG, § 58 Rn. 93. Unverhältnismäßig aber die Forderung nach „Einheitlichkeit" der Studien- und Lehrbedingungen in § 64 Abs. 3 S. 4 Nr. 3 Sachs.-Anh. HG.

[570] Im Ergebnis ebenso *Geis*, in: Hailbronner/ders., Kommentar zum HRG, § 58 Rn. 95.

[571] So z.B. § 51 Abs. 1 S. 5 Bad.-Württ. UG.

[572] *Geis*, in: Hailbronner/ders., Kommentar zum HRG, § 58 Rn. 94, der i. Erg. zutreffend davon ausgeht, dass § 51 Abs. 1 S. 5 Bad.-Württ. UG diesen Anforderungen noch entspricht.

der Hochschultreue gekennzeichnet[573]. Beispielhaft lässt sich auf § 51 Abs. 2 NdsHG verweisen: „Die staatliche Aufsicht soll zugleich die Selbstständigkeit und Eigenverantwortung der Hochschule fördern.“. Ferner sind die Aufsichtsmaßnahmen so zu treffen, dass die Hochschule alsbald ihre Aufgaben selbst erfüllen kann[574]. Im Einzelnen wirken sich die Grundsätze der Kooperation und der Hochschultreue etwa dahingehend aus, dass den Staat vor dem Ergreifen von Aufsichtsmaßnahmen eine Anhörungspflicht gegenüber der Universität trifft[575]. Aus dem Grundsatz kooperativer Hochschulaufsicht folgt weiter ein Vorrang der Eigenaufsicht[576] respektive der Subsidiarität der Staatsaufsicht. Eigenaufsichtsorgane sind die Hochschulleitung sowie der Dekan[577]. Ihre als Ausfluss des Eigenkontrollrechts der Hochschule zu verstehende und daher nicht auf staatlicher Delegation beruhende[578] Verantwortung für die Rechtmäßigkeit der Handlungen der Gremien sowie der Funktionsträger ist zunächst zu aktualisieren, ehe die Rechtsaufsicht des Ministeriums auf den Plan treten darf. § 106 Abs. 2 S. 1 Ndrh.-Westf. HG stellt dies ausdrücklich klar. Danach besteht die Beanstandungsbefugnis des Ministeriums „unbeschadet der Verantwortung des Rektorats sowie der Dekanin oder des Dekans“[579]. Auch die Formulierung des Berliner Hochschulgesetzes, wonach die Rechtsaufsicht des Staates „unabhängig von den Aufsichtsbefugnissen des Leiters oder Leiterin der Hochschule ausgeübt“[580] wird, ist dahingehend auszulegen, dass hierin nicht nur ein Nebeneinander, sondern ein Vorrangverhältnis zum Ausdruck kommt. Gleichfalls dem Prinzip der Selbstverwaltung und der Sachnähe entspricht es, wenn nach § 106 Abs. 5 Ndrh.-Westf. HG das Ministerium seine wesentlichen rechtsaufsichtlichen Befugnisse im Wege der Organleihe auf den Rektor bzw. das Rektorat jederzeit widerruflich übertragen darf. Der Grundsatz der Hochschultreue allgemein wie auch der kooperativen Hochschulaufsicht speziell ist indes keine Einbahnstraße: Auch

---

573 Grundsätzlich dazu *Kahl*, Die Staatsaufsicht, S. 507 ff. (509 ff.).

574 § 111 Abs. 7 S. 2 BremHG, § 107 Abs. 6 S. 2 HmbHG.

575 Für Einzelfälle explizit geregelt etwa durch § 111 Abs. 5 S. 3 BremHG (Organauflösung, Anordnung von Neuwahlen); § 111 Abs. 6 S. 2 i.V.m. Abs. 5 S. 3 analog BremHG (Bestellung eines Beauftragten); im Bereich der Fachaufsicht (Weisung) etwa § 111 Abs. 8 S. 1 BremHG, § 93 Abs. 3 S. 2 HessHG, § 107 Abs. 1 S. 2 Ndrh.-Westf. HG, § 64 Abs. 2 S. 2 SächsHG.

576 Vgl. VG Augsburg, DVBl. 1981, S. 1159 f.; *Gallas*, Staatsaufsicht, S. 162 ff.; *Reich*, HRG, 8. Aufl., § 59 Rn. 1; *M. Schröder*, WissR 18 (1985), S. 199 (209 f.); a.A. *Hailbronner*, in: ders./Geis, Kommentar zum HRG, § 59 Rn. 22.

577 Zur hochschulinternen Aufsicht siehe *Hailbronner*, in: ders./Geis, Kommentar zum HRG, § 59 Rn. 21; *Herberger*, in: Haug, Hochschulrecht, Rn. 288 ff.

578 Wie hier die h.M., vgl. die Nachw. bei *Hailbronner*, in: ders./Geis, Kommentar zum HRG, § 59 Rn. 22, der jedoch selbst anderer Ansicht ist.

579 Siehe die Begründung des Regierungsentwurfs Ndrh.-Westf. HG (2000), zit. nach: Ministerium für Schule, Wissenschaft und Forschung des Landes Ndrh.-Westf., Ndrh.-Westf. HG, S. 223.

580 § 89 Abs. 1 S. 2 BerlHG.

die Universitäten müssen sich gegenüber dem Staat kooperativ verhalten, etwa bei Unterrichtungsbegehren der zuständigen Staatsbehörde die dafür erforderliche Unterstützung leisten[581]. Sie trifft insofern eine Pflicht zum „staatsfreundlichen Verhalten"[582], welche zusammen mit der Kehrseite (Grundsatz des „hochschulfreundlichen Verhaltens") ein Prinzip „wissenschaftsfreundlichen Verhaltens" ausformt[583].

---

[581] So – deklaratorisch – § 107 Abs. 1 S. 2 HmbHG; vgl. auch § 106 Rh.-Pf. HG, § 111 S. 1 ThürHG.

[582] *Leuze*, DÖD 1993, S. 1 (5).

[583] Vgl. *Geis*, in: Hailbronner/ders., Kommentar zum HRG, § 58 Rn. 46.

§ 11 Die Hochschulreform um die Jahrtausendwende: Entstaatlichung und Ökonomisierung

Das „Trauma" der Studentenunruhen von 1968 zeitigte in Deutschland weitreichende und nachhaltige Wirkungen, auch und gerade im Hochschulbereich. Die Politik, die in der Hochschulautonomie mehrheitlich eine Ursache für die Erhöhung des Konfliktpotentials innerhalb der Hochschulen ausmachte, reagierte hierauf in den siebziger und achtziger Jahren des 20. Jahrhunderts mit einer Intensivierung des Staatseinflusses, einer stärkeren Zentralisierung, einer Erhöhung der Dichte der gesetzlichen Regulierung und einer Reduzierung der Entscheidungs- und Gestaltungskompetenzen der Hochschulen. Folge war eine tendenzielle Zurückdrängung der korporativen Autonomie. „Die WRK[584] konstatierte im Jahr 1988, dass die Studentenunruhen von 1968 im Grunde noch 1988 das Bild der Hochschulen in der Öffentlichkeit prägten und belasteten; im Gefolge der Unruhen habe die Hochschulautonomie viel an Terrain verloren, das bis 1988 nicht zurückgewonnen werden konnte. Allerdings wurden auch Zweifel laut, ob die Hochschulen im Lauf der siebziger und achtziger Jahre von den ihnen gegebenen Möglichkeiten der autonomen Rechtsetzung hinreichend Gebrauch gemacht hätten … ."[585]

Zu Beginn der neunziger Jahre begann sich jedoch allmählich die Erkenntnis Bahn zu brechen, dass auch die Reglementierung des Hochschulwesens und die Zunahme des Staatseinflusses keine Garanten für eine blühende Hochschullandschaft waren. Im Gegenteil: Sie hatten sich nach verbreiteter Auffassung als einschnürend, lähmend und damit letztlich als kontraproduktiv erwiesen[586]. Vor diesem Hintergrund setzte im letzten Jahrzehnt des 20. Jahrhunderts eine Hochschulmodernisierungsdiskussion ein, deren generelle Stoßrichtung die Einräumung von mehr Autonomie für die Universitäten war[587]. In seiner Berliner Rede im April 1997 und noch-

---

584 Westdeutsche Rektorenkonferenz; der Verf.

585 *G. Turner*, Hochschule, S. 215 f. m.w.Nachw.

586 Vgl. *Bullinger*, JZ 1998, S. 109 (110); *G. Turner*, Hochschule, S. 217. Auf das zusätzliche Problem der Bildungsexpansionspolitik der sechziger und siebziger Jahre und den hierdurch bedingten Funktionswandel der Universität kann hier nur hingewiesen werden; vgl. dazu *Högl/Zegeling*, Hochschulreform und Hochschulmanagement, S. 86 ff., 102 ff., 104 ff.

587 Vgl. die Beiträge von *Erichsen*, in: Hochschulrektorenkonferenz, Mehr Autonomie, S. 9 ff.; *Alewell*, Autonomie mit Augenmaß; *Fangmann*, DUZ 24/1994, S. 24 f.; *Glotz*, Im

mals in seiner Grundsatzrede zur deutschen Bildungspolitik im November 1997 mahnte der damalige Bundespräsident Roman Herzog einen „neuen Aufbruch in der Bildungspolitik“ an[588]. Peter Glotz hatte bereits zuvor der deutschen Universität attestiert, sie sei „‚im Kern‘ nicht gesund, sondern krank“ und als Remedur eine „Strategie der Entkoppelung“ von Hochschule und Staat empfohlen[589]. Die bisherigen Chancen zu einer Erneuerung der traditionellen deutschen Universität, so bemerkte George Turner, seien verpasst worden. Im Gegenteil: Der Hochschulgesetzgeber nach 1945 habe „ohne sachliche Konzeption, kompromißlerisch und unter Aufnahme gerade gängiger Reformvorschläge“ gehandelt. Hierdurch sei „der desolate Zustand eher auf Dauer eingerichtet als verbessert worden“[590]. Auch die Hochschulrektorenkonferenz sprach sich in ihren Empfehlungen vom 10. November 1997 dafür aus, die Länder sollten den Hochschulen größere Autonomie gewähren, mehr Verantwortung übertragen und sich auf die Rechtsaufsicht sowie auf die Vereinbarung von Zielen und die Finanzierung im Rahmen eines Globalhaushalts beschränken[591]. Von verschiedener Seite wurde zur Untermauerung der Autonomieforderungen auf das schlechte Abschneiden der deutschen Hochschulen bei internationalen Vergleichen verwiesen[592]. Die Gruppe der Reformskeptiker und -gegner, die im Interesse individueller Wissenschaftsfreiheit auf eine „starke“ Ministerialbürokratie vertraute und grundsätzliche Bedenken gegen die Übertragung betriebswirtschaftlicher Steuerungsmodelle auf die Hochschule anmeldete, war zwar, zumal in der Rechtswissenschaft, keineswegs klein[593], gleichwohl fand sie in der Politik weitgehend kein Gehör. Der in einem

---

Kern verrottet?, S. 106 ff.; referierend *Hahnelt*, Novellierung, S. 17 ff. Zur Synchronität der Hochschulreformdebatte der neunziger Jahre mit der allgemeinen Umbruch- und Reformphase im deutschen Verwaltungsrecht vgl. *Voßkuhle*, VerwArch. 92 (2001), S. 184 ff. m.z.w.Nachw.

[588] *Herzog*, in: Bissinger, Stimmen gegen den Stillstand, S. 13 ff.

[589] *Glotz*, Im Kern verrottet?, S. 70, ähnlich S. 135 (zur Diagnose) sowie S. 89 ff. (zur Remedur).

[590] *G. Turner*, Hochschulpolitik, S. 91. Vgl. auch dessen scharfe Kritik am HRG ebd., S. 34.

[591] Hochschulrektorenkonferenz, Organisations- und Leitungsstrukturen der Hochschulen, Entschließung des 183. Plenums der Hochschulrektorenkonferenz vom 10.11.1997, in: Hochschulrektorenkonferenz, Arbeitsbericht 1997, S. 139 (141).

[592] Vgl. nur *Richter*, in: FAZ Nr. 10 v. 13.1.2004, S. 12; Wissenschaftsrat, Thesen, S. 5 ff.; *J. Lange*, in: Hollerith, Leistungsfähige Hochschulen – aber wie?, S. 1 ff.; *Müller-Böling/Küchler*, in: Müller-Böling/Fedrowitz, Leitungsstrukturen, S. 13 ff.

[593] Zu verweisen ist vor allem auf den Hauptkritiker der grundsätzlichen Reformrichtung *Schiedermair*, in: Hollerith, Leistungsfähige Hochschulen – aber wie?, S. 15 (16 f.); politikwissenschaftliche Fundamentalkritik des durch das HRG 1998 eingeleiteten Reformprozesses, der die Universitäten einem „Primat des Nützlichen“ ausliefere, bei *Morkel*, Universität. Grundsätzlich ablehnend ferner *Buß*, FuL 2000, S. 190 ff.; *Classen*, in: LA Oppermann, S. 857 ff. (insbes. 869 f.); *Fittschen*, WissR 30 (1997), S. 325 (329); *Geis*, FuL 2003, S. 242 ff.; *Mittelstraß*, in: FAZ Nr. 10 v. 13.1.2004, S. 8, insbes. 5. und 6. Sp.; *Sont-*

Standort- und Effizienztaumel befindliche Gesetzgeber ging über ihre Bedenken hinweg und schuf mit hohem Tempo Fakten.

Die Aufgabe, das Fundament der Reformen zu schaffen und die Initialzündung hierfür zu geben, kam dem Bund zu. Mit dem am 25. August 1998 in Kraft getretenen Vierten Gesetz zur Änderung des Hochschulrahmengesetzes vom 20. August 1998[594] hat er die Regelungsdichte auf zentraler Ebene stark zurückgenommen, um eine größere föderale Vielfalt des Hochschulrechts und stärkere Profilbildung der Hochschulen zu ermöglichen sowie mehr Selbstverwaltung und experimentellen Wettbewerb in Gang zu setzen[595]. Die §§ 60 bis 69 HRG wurden ersatzlos gestrichen. Das Gleiche gilt für § 58 Abs. 3 HRG, der die Einheitsverwaltung vorschrieb. § 58 Abs. 1 S. 1 HRG sieht nunmehr vor, dass Hochschulen „in der Regel" Körperschaften des öffentlichen Rechts sind, nach § 58 Abs. 1 S. 2 HRG können sie aber auch in anderer Rechtsform errichtet werden. In Betracht kommen Anstalt und Stiftung des öffentlichen Rechts, daneben auch private Rechtsformen wie die Aktiengesellschaft, die GmbH und die Stiftung privaten Rechts[596]. Die Länder haben diese Öffnungsklausel vielfach in ihre Hochschulgesetze übernommen[597]. Dabei sehen sie für die Überführung von Hochschulen des Landes in eine andere Rechtsform regelmäßig das Erfordernis eines Parlamentsgesetzes vor. Niedersachsen hat im Bereich der Hochschulen in Trägerschaft von rechtsfähigen Stiftungen des öffentlichen

---

heimer, zit. nach *G. Turner*, Hochschule, S. 218 m. Fn. 1006; zu strukturellen Problemen des Neuen Steuerungsmodells s. auch *Kluth*, in: Wolff/Bachof/Stober, Verwaltungsrecht, Bd. 3, 5. Aufl., Rn. 348 ff.

594 BGBl. I 1998, 2190; Neufassung des HRG in: BGBl. I 1999, 19; Überblick zu den Änderungen bei *Detmer*, NVwZ 1999, S. 828 ff. mit unberechtigter Kritik an der Deregulierung auf S. 832, 834; in der Tendenz ähnlich *Bull/Mehde*, JZ 2000, S. 650 (651, 658), die einen „Re-Regulierungsbedarf" für das Bildungswesen ausmachen, sowie *G. Turner*, Hochschulpolitik, S. 113. Auf das 5. HRGÄndG v. 16.2.2000 (BGBl. I S. 693), das vor allem Änderungen in der Heranbildung des wissenschaftlichen Nachwuchses (Stichworte: Juniorprofessur, Abschaffung der Habilitation) und des Besoldungsrechts brachte, sowie auf das 6. HRGÄndG v. 8.8.2002 (BGBl. I S. 3138), das ein Verbot der Erhebung von Studiengebühren für grundständige Studiengänge einführte, soll im Rahmen dieser Studie nicht eingegangen werden.

595 Vgl. Begr. des RegE, BR-Drucks. 724/97, S. 19 ff.; vgl. auch BT-Drucks. 13/9070, S. 3; *Daxner*, KJ 1998, S. 30 ff.; *Geis*, in: Hailbronner/ders., Kommentar zum HRG, § 58 Rn. 9, 36, 57, 60.

596 *Geis*, in: Hailbronner/ders., Kommentar zum HRG, § 58 Rn. 23 ff.; *Kluth*, in: Wolff/Bachof/Stober, Verwaltungsrecht, Bd. 3, 5. Aufl., § 97 Rn. 50; *Schmidt-Aßmann*, Das allgemeine Verwaltungsrecht, Kap. 3 Rn. 40; ausführlich *Fehling*, in: Kämmerer/Rawert, Hochschulstandort Deutschland, S. 83 ff. sowie allgemein *Kluth*, ebd., § 81 Rn. 21 ff. Zu der Regulierung privater Hochschulen, die hier nicht behandelt wird, vgl. *S. Becker*, DVBl. 2002, S. 92 ff.; *Kämmerer*, in: ders./Rawert, ebd., S. 119 ff.; *Fehling*, Die Verwaltung 35 (2002), S. 399 (420 ff.).

597 § 5 Abs. 1 S. 2 Bad.-Württ. UG, § 2 Abs. 1 S. 2 HmbHG, § 1 Abs. 1 S. 2 HessHG, § 1 Abs. 1 S. 1 NdsHG, § 6 Abs. 1 S. 2 Rh.-Pf. HG. Vgl. auch bereits Art. 34 S. 1 BremVerf. sowie aus neuerer Zeit Art. 31 Abs. 1 S. 2 Sachs.-Anh. Verf.

Rechts[598] die Vorreiterrolle übernommen[599]. Nach dem niedersächsischen Modell unterhält und fördert die Stiftung die Hochschule in deren Eigenschaft als Körperschaft des öffentlichen Rechts[600]. Ziel ist es, durch einen eigenverantwortlichen und effizienten Einsatz der überlassenen Mittel die Qualität von Forschung, Lehre, Studium und Weiterbildung an der Hochschule zu steigern[601]. Dadurch, dass die Rechtsaufsicht nicht vom Ministerium, sondern von der Stiftung ausgeübt wird und die Stiftung selbst keiner direkten Fachaufsicht des Ministeriums untersteht[602], soll die Autonomie der Hochschule erhöht werden. Bei der Erfüllung ihrer Aufgaben wahrt die Stiftung die Selbstverwaltung der Hochschule[603]. Die Rechtsaufsicht über die Stiftung entspricht inhaltlich weitgehend der Aufsicht über Hochschulen in staatlicher Trägerschaft[604]. Insgesamt haben die Länder von der ihnen durch das 4. HRG-Änderungsgesetz eingeräumten Möglichkeit zur Diversifikation und Profilbildung starken Gebrauch gemacht und durchaus unterschiedliche Lösungen der Hochschulstruktur und -administration entwickelt[605]. Winfried Kluth hat die Föderalisierung und Ausdifferenzierung des Hochschulrechts treffend auf den Punkt gebracht: „Die Hochschulrechtslandschaft hat sich seit Beginn der neunziger Jahre von einer durch wenige Grundmodelle geprägten Einheitslandschaft inzwischen zu einem bunten, in manchen Punkten sogar unübersichtlichen Bouquet entwickelt, in dem sich föderale und konzeptionelle Vielfalt in einer bislang kaum bekannten Weise widerspiegelt. Bisweilen kann man sogar von einem Wettlauf der Bundesländer um das modernste und innovativste Gesetz sprechen. Einige Bundesländer scheinen inzwischen dazu zu tendieren, ihre Hochschulgesetze im Jahrestakt zu ändern."[606]

Die Politik lässt somit keinen Zweifel daran, dass sie sicher ist, wo die Herausforderungen der Hochschulen zu Beginn des 21. Jahrhunderts liegen und welche Antworten hierauf gegeben werden müssen. In Zeiten der Globalisierung und Europäisierung[607], so lautet die gängige Analyse, befän-

---

[598] Zum Begriff *Burgi*, in: Erichsen/Ehlers, Allgemeines Verwaltungsrecht, § 52 Rn. 16.

[599] §§ 55 ff. NdsHG; dazu *v. Brünneck*, WissR 35 (2002), S. 21 ff.; *Geis*, in: FS für Brohm, S. 297 (307 ff.); *Göke*, FuL 2003, S. 73 (76); *J. Ipsen*, NdsVBl. 2000, S. 240 ff.; zurückhaltend *Kluth*, in: Kämmerer/Rawert, Hochschulstandort Deutschland, S. 35 (41 f., 47) unter Betonung der aus §§ 36, 37 HRG folgenden Grenzen; ablehnend *Bull/Mehde*, JZ 2000, S. 650 (653).

[600] § 55 Abs. 2 S. 1 NdsHG.

[601] § 55 Abs. 2 S. 2 NdsHG.

[602] § 55 Abs. 4 NdsHG; krit. hierzu *Geis*, in: FS für Brohm, S. 297 (312 ff.).

[603] § 55 Abs. 5 NdsHG.

[604] Vgl. § 62 NdsHG.

[605] Vgl. *Sandberger*, WissR 35 (2002), S. 125 ff.; Stifterverband für die Deutsche Wissenschaft, Qualität durch Wettbewerb und Autonomie, 2002.

[606] *Kluth*, in: Kämmerer/Rawert, Hochschulstandort Deutschland, S. 35 (36, vgl. auch ebd., S. 37 f.).

[607] Zu der ständig steigenden Überlagerung des nationalen Hochschulrechts durch

den sich die deutschen Universitäten in einem zunehmenden Standortwettbewerb, für den sie in ihrer tradierten bürokratisierten und parzellierten Form nicht hinreichend gerüstet seien[608], wie die anhaltende „Republikflucht" hochqualifizierter Techniker und Naturwissenschaftler, vor allem in die USA (sog. „brain drain")[609], verdeutliche. Im verschärften Wettbewerb und unter den Bedingungen einer dynamischen Informations- und Wissensgesellschaft müssten die Hochschulen durch Innovation, Profilbildung, Kooperation, Interdisziplinarität und Effizienz überzeugen und dadurch für Studierende, Lehrende und Forschende des In- und Auslandes attraktiver werden[610]. Zu diesem Zweck bedient sich die Hochschulpolitik der ökonomischen Leitbilder[611] und neuer Instrumente wie Zielvereinbarungen, Evaluation, Controlling und leistungsorientierte Finanzierung[612]. Vor dem Hintergrund der Betonung der Bedeutung der Universität für den Forschungs- und Wirtschaftsstandort Deutschland wurde eine Reform eingeleitet, welche auf eine Neubestimmung des Verhältnisses von Hochschule und Staat mit der Intention hinausläuft, den Hochschulen mehr Selbstverantwortung und Autonomie einzuräumen[613]. Dieses Ziel, für das pars pro toto das 4. HRG-Änderungsgesetz steht, sollte insbesondere durch

---

Vorgaben der EU, auf die hier nicht näher eingegangen werden soll, vgl. nur *Karpen*, in: Kämmerer/Rawert, Hochschulstandort Deutschland, S. 19 (29 ff.); *Wiedmann*, in: Haug, Hochschulrecht, S. 11 ff.; allgemein *Voßkuhle*, VerwArch. 92 (2001), S. 184 (191 ff.).

[608] Vgl. *Glotz*, Im Kern verrottet?, S. 32 ff.; *G. Turner*, Hochschulpolitik, S. 73 f. Zur mangelnden internationalen Wettbewerbsfähigkeit der deutschen Hochschulen vgl. stellv. *Hank*, in: Frankfurter Allgemeine Sonntagszeitung Nr. 6 v. 8.2.2004, S. 35: Unter den 50 Spitzenuniversitäten weltweit befindet sich nur eine deutsche (München, Platz 48).

[609] Zum Hintergrund, zur Historie, aber auch zur Zweifelhaftigkeit dieser Argumentationsfigur s. *Holert*, in: FAZ Nr. 63 v. 15.3.2004, S. 46.

[610] Vgl. repräsentativ die Thesen des Wissenschaftsrats zur künftigen Entwicklung des Wissenschaftssystems in Deutschland aus dem Jahre 2000 und die dort genannten, in den Überschriften schlagwortartig zum Ausdruck kommenden Ziele. Berichtend *Hödl/Zegelin*, Hochschulreform und Hochschulmanagement, S. 329 ff.

[611] Zur Leitbilderdebatte an den deutschen Hochschulen siehe *Herberger*, in: Haug, Hochschulrecht, Rn. 201 ff.; *Lenzen*, FuL 2001, S. 586 ff.; vgl. auch *Voßkuhle*, VerwArch. 92 (2001), S. 184 (196 ff.), der als Schlüsselbegriffe der Verwaltungsreformdebatte „Innovation", „Effizienz", „Kommunikation", „Öffentlichkeit" und „Akzeptanz" nennt.

[612] Zur Ökonomisierung des Hochschulrechts vgl. *Geis*, in: FS für Brohm, S. 297 ff.; *Müller-Böling*, Die entfesselte Hochschule; *G. Turner*, Hochschulpolitik, S. 78 ff.; zusammenfassend *Kluth*, in: Kämmerer/Rawert, Hochschulstandort Deutschland, S. 35 (49 f.); grundsätzlich *Burgi*, VVDStRL 62 (2003), S. 405 (416 f., 419 ff., 425 f.); *Groß*, DVBl. 2002, S. 1182 (1189 ff.); *Oebbecke*, VVDStRL 62 (2003), S. 366 (367 ff.); *Schneider*, Die Verwaltung 34 (2001), S. 317 ff.; *Voßkuhle*, Die Verwaltung 34 (2001), S. 347 ff.; *ders.*, VerwArch. 92 (2001), S. 184 (209 ff.); krit. *Lepsius*, Die Verwaltung 32 (1999), S. 429 ff.

[613] Vgl. repräsentativ für Nordrhein-Westfalen: Begründung des Regierungsentwurfs Ndrh.-Westf. HG (2000), zit. nach: Ministerium für Schule, Wissenschaft und Forschung des Landes Ndrh.-Westf., Ndrh.-Westf. HG, S. 92; für Baden-Württemberg: *Küchler* u.a., Stellungnahme. Aus dem Schrifttum zustimmend *Herberger*, in: Haug, Hochschulrecht, Rn. 204 ff.; *Karpen*, FuL 1998, S. 24 (24); sehr krit. dagegen *Bull/Mehde*, JZ 2000, S. 650 ff.

den Abbau von Überregulierung, durch Gesetzesvereinfachungen und durch einen Verzicht auf staatliche Genehmigungsvorbehalte[614] erreicht werden. Weitere Schwerpunkte der Funktionalreform bilden der Einbau von Elementen der Selbststeuerung und Qualitätssicherung sowie die Professionalisierung der Leitungsorgane.

Das Herzstück der Reform des Hochschulwesens um die Jahrhundertwende ist die Umgestaltung der Universität von einer hierarchisch gesteuerten Behörde zu einer sich weitgehend selbst steuernden Dienstleistungseinrichtung[615] im Rahmen des so genannten Neuen Steuerungsmodells („New Public Management")[616]. Danach wird das Ziel einer Verwaltungsmodernisierung verbunden mit dem Aufbau einer unternehmensähnlichen, dezentralen Führungs- und Organisationsstruktur, um auf diese Weise Effektivität, Effizienz sowie Markt- und Serviceorientierung der Dienstleistungen in Verbindung mit Leistungskontrolle und Leistungssteuerung[617] zu erreichen. Der Anlehnung an eine outputorientierte Unternehmenskultur[618] entspricht es, dass die Haushalte der reformierten Hochschulen als budgetierte Globalhaushalte zugewiesen werden, was die Dezentralisation von Haushaltsverantwortung, die weitgehende gegenseitige Deckungsfähigkeit, die Möglichkeit der Übertragung und der Rücklagenbildung, sprich insgesamt die Durchbrechung der bisherigen starren Kameralistik beinhaltet[619]. Im Zusammenhang mit der Einführung der budgetierten Globalhaushalte mit dezentraler Budgetverantwortung werden an den Hochschulen unter anderem die kaufmännische doppelte

---

[614] Vgl. § 108 Abs. 1 und 2 Ndrh.-Westf. HG sowie die Begründung des Regierungsentwurfs Ndrh.-Westf. HG (2000), zit. nach: Ministerium für Schule, Wissenschaft und Forschung, Ndrh.-Westf. HG, S. 100 f., 224 ff. Zum allgemeinen Trend in Richtung „Deregulierung" und „regulierte Selbstregulierung" im Rahmen der Verwaltungsrechtsreform der neunziger Jahre *Voßkuhle*, VerwArch. 92 (2001), S. 184 (207 f., 213 ff.).

[615] Zum Dienstleistungsbetriebscharakter der Hochschule: *Geis*, in: Hailbronner/ders., Kommentar zum HRG, § 58 Rn. 9, 12. Zum Bild des Dienstleistungsstaates und seinen Wirkungen *Voßkuhle*, Der Staat 40 (2001), S. 495 ff.; *Hill*, NdsVBl. 2002, S. 313 ff.

[616] Vgl. dazu allgemein Kommunale Gemeinschaftsstelle (KGSt), Das neue Steuerungsmodell, KGSt-Bericht 5/1993; *Kluth*, in: Wolff/Bachof/Stober, Verwaltungsrecht, Bd. 3, 5. Aufl., § 80 Rn. 288 ff. (310 ff., 334 ff.); *Mehde*, Neues Steuerungsmodell, S. 41 ff., 60 ff., 85 ff., 129 ff.; *Püttner*, Verwaltungslehre, S. 260 ff.; *Schneider*, in: Schmidt-Aßmann/ Hoffmann-Riem, Verwaltungsorganisationsrecht, S. 103 (114 ff.); *Schmidt-Aßmann*, Das allgemeine Verwaltungsrecht, Kap. 1 Rn. 41 ff.; *Schuppert*, Verwaltungswissenschaft, S. 708 ff., 951 ff.; zur Übertragung auf den Hochschulbereich *Amrhein*, Universität, S. 81 ff., 95 ff.; *Hödl/Zegelin*, Hochschulreform und Hochschulmanagement, S. 223 ff., 231 ff., 238 f.; *Kluth*, ebd., Rn. 332 f.; *Trute*, WissR 33 (2000), S. 134 (134 ff.).

[617] Dazu erfreulich differenziert *Bullinger*, JZ 1998, S. 109 (114 f.).

[618] Vgl. *Amrhein*, Universität, S. 18 f. und passim; *Hoffacker*, FuL 2001, S. 411 ff.; *ders.*, Universität; *Müller-Böling*, Die entfesselte Hochschule, S. 24 ff.; Wissenschaftsrat, Thesen, S. 45.

[619] Vgl. stellv. *Hahnelt*, Novellierung, S. 95 ff., 98 ff., 100 ff., 112 ff.; *Schöck*, FuL 2002, S. 180 ff.; zu den Gefahren der neuen Steuerungsinstrumente *Hufeld*, DÖV 2002, 309 ff.; *Karpen*, in: Kämmerer/Rawert, Hochschulstandort Deutschland, S. 19 (26 f.).

Buchführung (Doppik), die Kosten- und Leistungsrechnung, Verfahren zur Optimierung der Arbeitsabläufe sowie Auslastungsberechnungen für alle Studiengänge eingeführt[620]. Zentraler Baustein des Neuen Steuerungsmodells und der Globalhaushalte ist die Etablierung des (operativen) Controllings mit regelmäßigem Berichtswesen[621]. Unter Controlling wird allgemein ein Subsystem der Führung komplexer sozialer Systeme verstanden, „das durch Wahrnehmung von Aufgaben im Rahmen der Kernfunktion eine unterstützende und entlastende Serviceleistung für die Führung erbringt und damit einen Beitrag zur verbesserten Zielerreichung des Gesamtsystems darstellt"[622]. Es geht, mit anderen Worten, um die Etablierung eines zielgerichteten und effizienten[623] Denkens und Handelns aller Beteiligten in einer Organisation unter konsequenter Nutzung moderner Informations- und Kommunikationstechniken[624]. Dabei wird empfohlen, die Controllingstellen aufsichtsfrei zu stellen und ihnen – vergleichbar den Rechnungshöfen – ein größtmögliches Maß an sachlicher und persönlicher Unabhängigkeit zu gewährleisten[625].

Eine weitere tragende Säule der in den neunziger Jahren begonnenen Hochschulreform ist die Stärkung der Leitungsstrukturen[626] als Führungs- und Managementebene der Gesamtuniversität (Präsidium, Rektorat)[627] sowie der Fakultäten/Fachbereiche (Dekanat)[628]. In etwa der Hälfte der Bundesländer ging die Zuständigkeit für die Stellen- und Mittelverteilung so-

---

620 Vgl. etwa § 16 Abs. 2 S. 2 M-V HG. Besonders weitgehend § 49 NdsHG, wonach die Hochschulen mit bestimmten Maßgaben als Landesbetriebe gem. § 26 LHO geführt werden; dazu *Göke*, FuL 2003, S. 73 (75). Ausführliche Darstellung der „neuen Steuerungsinstrumente" am Beispiel von Baden-Württemberg bei *Herberger*, in: Haug, Hochschulrecht, Rn. 575 ff., 595 ff.

621 *Lüder*, DÖV 1993, S. 265 (265 ff.); *Schuppert*, Verwaltungswissenschaft, S. 712 ff. Aus der hochschulrechtlichen Lit.: *Hahnelt*, Novellierung, S. 103 ff., 119 ff.; *Hödl/Zegelin*, Hochschulreform und Hochschulmanagement, S. 275 ff.; *Küpper*, FuL 2000, S. 116 (118).

622 *Marxen*, VR 1999, S. 307 (308). Vgl. auch *Kahl*, Die Staatsaufsicht, S. 383 f.; *Pitschas*, DÖV 1998, S. 907 (913 f.).

623 Das Controlling steht damit in unmittelbarem Zusammenhang mit den Grundsätzen der Wirtschaftlichkeit und Sparsamkeit, welche auch für die Hochschulen rechtlich bindend sind.

624 *Marxen*, VR 1999, S. 307 (308).

625 *Marxen*, VR 1999, S. 307 (310).

626 Vgl. Begründung des Regierungsentwurfs Ndrh.-Westf. HG (2000), zit. nach Ministerium für Schule, Wissenschaft und Forschung des Landes Ndrh.-Westf., Ndrh.-Westf. HG, S. 96 ff.; aus dem Schrifttum darstellend *Bull/Mehde*, JZ 2000, S. 650 (654); *Ehrenberg*, FuL 2000, S. 366 ff.; *G. Turner*, Hochschule, S. 219 ff.; befürwortend *Glotz*, Im Kern verrottet?, S. 111 ff.; *Müller-Böling/Küchler*, in: Müller-Böling/Fedrowitz, Leitungsstrukturen, S. 13 ff.; frühzeitig vorausschauend in diesem Sinne *Alewell*, Autonomie mit Augenmaß, S. 20; siehe ferner KMK, Leitungsstrukturen im Hochschulbereich. Von der Kultusministerkonferenz am 13.6.1996 zur Kenntnis genommen, Dok. B/BER 03–04, unveröff., zit. nach *G. Turner*, ebd., S. 220 m. Fn. 1014.

627 Vgl. repräsentativ §§ 39, 42 ff. HessHG; dazu *Hahnelt*, Novellierung, S. 52 ff.

628 Vgl. repräsentativ §§ 50 f. HessHG; dazu *Hahnelt*, Novellierung, S. 82 ff.

wie die operativen Entscheidungen in wesentlichen Teilen vom Ministerium auf die Universitätsspitze über. In drei Ländern liegen die Richtlinienkompetenz sowie die Aufsicht und das Weisungsrecht in Lehr- und Prüfungsangelegenheiten beim Rektor bzw. beim Präsidenten[629]. „Durch ein starkes und leistungsfähiges Management soll die Entscheidungseffizienz in den laufenden Geschäften gesteigert und das korporative Gesamtinteresse gegenüber den Partikularinteressen insgesamt stärker repräsentiert werden."[630] Dies bedingte eine weitgehende Entmachtung von Fachbereichsrat/Fakultätsrat und Senat als den herkömmlichen mitgliedschaftlichen Repräsentations- und Partizipationsorganen einer im Sinne von Betroffenenverwaltung[631] verstandenen körperschaftlich organisierten funktionalen Selbstverwaltung[632] und im Gegenzug eine Monokratisierung der internen Hochschulorganisation. Dem präsidialen Wissenschaftsmanagement mit seinen monokratischen, auf straffere Führung hin ausgerichteten Entscheidungsstrukturen wird dabei teilweise vorgeworfen, mit Art. 5 Abs. 3 S. 1 GG unvereinbar zu sein[633]. Richtigerweise sollte dabei differenziert werden: Zunächst ist kaum bestreitbar, dass auch das Kollegialitätsprinzip in der Vergangenheit zu einer gewissen Schwerfälligkeit und Erstarrung der Hochschulen beigetragen hat[634]. Der These, es sei „unumgänglich, die Entscheidungsfähigkeit der Universität nach außen wie nach innen zu stärken, kurze Entscheidungswege zu ermöglichen und Verantwortlichkei-

---

[629] *v. Trotha*, in: Kämmerer/Rawert, Hochschulstandort Deutschland, S. 3 (9).

[630] *Fangmann*, DUZ 24/1994, S. 24 (24); ähnlich Wissenschaftsrat, Thesen, S. 45.

[631] Grundlegend *Hendler*, in: Isensee/Kirchhof, HdbStR, Bd. IV, § 106 Rn. 15 ff. (16); *ders.*, Selbstverwaltung als Ordnungsprinzip, S. 284 ff. (309 ff.).

[632] Zur Einordnung der universitären Selbstverwaltung als funktionale Selbstverwaltung vgl. *Kluth*, Funktionale Selbstverwaltung, S. 31 ff.; *Burgi*, in: Erichsen/Ehlers, Allgemeines Verwaltungsrecht, § 52 Rn. 21. Zum Begriff „funktionale Selbstverwaltung" und seiner Abgrenzung: BVerfGE 107, 59 (89 ff.); *Emde*, Die demokratische Legitimation, S. 5 ff.; *Groß*, DVBl. 2002, S. 1182 (1183); *Kluth*, ebd., S. 12 ff.

[633] Vgl. etwa *Löwer*, in: Ruffert, Recht und Organisation, S. 25 (42 f.) unter Hinweis auf die Entscheidung der 2. Kammer des Ersten Senats des BVerfG zum Schl.-Hol. HG 1999, DVBl. 2001, S. 1137 (1139, 1. Sp.); *ders.*, in: ders./Tettinger, Kommentar, Art. 16 Rn. 34 ff.; *Sterzel*, in: ders./Perels, Freiheit, S. 36 (39 ff.); 45 (82 ff., insbes. 84); 85 (100); 101 (152 ff.); 155 (234); a.A. *Görisch*, DÖV 2003, S. 583 (585 f., 588) unter Hinweis auf BVerfGE 93, 85 (96); i. Erg. unklar und zu kurz greifend *Hahnelt*, Novellierung, S. 75, 81, 86, der zwar feststellt, die Hochschulautonomie sei „eher geschwächt", hieraus aber keine rechtlichen Folgerungen zieht. Zum Kollegialprinzip als Kennzeichen der tradierten Organisationsstruktur der Universitäten bei der Erledigung der wissenschaftsrelevanten Angelegenheiten siehe *Geis*, in: ders./Hailbronner, Kommentar zum HRG, § 58 Rn. 35; *Groß*, Kollegialprinzip, S. 70 f.; *Löwer*, in: ders./Tettinger, Kommentar, Art. 16 Rn. 31; zu den traditionellen Befugnissen des kollegialen Hauptorgans einer Selbstverwaltungskörperschaft vgl. *Groß*, ebd., S. 106 ff.; *Kluth*, Funktionale Selbstverwaltung, S. 48 f.

[634] Vgl. *Glotz*, Im Kern verrottet?, S. 35 f., 50 ff.; *Mittelstraß*, in: FAZ Nr. 10 v. 13.1.2004, S. 8 3. Sp.; *G. Turner*, Hochschule, S. 233; vgl. auch bereits *Jaspers*, in: ders./Rossmann, Die Idee der Universität, S. 116 f.; a.A. *Löwer*, in: ders./Tettinger, Kommentar, Art. 16 Rn. 38.

ten wieder enger mit der Amtsführung einzelner zu verbinden“[635], ist daher zuzustimmen. Unter diesem Aspekt erscheint es nicht a limine abwegig, anstatt Anleihen bei der Entscheidungsstruktur der Kommunalverfassung oder dem hierarchischen Bürokratiemodell zu machen und ein effektives Management durch weitgehende Mitbestimmungsrechte der Personalvertretung sowie ein Dickicht von Gremien und Regelungen zu ersticken, eine vorsichtige und den Eigengesetzlichkeiten des Hochschulwesens angepasste Orientierung am Vorstands- bzw. Aufsichtsratsmodell des privaten Wirtschaftsrechts zu suchen[636]. Dabei ist aber neben der Anlegung höchster personalpolitischer Maßstäbe bei der Auswahl des Führungspersonals, dessen Qualifikation in einem adäquaten Verhältnis zu der neu gewonnenen Verantwortung stehen muss, aus verfassungsrechtlicher Sicht vor allem darauf zu achten, dass das notwendige Partizipationsniveau[637] kompensatorisch durch die Einräumung eines Abwahlrechts sowie verstärkter Kontrollrechte der Kollegialorgane gegenüber der Fachbereichs- und Universitätsleitung sicher gestellt wird. „Zu fordern ist, dass das Gremium mit – eventuell qualifizierter – Mehrheit bestimmte – gesetzlich festzulegende – Beschlüsse des Leitungsorgans von besonderer Bedeutung von seiner Zustimmung abhängig machen bzw. mit einem Veto stoppen oder nachträglich aufheben kann.“[638] In diesem Punkt ist die Realität der Landeshochschulgesetzgebung freilich vielfach defizitär. Das alleinige Kontrollmittel der Abwahl der Universitätsspitze, zudem teilweise durch das Erfordernis eines konstruktiven Misstrauensvotums erschwert, genügt nicht, um den Verlust an kollegialer Einscheidungskompetenz auszugleichen[639]. Insgesamt scheint daher noch längst nicht geklärt, ob die gewählten Gremien in dem Maße entmachtet und die Mitwirkung in ihnen in dem Maße substanziell entwertet werden darf, wie dies bereits jetzt geschehen ist. Es liegt nicht fern, hierin einen Verstoß gegen die akademische Selbstverwaltung, verstanden als Betroffenenpartizipation, zu sehen[640].

Bestandteil des Bestrebens, die Hochschulleitung als Führungs- und Managementebene zu stärken und zu professionalisieren, ist auch die Installierung von Hochschulräten oder Kuratorien[641]. Was den Befürwortern dieser

---

[635] *Mittelstraß*, in: FAZ Nr. 10 v. 13.1.2004, S. 8 3. Sp.

[636] Vgl. *G. Turner*, Hochschulpolitik, S. 52, 79 f.; *ders.*, Hochschule, S. 222 f. *Löwer*, in: Ruffert, Recht und Organisation, S. 25 (43), spricht insofern krit. von einem „caesaristische(n) System“; skept. auch *Fehling*, Die Verwaltung 35 (2002), S. 399 (418 f.), für den die Erfahrungen mit dem Aufsichtsratsmodell schon in der Wirtschaft „wenig ermutigend“ sind.

[637] Grundlegend zur Pflicht zur Gewährleistung eines hinreichenden Partizipationsniveaus *Fehling*, Die Verwaltung 35 (2002), S. 399 (404, 417).

[638] *Fehling*, Die Verwaltung 35 (2002), S. 399 (418 f., Zitat: 419); vgl. auch *J. Perels*, KJ 2001, S. 145 (151).

[639] Zutreffend *Löwer*, in: ders./Tettinger, Kommentar, Art. 16 Rn. 36.

[640] Vgl. auch – letztlich offenlassend – *Groß*, WissR 35 (2002), S. 307 (324 f.).

[641] Ein solches zusätzliches Leitungsorgan ist im Hochschulrecht aller Bundesländer

hochschulrechtlichen Public-Private-Partnership als Beitrag zur Verbesserung der strategischen Planungskompetenz, der Profilbildung und Autonomie der Hochschulen sowie zur Inkorporation von externem Sachverstand erscheint[642], ist für die Kritiker eine Diktatur der Funktionäre und eine Abdankung des Gemeinwesens zugunsten regionaler wirtschaftlicher Interessen, welche den Universitäten von oben als Fremdkörper übergestülpt würden[643,644]. Die Hochschulräte/Kuratorien der neunziger Jahre, die an historische Vorläufer in Deutschland und Vorbilder im Ausland anknüpfen konnten[645], bestehen regelmäßig ganz oder teilweise aus externen, das heißt nicht der Hochschule angehörenden Persönlichkeiten aus Wirtschaft, Wissenschaft und Gesellschaft. Sie sollen zur Öffnung der Universität gegenüber der Gesellschaft und zur erhöhten Innovationsfähigkeit durch Verminderung des Besitzstandsdenkens und durch Zurückdrängung von Partikularinteressen beitragen.

Die Hochschulräte haben überwiegend eine rein konsultative und unterstützende Funktion. Repräsentativ für das Beratungsmodell ist etwa die Rechtslage in Hessen[646]. Hier verfügt der Hochschulrat über keine Entscheidungskompetenzen, auch nicht in Form von echten Vetorechten, bei

---

mit Ausnahme von Bremen vorgesehen; das schleswig-holsteinische Hochschulgesetz (§ 19a) spricht vom „Hochschulbeirat". Rheinland-Pfalz kennt ein Hochschulkuratorium (§ 73 Rh.-Pf. HG) und einen Hochschulrat (§§ 74 f. Rh.-Pf. HG). Zu den sehr unterschiedlichen landesrechtlichen Erscheinungsformen und Kompetenzausstattungen siehe die – allerdings nicht mehr ganz aktuellen – Überblicke bei *Groß*, DÖV 1999, S. 895 (896 ff.), *Kersten*, DVBl. 1999, S. 1704 (1705 ff.) und *Schlegel*, in: FS für K. Ipsen, S. 507 (509 ff., 517 f.).

[642] Vgl. etwa *Groß*, DÖV 1999, S. 895 (895, eher offenes Fazit dann aber auf S. 902); *Karpen*, FuL 1998, S. 24 (25); *Müller-Böling*, in: Deutscher Hochschulverband, Streitfall Hochschulrat, S. 53 ff.; *Schlegel*, in: FS für K. Ipsen, S. 507 (520 ff.).

[643] Einseitige generelle Skepsis gegenüber der Einführung von Hochschulräten etwa bei *Buß*, FuL 2000, S. 190 (191); *Fittschen*, WissR 30 (1997), S. 325 ff.; *Bull/Mehde*, JZ 2000, S. 650 (654); krit. auch bezogen auf die bayerischen Hochschulräte *Detmer*, NVwZ 1999, S. 828 (833); *Kempen*, BayVBl. 1999, S. 454 (458 f.); bezogen auf die Rechtslage in Baden-Württemberg *Hufeld*, FuL 2001, S. 420 (421).

[644] Berichtend zum Prozess der Einführung von Hochschulräten ab Mitte der neunziger Jahre und zu den begleitenden, kontroversen Diskussionen *G. Turner*, Hochschule, S. 224 ff. Die Kontroversen spalteten dabei z.T. auch die Beteiligten innerhalb eines Bundeslandes. So war etwa in Baden-Württemberg die Politik von Anfang an dezidierter Befürworter und Vorreiter eines ausgeprägten Management- und Aufsichtsratsmodells, während die baden-württembergischen Kanzler, Rektoren und Professoren dieses mehrheitlich als verfassungswidrige Einmischung in akademische Angelegenheiten ablehnten. Die „Meinungskampflinien" verliefen dabei auch zwischen den einzelnen Hochschulen: Während die Universitäten Mannheim und vor allem Konstanz mit der Einführung von Hochschulräten voran gingen, protestierte die Universität Heidelberg gegen diesen Umbau der Leitungsstrukturen; vgl. *G. Turner*, ebd., S. 225 f.; *Herberger*, in: Haug, Hochschulrecht, Rn. 173.

[645] Siehe dazu *Groß*, DÖV 1999, S. 895 (895 f.) m.w.Nachw.

[646] Vgl. daneben etwa § 24 Abs. 1 Ndrh.-Westf. HG, § 85 Abs. 2 Sachs.-Anh. HG, § 19a Abs. 2 Schl.-Hol. HG, § 86 Abs. 3 M-V HG, § 82 Abs. 1 ThürHG.

denen die Bestätigung durch den Hochschulrat konstitutiv wirkt[647]. Er hat allenfalls suspensive Vetorechte, im Übrigen aber vor allem die Aufgabe, die Hochschule bei ihrer Entwicklung zu beraten, die in der Berufswelt an die Hochschule bestehenden Erwartungen zu artikulieren und die Nutzung wissenschaftlicher Erkenntnisse und künstlerischer Leistungen zu fördern[648]. Zu diesem Zweck gibt er Empfehlungen zur Hochschulentwicklungsplanung, Studiengangsplanung und Schwerpunktbildung, zu den Evaluierungsverfahren, zu den Zielvereinbarungen, für eine aufgabengerechte und effiziente Administration und Mittelverwendung sowie für den Wissens- und Technologietransfer. Der Hochschulrat nimmt Stellung zum Rechenschaftsbericht des Präsidiums und zu den Lehr- und Forschungsberichten, zum Budgetplan, zur Einrichtung und Aufhebung von Studiengängen und zur Gliederung der Hochschule in Fachbereiche. Empfehlungen und Stellungnahmen werden in den zuständigen Gremien beraten. Der Präsident berichtet dem Hochschulrat über die getroffenen Maßnahmen und gibt ihm unter Darlegung der Gründe Gelegenheit zur Stellungnahme, wenn die Hochschule einer Empfehlung des Hochschulrats nicht entsprechen will[649]. Daneben kann der Hochschulrat der Wahlversammlung einen Wahlvorschlag für die Wahl des Präsidenten unterbreiten[650]. Dem Hessischen Hochschulrat gehören vier Persönlichkeiten aus dem Bereich der Wirtschaft und beruflichen Praxis und drei Persönlichkeiten aus dem Bereich der Wissenschaft oder Kunst an[651]. Seine Mitglieder sind ehrenamtlich tätig und werden im Benehmen mit dem Senat auf Vorschlag des Präsidiums vom Ministerium für zwei bis vier Jahre bestellt. Mitglieder und Angehörige der Hochschule dürfen nicht vorgeschlagen werden[652]. Zur Fremdbestimmung des Wissenschaftsbetriebs ist ein auf Beratung und suspensives Veto[653] beschränkter Hochschulrat nicht in der Lage. Beratung

---

[647] § 48 HessHG; dazu *Hahnelt*, Novellierung, S. 75 ff. Ebenso für die nordrhein-westfälischen Kuratorien: § 24 Ndrh.-Westf. HG. In der Begründung des Regierungsentwurfs Ndrh.-Westf. HG (2000), zit. nach Ministerium für Schule, Wissenschaft und Forschung des Landes Ndrh.-Westf., Ndrh.-Westf. HG, S. 149 f., heißt es hierzu, „die Autonomie der Hochschule soll durch solche zwischen Hochschule und Staat angesiedelten neuen Aufsichtsbefugnisse nicht geschwächt werden. Dadurch werden auch verfassungsrechtliche Risiken jenes Modells vermieden, das durch eine Art Zwitternatur als staatlicher Behörde und als Selbstverwaltungsorgan gekennzeichnet ist. Gegen Entscheidungsbefugnisse des Gremiums spricht auch die Gefahr, dass dadurch die Entscheidungsprozesse verkompliziert und verlängert werden, wohingegen es ein wichtiges Ziel der Funktionalreform ist, zur größeren Handlungsfähigkeit der Hochschulen die Zahl der Gremien zu verringern und die Strukturen der Mitwirkung zu vereinfachen." Vgl. auch § 52 Abs. 1 NdsHG.

[648] § 48 Abs. 1 HessHG.

[649] § 48 Abs. 2 Hess HG.

[650] § 48 Abs. 3 HessHG.

[651] § 48 Abs. 4 HessHG.

[652] § 48 Abs. 5 HessHG.

[653] Vgl. z.B. § 52 Abs. 1 S. 2–4 NdsHG, § 74 Abs. 4 Rh.-Pf. HG, § 97 Abs. 4 S. 3–6 SächsHG.

und Unterstützung (einschließlich suspensiver Vetorechte) stellen kein amtliches Handeln mit dem Charakter einer rechtlich bindenden (Mit-) Entscheidung und damit keine „Ausübung von Staatsgewalt" im Sinne von Art. 20 Abs. 2, 28 Abs. 1 S. 1 GG[654] dar. Auf die Gemeinwohlrelevanz der Tätigkeit des Trägers hoheitlicher Gewalt kommt es dabei nicht an[655]. Daher stellt sich die Frage der ausreichenden demokratischen Legitimation nicht und ergibt sich kein Problem unter dem Gesichtspunkt der den Universitäten verfassungsrechtlich zustehenden akademischen Selbstverwaltung hinsichtlich der wissenschaftsrelevanten Angelegenheiten (Hochschulautonomie)[656]. Auch die an bayerischen Hochschulen existierenden Hochschulräte sind im Schwerpunkt vom Beratungsmodell geleitet, weisen aber auch Elemente eines Verwaltungsratsmodells auf[657]. Der bayerische Hochschulrat ist primär ein Hochschulorgan bestehend aus drei Persönlichkeiten aus dem Bereich der Wirtschaft und beruflichen Praxis und zwei nicht der Hochschule angehörenden Wissenschaftlern oder Künstlern[658]. Der oder die Vorsitzende des universitären Leitungsgremiums nimmt mit Sitz und Stimme an den Sitzungen teil[659]. Die Mitglieder des Hochschulrates werden auf Vorschlag der Leitung der Hochschule durch den zuständigen Staatsminister bestellt[660]. Die Aufgaben und Befugnisse des Hochschulrates sind in Art. 26 Abs. 1 S. 1 und 2 BayHSchG umrissen. In Einzelbereichen besitzt der Hochschulrat ein echtes inneruniversitäres Mitentscheidungsrecht[661]. Die stärkste Stellung haben die Hochschulräte in Baden-Württemberg, Berlin und Hamburg. In Baden-Württemberg wirkt der Hochschulrat bei der Bestellung der Rektoratsmitglieder mit, stimmt dem Haushaltsvoranschlag zu und stellt die Wirtschaftspläne sowie den Jahresabschluss fest, beschließt über Struktur- und Entwicklungspläne, stimmt der Bildung, Veränderung und Aufhebung von Universitätseinrichtungen zu und beschließt über die Funktionsbeschreibung von Professorenstellen[662]. Die Aufgaben der Kuratorien an den Berliner Universitäten erstrecken sich unter anderem auf die Billigung des Entwurfs und die Feststel-

---

[654] Zum Kriterium der „Staatsgewalt" im Sinne von Art. 20 Abs. 2 GG s. BVerfGE 47, 253 (272 f.); 77, 1 (40); 83, 60 (73); 93, 37 (68); 107, 59 (87); *Britz*, VerwArch. 91 (2000), S. 418 (428 ff.).

[655] BVerfGE 107, 59 (87 ff.); *Britz*, VerwArch. 91 (2000), S. 418 (425 ff.).

[656] *Hahnelt*, Novellierung, S. 79; *Sterzel*, in: ders./Perels, Freiheit, S. 154 (191), 155 (232, 234 f.). Zu Begriff und Grundlagen der Hochschulautonomie s. *Hahnelt*, ebd., S. 23 ff. (43 ff.); *Oppermann*, in: Isensee/Kirchhof, HdbStR, Bd. VI, § 145 Rn. 52.

[657] *Groß*, DÖV 1999, S. 895 (898 f.).

[658] Art. 26 Abs. 2 S. 1 BayHSchG.

[659] Art. 26 Abs. 2 S. 2 BayHSchG.

[660] Art. 26 Abs. 2 S. 3 BayHSchG.

[661] Vgl. Art. 26 Abs. 1 S. 1 Nrn. 1–4, Art. 28 Abs. 1 S. 1 Nrn. 5, 6 und 11 BayHSchG.

[662] § 18 Abs. 1 S. 3 Bad.-Württ. UG; Näheres dazu bei *Dittmann*, in: Freundesgabe Turner, S. 106 ff.; *Herberger*, in: Haug, Hochschulrecht, Rn. 198 ff., 352 ff.; *Hufeld*, DÖV 2002, S. 309 (315); *Schlegel*, in: FS für K. Ipsen, S. 507 (509 f., 517).

lung des Haushaltsplans, Richtlinien für die Haushalts- und Wirtschaftsführung, den Erlass von Gebührensatzungen sowie die Errichtung, Veränderung und Aufhebung von Fachbereichen und anderen Organisationseinheiten auf Vorschlag des Akademischen Senats[663]. In Hamburg hat der Hochschulrat unter anderem die Aufgaben, den Präsidenten und den Kanzler zu wählen bzw. abzuwählen, die Grundordnung und die Satzung über Qualitätsbewertungsverfahren zu genehmigen, über die Struktur- und Entwicklungspläne sowie die Grundsätze für die Ausstattung und die Mittelverteilung zu beschließen sowie die Wirtschaftspläne und Gebührensatzungen zu genehmigen[664]. In Niedersachsen war anfänglich sogar vorgesehen, dem Hochschulrat vormals staatliche Angelegenheiten zur abschließenden Entscheidung zu übertragen, ohne dies durch eine Rechtsaufsicht aufzufangen. Konkret sollten dem Hochschulrat bestimmte Genehmigungsvorbehalte vom Staat übertragen werden. Ihm sollte es ferner obliegen, die Mitglieder der Hochschulleitung zu wählen und zu bestellen und sie in ihrer Tätigkeit zu überwachen. Der Hochschulrat sollte vom Minister auf Vorschlag der Hochschule berufen werden. Mitglieder der Hochschule sollten ihm nicht angehören[665]. Diese „Verwischung von Verantwortungsbereichen“[666] stieß indes auf – berechtigte – Kritik[667] und wurde schließlich auf Grund von verfassungsrechtlichen Bedenken[668] nicht realisiert[669].

Der Konzeption des neuen Steuerungsmodells und der Grundvorstellung vom Hochschulrat als einem „Aufsichtsrat“ der Universität würde es an sich entsprechen, wenn der Staat sich aus der Aufsicht weitgehend zurückzöge und den externen Beratungs- und Mitentscheidungsgremien auch Kontroll- und Überwachungsbefugnisse übertrüge, wie dies in den außeruniversitären Forschungseinrichtungen schon lange üblich ist[670]. Gleichwohl ist dies bislang nur sehr zurückhaltend geschehen. Zu erwäh-

---

663 § 65 Abs. 1 und 2 BerlHG; dazu *Schlegel*, in: FS für K. Ipsen, S. 507 (517 f.).

664 § 84 Abs. 1 HmbHG.

665 Vgl. die Zehn Empfehlungen zur Einführung von Hochschulräten, vorgelegt vom Wissenschaftlichen Beirat zur Begleitung des Modellvorhabens für eine Erprobung der globalen Steuerung von Hochschulhaushalten im Land Niedersachsen, zit. nach: Deutscher Hochschulverband, Streitfall Hochschulrat, 1998, S. 5 ff.

666 *Herberger*, in: Haug, Hochschulrecht, Rn. 197 f. (198).

667 Vgl. *Geis*, in: FS für Brohm, S. 297 (302 ff.); *Fittschen*, WissR 30 (1997), S. 325 ff.

668 *Hödl/Zegelin*, Hochschulreform und Hochschulmanagement, S. 264 ff. (266); *Kempen*, BayVBl. 1999, S. 454 (457); *Kersten*, DVBl. 1999, S. 1704 (1708 f.); *Krüger*, in: Deutscher Hochschulverband, Streitfall Hochschulrat, S. 69 (72 ff.); a.A. *Groß*, DÖV 1999, S. 895 (899); ausführlich zur Gesamtproblematik *ders.*, Kollegialprinzip, S. 163 ff., 233 ff., 250 ff.

669 Zum Hochschulrat nach geltendem Recht in Niedersachsen siehe *Sterzel*, in: ders./Perels, Freiheit, S. 154 (189 ff.).

670 Vgl. § 111 AktG. Dezidiert für eine Übertragung von Aufsichtskompetenzen auf den Hochschulrat *Karpen*, FuL 1998, S. 24 (25), der sich hiervon eine Stärkung der Hochschulleitung erwartet; vgl. auch *Brinckmann*, Die neue Freiheit, S. 98 ff.; *Groß*, WissR 35 (2002), S. 307 (316).

nen sind in diesem Zusammenhang etwa das Recht von Hochschulräten, das Erscheinen von Mitgliedern des Präsidiums zu seinen Sitzungen zu verlangen[671], die zur Wahrnehmung ihrer Aufgaben nötigen Informationen von Hochschulorganen einzuholen[672], die Erstattung von Berichten zu verlangen[673], an Gremiensitzung teilzunehmen[674] oder universitäre Stellen aufzufordern, bestimmte Angelegenheiten zu überprüfen[675]. Am weitesten geht auch hier Baden-Württemberg. Der Hochschulrat an den dortigen Universitäten beaufsichtigt die Geschäftsführung des Rektorats. Er kann vom Rektor jederzeit Berichterstattung verlangen und hat Zugang zu allen Unterlagen, wobei er die Wahrnehmung dieser Rechte einzelnen Mitgliedern oder Sachverständigen übertragen kann. Ergeben sich Beanstandungen, wirkt der Hochschulrat auf eine hochschulinterne Klärung hin. Bei schwerwiegenden Beanstandungen unterrichtet er das Wissenschaftsministerium[676].

Was die verfassungsrechtliche Zulässigkeit der Hochschulräte in ihren vorliegenden Ausgestaltungen angeht, so soll hier nicht auf Details eingegangen werden. Abstrakt-generell gesprochen gilt: Hochschulräte, denen auch externe Mitglieder aus den Bereichen der Wirtschaft, der beruflichen Praxis, der Wissenschaft oder Kunst angehören, sind nicht bereits aus verfassungsrechtlichen Gründen von vornherein auf eine reine Beratungsfunktion limitiert[677]. Sie können auch bindende Entscheidungen treffen, hierfür sind aber unter den – sachlich zu trennenden – Aspekten der demokratischen Legitimation (Art. 20 Abs. 2, Art. 28 Abs. 1 S. 1 GG)[678] und der Hochschulautonomie (Art. 5 Abs. 3 S. 1 GG bzw. entsprechendes Landesverfassungsrecht) bestimmte Voraussetzungen zu beachten.

---

671 § 84 Abs. 2 S. 3 1. Hs. HmbHG, § 21 Abs. 2 S. 4 SaarlUG.

672 § 63 Abs. 3 BbgHG, § 84 Abs. 2 S. 3 2. Hs. HmbHG, § 86 Abs. 4 M-V HG. Zum Teil besteht kein Informationsrecht des Hochschulrats/Kuratoriums, sondern eine Unterrichtungspflicht des Rektorats/Präsidiums diesem gegenüber; vgl. z.B. § 97 Abs. 2 S. 1 SächsHG.

673 § 65 Abs. 4 1. Hs. BerlHG, vgl. auch § 97 Abs. 2 S. 4 SächsHG.

674 § 86 Abs. 6 M-V HG, § 97 Abs. 2 S. 2 SächsHG.

675 § 65 Abs. 4 2. Hs. BerlHG.

676 § 18 Abs. 2 Bad.-Württ. UG.

677 Zu restriktiv daher *Classen*, in: LA Oppermann, S. 857 (865); *Fehling*, Die Verwaltung 35 (2002), S. 399 (420); für gänzlich externe Hochschulräte ebenso *Bull/Mehde*, JZ 2000, S. 650 (654). Wie hier dagegen *Bullinger*, JZ 1998, S. 109 (113 f.); *Groß*, DÖV 1999, S. 895 (901); *Herberger*, in: Haug, Hochschulrecht, Rn. 195, 198; *Starck*, in: v. Mangoldt/Klein/ders., Das Bonner GG, Art. 5 Abs. 3 Rn. 358.

678 Demokratischer Legitimation bedarf gem. Art. 20 Abs. 2 S. 1 GG jedes „Staatshandeln". Darunter wird jedes amtliche Handeln mit Entscheidungscharakter subsumiert, unabhängig davon, ob dieses Außenwirkung oder bloße Innenwirkung entfaltet. Auch die Wahrnehmung von Mitentscheidungsbefugnissen einschließlich der Ausübung von Vorschlagsrechten fällt hierunter; vgl. BVerfGE 47, 253 (272 f.); 83, 60 (73); 93, 37 (68); 107, 59 (87).

Hochschulräte, deren Mitglieder mehrheitlich aus der Hochschule kommen und durch die Hochschule bestimmt werden, können sich in akademischen Angelegenheiten und im Bereich des Zusammenwirkens auf die grundrechtlich aus Art. 5 Abs. 3 GG abgeleitete autonome Legitimation[679] berufen, sofern die die Entscheidung tragende Mehrheit aus einer Mehrheit unbeschränkt autonom legitimierter Mitglieder besteht (Prinzip der doppelten Mehrheit)[680]. Voraussetzung hierfür ist die Wahl durch das Basisorgan, den (erweiterten) Senat unter Beachtung des Gruppenprinzips[681]. Werden die Mitglieder des Hochschulrates, wie regelmäßig, nicht in ihr Ehrenamt gewählt, sondern durch den zuständigen Minister, aber ohne eigenes Auswahlermessen[682], sondern auf bindenden Vorschlag des Senats oder des Rektors/Präsidenten ernannt, so verfügen sie gleichfalls über eine autonome Legitimation[683]. Dagegen ist die Ausübung von hoheitlicher Gewalt durch die Hochschulräte in diesem Fall nicht im Wege eines Ernennungsaktes und der parlamentarischen Verantwortlichkeit des Ministers personell legitimiert, da die Ernennung ein rein formaler Akt ist, in dem keine Ausprägung kondominialen Verwaltungshandelns gesehen werden kann. Auch die Hochschulmitglieder oder das Hochschulbasisorgan vermögen keine personelle Legitimation zu vermitteln, die allein vom Volk auf Staats-, Kreis- oder Gemeindeebene bzw. von dessen gewählten Repräsentationen ausgeht. Erfolgt die Ernennung dagegen durch den Minister ohne Bindung an den Willen des Basisorgans, sondern nach eigenen ministeriellen Zweckmäßigkeitserwägungen, so verschafft dieser Akt den Entscheidungsbefugten eine personelle Legitimation infolge ununterbrochener Legitimationskette zwischen den Mitgliedern des Hochschulrates und dem Landesvolk. Fehlt den Mitgliedern des Hochschulrates die personelle Legitimation, so liegt hierin, wie aus dem Beschluss des Bundesverfassungsgerichts zu den nordrhein-westfälischen Wasserverbänden gefolgert werden kann, kein Manko oder Defizit. Die Verfassung geht nämlich durch Anerkennung des Prinzips (funktionaler) Selbstverwaltung davon aus, dass das die Ministerialverwaltung prägende Hierarchieprinzip nur ein Mittel der Herstellung von Legitimation darstellt, das Demokratiegebot des

---

[679] So jetzt dezidiert für die nordrhein-westfälischen Wasserverbände, aber darüber hinaus grundlegend für alle Träger funktionaler Selbstverwaltung und damit auch für die Hochschulen BVerfGE 107, 59 (91 ff.). Zum Meinungsstand im Schrifttum statt vieler *Britz*, VerwArch. 91 (2000), S. 418 (430 f.); *Löwer*, in: Ruffert, Recht und Organisation, S. 25 (33 f., 37) m.w.Nachw.

[680] In Anlehnung an das gleichlautende Prinzip im Rahmen der personellen Legitimation von Amtswaltern der Staats- oder Gemeindeverwaltung; dazu BVerfGE 93, 37 (67 f.); 107, 59 (88).

[681] *Classen*, in: LA Oppermann, S. 857 (864).

[682] Legitimierendes Element bei der Ernennung ist nämlich nicht der Ernennungsakt als solcher, sondern die damit verbundene Auswahl des Amtsträgers und die Einweisung in ein konkretes Amt; s. stellv. *Röhl*, Der Wissenschaftsrat, S. 143 m. Fn. 78.

[683] *Kempen*, BayVBl. 1999, S. 454 (459).

Art. 20 Abs. 2 GG aber offen ist für Formen der Organisation und Ausübung von Staatsgewalt, die vom Erfordernis lückenloser personeller demokratischer Legitimation aller Entscheidungsbefugten abweichen[684]. Das Demokratieprinzip erlaubt, für abgegrenzte Bereiche der Erledigung öffentlicher Aufgaben durch Gesetz besondere Organisationsformen der Selbstverwaltung zu schaffen, die autonom interessengerecht bzw. mitgliedschaftlich-partizipatorisch legitimiert sind[685]. Die funktionale Selbstverwaltung steht nicht im Gegensatz zur Demokratie, sie ergänzt und verstärkt diese vielmehr. Der Gesetzgeber darf ein wirksames Mitspracherecht der Betroffenen schaffen und dabei auch verwaltungsexternen Sachverstand aktivieren, einen sachgerechten Interessenausgleich erleichtern und so dazu beitragen, dass die von ihm beschlossenen Zwecke und Ziele effektiver erreicht werden[686]. Das hinreichende Legitimationsniveau[687] ist bei Entscheidungsbefugten von funktionalen Selbstverwaltungseinheiten indes nur gewährleistet, wenn bestimmte Elemente materiell-inhaltlicher Legitimation gegeben sind. Die autonome bzw. personelle Legitimation für sich genommen reicht nicht aus[688]. Konkret ist erforderlich, „dass die Aufgaben und Handlungsbefugnisse der Organe in einem von der Volksvertretung beschlossenen Gesetz ausreichend vorherbestimmt sind und ihre Wahrnehmung der Aufsicht personell demokratisch legitimierter Amtswalter unterliegt“[689]. Da die Tätigkeit der Hochschulräte regelmäßig nicht hinreichend präzise und detailliert gesetzlich determiniert und aufgrund der mit der Einschaltung dieser Organe vonseiten des Gesetzgebers verfolgten Intention der Einbringung von gesellschaftlichem, zumal wirtschaftlichem Sachverstand auch nicht genauer determinierbar ist, soll diese Intention nicht konterkariert werden, kann die materiell-inhaltliche Legitimation nur aus der ausdrücklichen und bestimmten hochschulgesetzlichen Regelung einer effektiven Staatsaufsicht[690] resultieren[691]. Die bloße Berichtspflicht gegen-

---

684 Das BVerfG folgte damit der in der Literatur mittlerweile herrschenden Kritik am sog. monistischen demokratischen Legitimationsmodell, das vom Paradigma der hierarchischen Ministerialverwaltung und des im Weisungswege vollzogenen Parlamentsgesetzes ausgeht; instruktive Zusammenfassung der Kritik bei *Röhl*, Der Wissenschaftsrat, S. 136 ff. m.w.Nachw.; vgl. ferner bereits *Britz*, VerwArch. 91 (2000), S. 418 (422 f., 430 ff.).

685 BVerfGE 107, 59 (59 Ls. 1); vgl. auch schon *H. Dreier*, Hierarchische Verwaltung, S. 276 f.

686 BVerfGE 107, 59 (59 Ls. 2).

687 BVerfGE 83, 60 (72); 93, 37 (66 f.); 107, 59 (87).

688 So auch für die unmittelbare Staatsverwaltung und Gemeindeverwaltung BVerfGE 107, 59 (87 f.). Für die funktionale Selbstverwaltung kann nichts anderes gelten; dies ergibt sich konkludent aus den Ausführungen ebd., S. 92 ff.

689 BVerfGE 107, 59 (59 Ls. 3; 94).

690 Zu diesem Erfordernis BVerfGE 107, 59 (97 ff.).

691 So etwa in Berlin gem. § 89 Abs. 1, 2 BerlHG (Rechts- und Fachaufsicht); zu Baden-Württemberg s. *Herberger*, in: Haug, Hochschulrecht, Rn. 199; zu Bayern *Kempen*, BayVBl. 1999, S. 454 (457). Allgemein zum Erfordernis der Aufsicht und seiner verfas-

über dem zuständigen Mitglied der Landesregierung[692] genügt hierfür nicht. Vielmehr müssen gerade wegen der schwachen gesetzlichen Determination der Hochschulratstätigkeit Abberufungsmöglichkeiten und besondere Verantwortlichkeiten vorgesehen sein[693]. Dagegen ist eine Fachaufsicht, die sich mit dem mit der Verselbstständigung verknüpften Zweck der Nutzbarmachung von gesellschaftlicher Expertise nicht vertrüge, nicht zwingend[694].

Abgesehen von den geschilderten Anforderungen in Sachen demokratischer Legitimation darf die Ausgestaltung des Rechts der Hochschulräte in den Landeshochschulgesetzen nicht den durch Art. 5 Abs. 3 S. 1 GG und das entsprechende Landesverfassungsrecht geschützten Bereich der akademischen Selbstverwaltung hinsichtlich der wissenschaftsrelevanten Angelegenheiten (Hochschulautonomie) verletzen. Mit der Hochschulautonomie ist es unvereinbar, dass auch nur teilweise ein Fremdorgan[695] bindend über Selbstverwaltungsangelegenheiten entscheidet[696]. Um ein Fremdorgan handelt es sich, wenn die Amtsbestellung des Entscheidungsträgers nicht auf einen Bestellungsakt der Universität rückführbar ist[697]. Der Bestellungsakt ist unproblematisch auf die Universität zurückzuführen, wenn mehr als die Hälfte der Hochschulratsmitglieder durch den Senat gewählt werden. Es genügt aber auch hier eine Ernennung durch das Ministerium auf binden-

---

sungsrechtlichen Verankerung *Kahl*, Die Staatsaufsicht, S. 472 ff.; *Burgi*, in: Erichsen/Ehlers, Allgemeines Verwaltungsrecht, § 51 Rn. 28, 30; § 52 Rn. 47 f.

[692] Vorgesehen etwa in § 63 Abs. 4 BbgHG, § 97 Abs. 3 S. 2 SächsHG.

[693] Zutreffend *Schlegel*, in: FS für K. Ipsen, S. 507 (520, 524, 528).

[694] Wie hier *Groß*, DÖV 1999, S. 895 (901); *ders.*, DVBl. 2002, S. 1182 (1192); *Kempen*, BayVBl. 1999, S. 454 (457); allgemein *Groß*, Kollegialprinzip, S. 50 f.; wohl auch *Fehling*, Die Verwaltung 35 (2002), S. 399 (420 in Fn. 121). Ausdrücklich ausgeschlossen ist eine Fachaufsicht in § 52 Abs. 2 S. 3 NdsHG. A.A. *J. Ipsen*, NdsVBl. 2001, S. 6 (9). In BVerfGE 107, 59 (97) wird zwar das Vorhandensein von „Ansätzen einer Fachaufsicht" unter dem Aspekt der demokratischen Legitimation positiv festgehalten, jedoch findet sich keine Aussage, wonach eine solche unverzichtbar ist.

[695] *Sterzel*, in: ders./Perels, Freiheit, S. 155 (232), spricht treffend von einem „An-Organ"; vgl. auch *ders.*, ebd., S. 190 ff.

[696] *Löwer*, in: ders./Tettinger, Kommentar, Art. 16 Rn. 33. Dies verkennen *Classen*, in: LA Oppermann, S. 857 (865) und *Görisch*, DÖV 2003, S. 583 (587). Die Grenze zur Fremdorganschaft wird bereits überschritten durch § 84 Abs. 3 S. 2 und 3 HmbHG, wonach die fünf bzw. neun Mitglieder des Hochschulrates jeweils zur Hälfte vom Senat und vom Hochschulsenat bestimmt werden und ein weiteres Mitglied von den so bestimmten Mitgliedern gewählt wird. Das fünfte (bzw. neunte) Mitglied, welches sub specie von Art. 5 Abs. 3 S. 1 GG das „Zünglein an der Waage" verkörpert, wird hier nicht unmittelbar vom Kollegialorgan (Hochschulsenat) bestimmt. Die Annahme, dass die vom Hochschulsenat bestimmten zwei (bzw. vier) Mitglieder bei ihrem Wahlverhalten die Interessen der Hochschule vertreten, dürfte zwar dem praktischen Regelfall entsprechen, ist aber nicht in jedem Fall hinreichend gesichert. Auch ist nicht gesichert, dass sich die Interessen der vom Hochschulsenat bestimmten Mitglieder in jedem Fall durchsetzen werden. Damit sind die Hochschulräte in Hamburg, welche über weitreichende Entscheidungsbefugnisse verfügen, verfassungswidrig.

[697] *Löwer*, in: ders./Tettinger, Verfassung, Art. 16 Rn. 33.

den Vorschlag des Senats. Das bloße Einvernehmen (Anhörung) des Senats reicht nicht[698]. Jede Form von staatlichem Letztentscheidungsrecht über die Bestimmung universitärer Organe kollidiert nämlich zwangsläufig mit dem zum Kernbereich des Art. 5 Abs. 3 GG zählenden Recht der Universitätsmitglieder, die eigenen Organe selbst zu wählen (Wahlprinzip)[699]. Abgesehen davon sind das Gruppen- und das Fächerprinzip in ihrer Ausprägung durch die Rechtsprechung des Bundesverfassungsgerichts[700] zu beachten. Zwar ist nicht notwendig, dass in den Hochschulräten eigene Mitglieder der jeweiligen Hochschulgruppen sitzen[701], die Gruppen müssen jedoch – vertreten durch das Kollegialorgan – selbst über die Mitglieder des Hochschulrates bestimmen. Der Gruppe der Professoren gebührt dabei verfassungsrechtlich zwingend der bestimmende Einfluss, welcher bei Entscheidungen, die unmittelbar die Lehre betreffen „maßgebend", bei Entscheidungen, die unmittelbar Fragen der Forschung zum Gegenstand haben, sogar „ausschlaggebend" sein muss. Die Kreation von Hochschulräten durch Ernennung des Ministers auf Vorschlag und/oder im Benehmen mit der Hochschulleitung ist daher ebenso verfassungswidrig wie eine alleinige Bestimmung der Hochschulratsmitglieder durch die Hochschulleitung[702].

Auf der instrumentellen Ebene vertraut die Hochschulreform vor allem auf Planung mittels Zielvereinbarung und Kontraktmanagement[703]. Die Hochschulplanung, verstanden als Struktur- und Entwicklungsplanung, ist in den einzelnen Ländern unterschiedlich geregelt[704]. Sie soll ein überregional abgestimmtes Angebot an Hochschuleinrichtungen sicherstellen[705]. Regelmäßig ist vorgesehen, dass jede Hochschule einen Entwicklungsplan aufstellt und diesen in angemessenen Zeitabständen fortschreibt[706]. Auf der

---

[698] Ausreichend z.B. § 97 Abs. 1 S. 5–7 SächsHG, § 82 Abs. 2 S. 2 ThürHG. Unzureichend dagegen die bloße Anhörung der Hochschulen, wie etwa in § 63 Abs. 5 S. 1 BbgHG vorgesehen. Die Befugnisse der brandenburgischen Hochschulräte, insbesondere das Mitwirkungsrecht bei der Entscheidung über die Entwicklungspläne gemäß § 63 Abs. 2 Nr. 2 BbgHG, sind daher verfassungskonform als lediglich beratende, das Letztentscheidungsrecht der Hochschulorgane unberührt lassende Mitwirkung auszulegen. Andernfalls wäre § 63 Abs. 5 S. 1 BbgHG verfassungswidrig. Verfassungswidrig wären auch § 75 Abs. 1 S. 1–3 Rh.-Pf. HG oder Art. 26 Abs. 2 S. 3 BayHSchG, hätten die rheinland-pfälzischen oder bayerischen Hochschulräte ein echtes Mitentscheidungsrecht.

[699] Zum Wahlprinzip s. *Geis*, in: Hailbronner/ders., Kommentar zum HRG, § 58 Rn. 35 m.w.Nachw.

[700] Vgl. insbes. BVerfGE 35, 79 (130 ff.).

[701] A.A. *Groß*, DÖV 1999, S. 895 (900); dem folgend *Fehling*, Die Verwaltung 35 (2002), S. 399 (420).

[702] Ähnlich auch *Hufeld*, DÖV 2002, S. 309 (315); *Kempen*, BayVBl. 1999, S. 454 (458 f.).

[703] Vgl. *Groß*, WissR 35 (2002), S. 307 (317).

[704] Vgl. *v. Trotha*, in: Kämmerer/Rawert, Hochschulstandort Deutschland, S. 3 (11); zur Rechtslage in Hessen vgl. näher *Hahnelt*, Novellierung, S. 88 ff. Krit. zur Realität der Hochschulplanung *Karpen*, in: Kämmerer/Rawert, ebd., S. 19 (25 f.).

[705] Art. 16 Abs. 1 BayHSchG; ähnlich § 88 Abs. 1 S. 2 HessHG.

[706] Vgl. zu dieser Pflicht der Hochschule sowie zum Inhalt des Entwicklungsplans nä-

Grundlage der Hochschulentwicklungspläne erarbeitet das Wissenschaftsministerium in Abstimmung mit den Hochschulen die Eckwerte der Hochschulentwicklung des Landes, welche durch die Landesregierung beschlossen und dem Landtag zur Zustimmung vorgelegt werden[707]. Sodann schließt das Wissenschaftsministerium in allen Bundesländern mit Ausnahme von Bayern und Rheinland-Pfalz zur Verwirklichung der Hochschulentwicklungsplanung mit den Hochschulen in staatlichen Angelegenheiten verbindliche Zielvereinbarungen ab[708]. Nebenbei sei bemerkt, dass Zielvereinbarungen auch innerhalb der Hochschule zwischen der zentralen Ebene und den Gliederungen möglich sind[709]. Die Zielvereinbarungen zwischen Hochschule und Staat haben den Sinn, staatliche Leistungen, etwa in der Form einer weiteren Delegation von Befugnissen, finanzieller Planungssicherheit oder auch der Gewährung besonderer staatlicher Förderungsmittel, an Gegenleistungen der Hochschule bei der Entwicklung von Forschung, Lehre und Studium, bei Kooperationen oder auch bei der Ausgestaltung ihrer Hochschulverfassung zu knüpfen, zu deren Erbringung bis zu einem bestimmten Zeitpunkt sich die Hochschule verpflichtet. Damit soll das Reformpotential der Hochschulen in Anerkennung ihrer eigenen Verantwortung für ihre Leistungen besser erschlossen werden[710]. In die Sprache der Gesetze übersetzt versteht man unter Zielvereinbarungen Abmachungen über die Entwicklungs- und Leistungsziele der Hochschule, die unter Berücksichtigung der Eckwerte der Hochschulentwicklungsplanung und mit Zustimmung des Landtags abgeschlossen werden[711]. Die Zielvereinbarungen sind regelmäßig in jährlichem Abstand fortzuschreiben. Nach dem hessischen Hochschulgesetz sollen in einer Zielvereinbarung insbesondere die mehrjährige Entwicklung und Profilbildung der Hochschulen

---

her etwa Art. 4 Abs. 2 BayHSchG, § 15 Abs. 1 M-V HG, § 6 SaarlUG, § 5 Abs. 3 S. 1 Sachs.-Anh. HG; eher nichtssagend dagegen § 42 Abs. 1 S. 2 HessHG.

[707] Vgl. dazu sowie zu deren Inhalt stellv. § 15 Abs. 2 M-V HG.

[708] Vgl. z.B. § 2 Abs. 6 BbgHG, § 2 Abs. 3 HmbHG, § 88 Abs. 2 S. 1 HessHG, § 7 SaarlUG, § 5 Abs. 1 S. 3 Sachs.-Anh. HG; § 15a Schl.-Hol. HG; aus dem Schrifttum: *Pünder*, DÖV 1998, S. 63 (67 f.); *Trute*, WissR 33 (2000), S. 134 (155 f.); *Uerpmann*, JZ 1999, S. 644 ff.; *Wallerath*, DÖV 1997, S. 57 (60 f.); allgemein *Hill*, NVwZ 2002, S. 1059 ff. Auch hinsichtlich der Zielvereinbarungen zeigen sich inhaltlich zum Teil erhebliche Abweichungen von Bundesland zu Bundesland.

[709] *Kluth*, in: Kämmerer/Rawert, Hochschulstandort Deutschland, S. 35 (47).

[710] Regierungsentwurf für das Ndrh.-Westf. HG v. 14.3.2000, LT-Drucks. Ndrh.-Westf. 12/4243 v. 23.8.1999, zit. nach Ministerium für Schule, Wissenschaft und Forschung des Landes Ndrh.-Westf., Ndrh.-Westf. HG, S. 94; vgl. auch ebd., S. 122 f.; krit. *Hoffacker*, WissR 36 (2003), S. 92 (100 ff.); *ders.*, DÖV 2001, S. 681 ff.; *Kluth*, in: Kämmerer/Rawert, Hochschulstandort Deutschland, S. 35 (48), der zugleich auf den Abschlusszwang und die Gefahr einer Detailsteuerung durch die Politik hinweist; in der Tendenz ähnlich *Fehling*, Die Verwaltung 35 (2002), S. 409; zu optimistisch *Hahnelt*, Novellierung, S. 93 f.

[711] So die Legaldefinition in § 15 Abs. 3 S. 1 M-V HG.

festgelegt werden[712]. Gegenstand einer Zielvereinbarung können Schwerpunktsetzungen im Studienangebot und bei den Forschungsleistungen, die Förderung der Qualität von Lehre und Forschung, die Förderung von Frauen und des wissenschaftlichen Nachwuchses sowie der angestrebte Finanzrahmen sein[713]. Andere Landeshochschulgesetze sehen vor, dass die Zielvereinbarungen Regeln für die Aufteilung der Globalzuweisung sowie die anzuwendenden Kennzahlen und Indikatoren enthalten[714].

In den Zielvereinbarungen sollen vor allem die Verfahren für die Feststellung des Zielerreichungsgrades (Controlling) und die sich aus dem Zielerreichungsgrad ergebenden Konsequenzen geregelt werden[715]. Auf diese Weise erlangen die Kontrakte Relevanz auch für das Aufsichtsrechtsverhältnis im weiteren Sinne. Soweit Zielvereinbarungen abgeschlossen worden sind, richtet sich nach dem Hochschulrecht Hamburgs der Fachaufsichtsmaßstab nur noch nach diesen[716]. § 66 Abs. 4 S. 1 Sachs.-Anh. HG statuiert eine grundsätzliche Anzeigepflicht der Universität für die Verteilung der der Hochschule zugewiesenen Stellen und Mittel, die Ausschreibung, die Festlegung des fachlichen Profils und die Besetzung von Stellen sowie die Einrichtung, Änderung und Aufhebung von Studiengängen und Hochschuleinrichtungen. Diese Anzeigepflicht entfällt jedoch, wenn Zielvereinbarungen, für verbindlich erklärte Empfehlungen oder vom Ministerium bestätigte Entwicklungsplanungen für den betroffenen Arbeitsbereich vorliegen. In anderen Ländern kann die Zustimmung zum Erlass, zur Änderung oder zur Aufhebung von Satzungen oder sonstigen Entscheidungen der Universität bei Nichtübereinstimmung „mit den Zielen und Planungen des Landes in struktureller, kapazitätsbezogener und finanzieller Hinsicht"[717] durch das Wissenschaftsministerium versagt werden[718]. Aus denselben Gründen kann das Wissenschaftsministerium den Erlass oder die Änderung von Satzungen oder sonstigen Entscheidungen der Universität verlangen[719] und, falls die zuständigen Universitätsorgane dem mit einer angemessenen Frist versehenen Verlangen nicht oder nicht rechtzeitig

[712] § 88 Abs. 2 S. 2 HessHG.
[713] § 88 Abs. 2 S. 3 HessHG.
[714] So § 2 Abs. 3 S. 3 HmbHG; ähnlich § 12 Abs. 3 S. 2 M-V HG i.V.m. § 15 Abs. 3 S. 2.
[715] Vgl. § 2 Abs. 3 S. 4 HmbHG.
[716] So etwa § 6 Abs. 4 S. 2 2. Hs. HmbHG.
[717] § 123 Abs. 3 Bad.-Württ. UG.
[718] Vgl. auch § 108 Abs. 2 S. 2 HmbHG, § 94 Abs. 2 S. 2 Nr. 3 HessHG, § 108 Abs. 3 b) Ndrh.-Westf. HG, § 62 Abs. 3 S. 2 Nr. 1 SächsHG, § 64 Abs. 3 S. 4 Nr. 1 Sachs.-Anh. HG, § 109a Abs. 3 S. 3 Nr. 3 ThürHG. Bedenken hinsichtlich der Verfassungskonformität der „Gefährdung der Hochschulplanung" als Genehmigungsversagungsgrund äußert *Geis*, in: Hailbronner/ders., Kommentar zum HRG, § 58 Rn. 91. Für noch bedenklicher erachtet *Geis* (ebd., Rn. 92) die Möglichkeit einer Genehmigungsversagung wegen Verstoßes gegen Zielvereinbarungen.
[719] § 123 Abs. 4 Bad.-Württ. UG.

nachkommen, die notwendigen Anordnungen selbst treffen. Umgekehrt bedarf die Einführung und die Einstellung von grundständigen Studiengängen, soweit sie Gegenstand von Zielvereinbarungen sind, teilweise nicht mehr der Genehmigung durch das Wissenschaftsministerium, da hier die Zustimmung des Staates aufgrund einer gleichsam antizipierten Prüfung vermutet wird[720].

Abgesehen von politisch-programmatischen Aussagen zum Aufbruch sowie den skizzierten gesetzlichen Maßnahmen von Bund und Ländern fehlt es bislang noch an einer Reihe weiterer, mindestens ebenso notwendiger Schritte für eine echte Reform des Hochschulwesens[721]. Im Gegenteil: Die massiven Sparzwänge, unter denen die öffentlichen Haushalte in Bund und Ländern stehen und die als maßgeblicher Stimulus des Reformgesetzgebers wirken, ziehen Veränderungen, die tatsächlich zu einer Verbesserung von Forschung und Lehre führen, von vornherein engste Grenzen und verleiten zu der in der Politik stark verbreiteten Einstellung, Wissenschaft primär nach Maßgabe von Kosten-Nutzen-Kalkülen unter dem Aspekt der ökonomischen Verwertbarkeit zu betrachten[722]. Daher steht der Aufbruch, der hinsichtlich seiner Akzeptanz Gräben gerissen hat zwischen der Politik und erheblichen Teilen der Wissenschaft, bislang weitgehend auf dem Papier – viele Köpfe und große Teile der Wirklichkeit hat er noch nicht erreicht[723]. Der reale Befund ist vielmehr eher ernüchternd: Die deutsche Hochschule ist am Anfang des 21. Jahrhunderts in stark zunehmendem Maße von finanzieller Auszehrung bei gleichzeitiger Vermassung, Niveau-

[720] § 94 Abs. 1 Nr. 3 HessHG.

[721] Hieran ändert auch der bereits im Ansatz verfehlte Beschluss der Bundesregierung vom Januar 2004 nichts, mit dem Programm „Brain up" fünf sog. „Eliteuniversitäten" über fünf Jahre mit zusätzlichen Finanzmitteln zu unterstützen, wenn gleichzeitig die anderen Universitäten zu Fachhochschulen oder gehobenen Gymnasien herabsinken, aus denen die, von der Politik verbreitet als Privatsache der Hochschullehrer betrachtete, Forschung an wenige „Eliteuniversitäten" und außeruniversitäre Forschungseinrichtungen ausgelagert wird. Just mit diesem Trennungssystem ist Frankreich in eine tiefe Hochschulkrise geraten; vgl. *Schmoll*, in: FAZ Nr. 22 v. 27.1.2004, S. 10; vgl. auch *dies.*, in: FAZ Nr. 4 v. 6.1.2004, S. 1; zum sich abzeichnenden Übergang der deutschen Universität vom Paradigma Universität in das Paradigma Schule vgl. *Mittelstraß*, in: FAZ Nr. 10 v. 13.1.2004, S. 8, 1. Sp.; ähnlich *Mehring*, FuL 2002, S. 191 f.; *Vorländer*, FuL 2003, S. 429 (431). Technokratisch verengt und einseitig anwendungsorientiert ist das in Bayern gewählte Modell „Projekt Elitenetzwerk", das – „kulturpolitisch beabsichtigt" (so *Stoiber*, zit. nach FAZ Nr. 59 v. 10.3.2004, S. 4) – ganz überwiegend den Natur- und Ingenieurwissenschaften zugute kommt und das mit der weiteren Marginalisierung der Geisteswissenschaften die, auch außerhalb Bayerns zu beobachtende, sukzessive Abkehr vom Modell der Universitas litterarum vollzieht.

[722] Krit. hierzu *Fischer*, FuL 2001, S. 240 (242 ff.); *Geis*, FuL 2003, S. 242 ff.; *Mittelstraß*, in: FAZ Nr. 10 v. 13.1.2004, S. 8, 5. und 6. Sp.; *Morkel*, FuL 2000, S. 396 ff.; *Nassehi*, FuL 2004, S. 12 (13); *Vorländer*, FuL 2003, S. 429 (431).

[723] Ebenso *v. Trotha*, in: Kämmerer/Rawert, Hochschulstandort Deutschland, S. 3 (4); *Vorländer*, FuL 2003, S. 429 (430).

absenkung[724] und Überbürokratisierung gekennzeichnet[725]. Mit den Forderungen nach Autonomie und Wettbewerb allein ist wenig gewonnen, solange jeden Tag neue Pläne über die Schließung von Fakultäten oder ganzen Standorten die Runde machen und solange den Universitäten eine auch nur mittelfristige Finanzierungssicherheit sowie die sonstigen tatsächlichen Rahmenbedingungen für wirksamen Wettbewerb fehlen[726]. Hierzu gehören neben der Beendigung der „unterfinanzierten Überlastung" vor allem das Recht der Hochschulen auf Auswahl ihrer Studierenden, eine wissenschaftsadäquate Nachwuchsförderung, ein System von sozial abgefederten Studiengebühren, die Aufhebung des Hochschulrahmengesetzes und der vertrauensbasierte[727] Abbau von Überbürokratisierung und Kontrolle gegenüber den Lehrenden.

---

[724] Pointiert *Löwer*, in: Ruffert, Recht und Organisation, S. 25 (27). Der Trend zur Nivellierung wird verstärkt durch die Einführung von Bachelor- und Masterstudiengängen; dazu *Nassehi*, FuL 2004, S. 12 (12).

[725] Vgl. *Graf*, in: FAZ Nr. 11 v. 14.1.2004, S. 33, 1. Sp.; *J. Ipsen*, NdsVBl. 2001, S. 6 (10); *Nassehi*, FuL 2004, S. 12 f. Gerade die Paradoxie von steigenden Studentenzahlen, Ausbildungs- und Prüfungsanforderungen einerseits sowie gekürzten Ressourcen andererseits wird zu Recht betont von *Högl/Zegeling*, Hochschulrefrom und Hochschulmanagement, S. 22 ff., 50 ff., 397, 421 f., passim.

[726] Wie hier *Kirchhof*, FuL 2003, S. 234 (236): „Forschungsfreiheit ist heute weniger durch Verbot gefährdet, sondern durch finanzielles, verfahrensrechtliches, organisatorisches Aushungern". Zum Problem auch *Schmidt-Aßmann*, Das allgemeine Verwaltungsrecht, Kap. 3 Rn. 41; *Trute*, Forschung, S. 412 ff., 427 ff.

[727] In der Politik und der Ministerialbürokratie der Gegenwart ist stattdessen ein immer mehr von Neid und Misstrauen bestimmtes populistisches Professorenbild vorherrschend, das Müßiggang, Egoismus, Pflichtenuntreue und privates Gewinnstreben als professorale Primärtugenden ausmacht. In die gleiche Richtung zielt die Einschätzung von *Bullinger*, JZ 1998, S. 109 (110), für den die soziale Stellung der Professoren mit der der fahrenden Musikanten im ausgehenden Mittelalter vergleichbar ist: „... an den Höfen als ‚Minnesänger' oder Bänkelsänger gern gesehene Gäste, konnten (sie) in der aufkommenden bürgerlichen Arbeitswelt der Städte als bettelnde Landstreicher erscheinen; ihnen drohten damit Strafen oder das Arbeitshaus. Heute riskieren Universitäten, die nicht sichtbar genug nützliche Arbeit verrichten, ihre Freiheiten zu verlieren und gewissermaßen in ‚Arbeitshäuser' transformiert zu werden." Vgl. ferner *Gutjahr-Löser*, FuL 2000, S. 122 (125); *Karpen*, Abbau, S. 49.

§ 12 Ausblick: Die deutsche Hochschule vor einem historischen Paradigmenwechsel

Die in den neunziger Jahren des 20. Jahrhunderts begonnene Phase einer grundlegenden Umgestaltung der deutschen Hochschullandschaft ist auch im Jahre 2004 noch nicht zum Abschluss gekommen. Sie dauert, in unterschiedlicher Intensität von Bundesland zu Bundesland, weiter an. Der Ausspruch von Smend, dass die Hochschulreformbemühungen in Deutschland „zu keinem rechten Ende kommen wollen"[728], scheint somit zeitlose Gültigkeit zu erlangen. Gerade die Landeshochschulgesetze und mit ihnen das, historisch zwischen den Polen Etatismus und Autonomie schwankende, spannungsvoll-labile Rechtsverhältnis von Hochschule und Staat insgesamt bleiben nach Lage der Dinge „in permanenter Bewegung"[729]. Der sich für die Zukunft abzeichnende Trend wird als „Aufbruch in die große Freiheit"[730] tituliert. Gemeint ist damit, dass die Autonomie der Hochschulen, wie das Beispiel der TU Darmstadt als der gegenwärtigen Modellreformhochschule Hessens und möglicherweise darüber hinaus[731] zeigt, etwa durch Übertragung der Personalhoheit auf die Universitäten weiter ausgebaut und die Hochschulen zu weitgehend entstaatlichten[732] Unternehmen umgestaltet werden. Die entstaatliche Hochschule des Darmstädter Typs hebt sich letztlich nur noch dadurch von privaten Marktteilnehmern ab, dass sie ihr Geld nicht selbst erwirtschaftet, sondern vom Staat erhält. Der Staat entlässt die Hochschule noch ein Stück mehr in die Selbststeuerung und zieht sich aus der Hochschulaufsicht weiter zurück. Seine Aufsichtsfunktion überträgt

---

[728] *Smend*, Die Göttinger Universität und ihre Umwelt (1953), in: ders., Staatsrechtliche Abhandlungen, S. 440 (442).

[729] So der Titel des Aufsatzes von *Schultz*, FuL 2003, S. 656 f.; vgl. dort auch die, wohl nur eine flüchtige Momentaufnahme darstellende, Übersicht über die letzten Änderungen und geplante weitere Änderungen der Landeshochschulgesetze (ebd., S. 657).

[730] So die Überschrift des Artikels von *Zoske*, in: FAZ Nr. 39 v. 16.2.2004, S. 4.

[731] Der Kanzler der Universität Leipzig, *Gutjahr-Löser*, sieht in dem Status der TU Darmstadt ausdrücklich „das Leitbild für die Universität der Zukunft", zit. nach *Schmoll*, in: FAZ Nr. 57 v. 8.3.2004, S. 4.

[732] Forderung nach weitgehender oder vollständiger Entstaatlichung und Selbststeuerung der Hochschulen finden sich auch zahlreich im wissenschaftlichen Schrifttum; vgl. *Hönn*, FuL 2002, S. 132 (134 f.); *Vorländer*, FuL 2003, S. 429 (431); gleichsinnig der Generalsekretär des Stifterverbandes für die Deutsche Wissenschaft, *Erhardt*, zit. nach *Schmoll*, in: FAZ Nr. 52 v. 2.3.2004, S. 12; zum Stichwort „Selbststeuerung der Universitäten" differenziert *Hödl/Zegelin*, Hochschulreform und Hochschulmanagement, S. 271 ff.

er auf den als Aufsichtsrat agierenden Hochschulrat und behält sich lediglich eine Oberaufsicht vor, von der er nur in schwerwiegenden Fällen Gebrauch macht. Eine ganz ähnliche Stoßrichtung verfolgt die geplante Novelle des baden-württembergischen Universitätsgesetzes, die für das ganze Land ein noch stärker auf Wettbewerb, unternehmerische Freiheit und Verantwortung setzendes Hochschulsystem etablieren will, welches „das bundesrechtliche Korsett abstreift"[733]. Der Erreichung dieses Zieles dienen wechselseitige Auswahlrechte von Studierenden und Hochschulen, gestufte Studiensysteme, eine mehrjährig gesicherte Grundfinanzierung, ein flexibles Besoldungssystem mit Aushandlungsspielräumen gegenüber der Hochschulleitung und einer nach oben offenen Zulage sowie effiziente und effektive Leitungsstrukturen ähnlich denen von Wirtschaftsunternehmen. Konkret sieht die baden-württembergische Hochschulreform vor, die Leitung der Hochschule (Vorstand) weiter zu stärken. Aus den Hochschulräten sollen überwiegend extern besetzte Aufsichtsräte werden, die den Vorstand kontrollieren und die strategische Ausrichtung der Hochschule mitbestimmen[734]. Auch die TU München sieht ihre Zukunft in einer unternehmerischen Universität mit Dienstleistungsverwaltung statt Ordnungsverwaltung, mit kaufmännisch basiertem Rechnungswesen, leistungsbezogener Mittelvergabe, selbstständiger Trägerschaft des Fundraising und Matrix- statt Fakultätsmodell. Für dieses Konzept erhofft sie sich die Genehmigung des bayerischen Wissenschaftsministeriums[735].

Insgesamt greift die Hochschulreform bereits so tief, dass sich eine Systemänderung abzeichnet. Im Schrifttum ist ob der Dynamik und Intensität des Reformprozesses von Entwicklungen die Rede, „die noch vor wenigen Jahren undenkbar waren"[736]. Schreitet die Ökonomisierung der Hochschullandschaft weiter voran, so liegt hierin eine wohl kaum mehr rückgängig zu machende Abkehr von der traditionsreichen Vorstellung der deutschen Hochschule als eines staatlich-korporativ gesteuerten Systems[737]. Wie die vorstehenden Überlegungen gezeigt haben, ist das moderne, im 17. Jahrhundert beginnende Rechtsverhältnis von Hochschule und Staat in Deutschland historisch nicht nur durch die Aspekte Korporation und Autonomie, sondern auch durch anstaltlich-etatistische Züge, getragen von dem Gedanken einer speziellen Fürsorge und Nähe, gekennzeichnet. Hierfür stehen vor allem die Namen W. von Humboldt und C. H. Becker. Das neuhumanistisch-idealistische Bildungskonzept basiert nicht

---

[733] So der baden-württembergische Wissenschaftsminister *Frankenberg*, zit. nach *Schmoll*, in: FAZ Nr. 128 v. 4.6.2003, S. 4; vgl. auch *ders.*, FuL 2003, S. 423 (423).

[734] Vgl. *Frankenberg*, FuL 2003, S. 423 (424); berichtend *Schmoll*, in: FAZ Nr. 128 v. 4.6.2003, S. 4.

[735] So der Präsident der TU München, *Herrmann*, zit. nach *Schmoll*, in: FAZ Nr. 57 v. 8.3.2004, S. 4.

[736] *Kluth*, in: Wolff/Bachof/Stober, Verwaltungsrecht, Bd. 3, 5. Aufl., § 97 Rn. 44.

[737] Vgl. *Hoffacker*, FuL 2001, S. 411 (414).

nur auf Einsamkeit und Freiheit, sondern zugleich auf einer effektiven Aufsicht und Kontrolle, welche als Korrelat und als Bedingung für die Einräumung großzügiger Autonomie nach Innen gelten. Ernst Rudolf Huber sieht in der Veranstaltlichung der Universitäten im 19. Jahrhundert, die ja, wie wir gesehen haben, stets nur eine teilweise war, sogar „die positive Bedingung der Emanzipation der Universität aus den selbstgeschaffenen Fesseln der korporativistischen und partikularistischen Absonderung“[738]. Kluth stellt für die Entwicklung des modernen deutschen Hochschulwesens fest, dieses sei durch „die Präponderanz des staatlichen Gestaltungswillens bei gleichzeitiger Einsicht in gewisse Grenzen des Zugriffs“[739] geprägt. Treffen diese Analysen zu, und hieran kann nach den vorstehenden Betrachtungen kaum ein Zweifel bestehen, so verkörpert die laufende Phase der Entstaatlichung und Ökonomisierung der deutschen Universität in historischer Perspektive einen Bruch, zumindest aber eine tiefgreifende Zäsur. „Die Differenz zwischen Ökonomie und Sozialem, zwischen Wirtschaftsunternehmen und Institutionen von Forschung und Lehre“, wie sie in Deutschland dem Herkömmlichen entspricht, wird gegenwärtig „systematisch eliminiert“[740]. Ob dieser Strukturwandel, aus dem mitunter ein naiver Reformoptimismus eines ökonomiezentrierten Gesetzgebers spricht, stets von hinreichender, nicht zeitgeist-fixierter Reflexion und von ausreichenden wissenschaftsadäquaten Gründen getragen ist, kann mit Fug bezweifelt werden, bedarf hier aber keiner abschließenden Antwort. Dass es sich in entwicklungsgeschichtlicher Perspektive um den klassischen Fall eines Paradigmenwechsel handelt, dürfte indes schwerlich von der Hand zu weisen sein.

---

[738] *E. R. Huber*, Deutsche Verfassungsgeschichte, Bd. 4, S. 929.

[739] *Kluth*, Funktionale Selbstverwaltung, S. 35 unter Hinweis auf *Oppermann*, Kulturverwaltungsrecht, S. 96.

[740] *Hoffacker*, WissR 36 (2003), S. 92 (103).

Literaturverzeichnis

Alewell, Karl: Autonomie mit Augenmaß, 1993.
Amrhein, Denise: Die Universität als Dienstleistungsunternehmen, 1998.
Anrich, Ernst (Hrsg.): Die Idee der deutschen Universität, 1956.
Anschütz, Gerhard: Die *Verfassungs-Urkunde* für den Preußischen Staat vom 31. Januar 1850, Bd. I, 1912.
– Die *Verfassung* des Deutschen Reichs vom 11. August 1919, 3. und 4. Aufl. (1926).
– Die *Verfassung* des Deutschen Reichs vom 11. August 1919, 14. Aufl. (1933) (unveränderter Nachdruck von 1968).
Arndt, Adolf: Über die verfassungsrechtlichen Grundlagen des preußischen Unterrichtswesens, in: AöR 1 (1885), S. 512 ff.
– Die Verfassungs-Urkunde für den Preußischen Staat, 5. Aufl. (1904).
Asche, Holger: Hochschulautonomie – Wissenschaftsfreiheit im Abseits, 1975.
Bachof, Otto: Überlegungen zu einer Verwaltungsreform der deutschen Hochschulen, in: Karl Carstens/Hans Peters (Hrsg.), Festschrift für Hermann Jahrreiß, 1964, S. 5 ff.
Bauer, Hartmut: Geschichtliche Grundlagen der Lehre vom subjektiven öffentlichen Recht, 1986.
Baumgart, Peter: Universitätsautonomie und landesherrliche Gewalt im späten 16. Jahrhundert, in: ZHF 1 (1974), S. 23 ff.
Becker, Carl Heinrich: Gedanken zur Hochschulreform, 2. Aufl. (1920).
– Vom Wesen der deutschen Universität, 1925.
Becker, Stefan: Rechtsfragen zu Gründung und Betrieb privater Universitäten, in: DVBl. 2002, S. 92 ff.
Berg, Wilfried: Die öffentlichrechtliche Anstalt, in: NJW 1985, S. 2294 ff.
Bernhard, Ludwig: Akademische Selbstverwaltung in Frankreich und Deutschland, 1930.
Bethge, Herbert: Wissenschaftsrecht (§ 13), in: Norbert Achterberg/Günter Püttner/Thomas Würtenberger (Hrsg.), Besonderes Verwaltungsrecht, Bd. I, 2. Aufl. (2000).
Beyer, Anja: Die Verfassungsentwicklung der Universität Erlangen 1743–1810, o.J. (ca. 1992).
von Bezold, Fr.: Die ältesten deutschen Universitäten in ihrem Verhältnis zum Staat, in: HZ 80 (1898), S. 436 ff.
Bley, Helmar: Die Universitätskörperschaft als Vermögensträger, 1963.
Bluntschli, Johann Kaspar: Lehre vom modernen Staat, Bd. 2 (Allgemeines Staatsrecht), 6. Aufl. (1885) (Neudruck von 1965).
Böckenförde, Ernst-Wolfgang: Erinnerung an die Kurator-Verfassung, in: Die humane Universität Bielefeld 1969–1992, Festschrift für Karl Peter Grotemeyer, 1992, S. 151 ff.
Boehm, Laetitia: Die körperschaftliche Verfassung der Universität in ihrer Geschichte, in: Hochschulverband (Hrsg.), Die Gemeinschaft von Lehrenden und Lernenden, Forum des Hochschulverbandes, Heft 34, Dezember 1984, S. 7 ff.
Bornhak, Conrad: Das preußische Unterrichtswesen als Staatsinstitut in rechtsgeschichtlicher Entwicklung, in: AöR 4 (1889), S. 101 ff.
– *Geschichte* der preußischen Universitätsverwaltung bis 1810, 1900.
– Die *Rechtsverhältnisse* der Hochschullehrer in Preußen, 1901
– Korporationsverfassung der Universitäten, in: VerwArch 18 (1910), S. 1 ff.

– Preußisches Staatsrecht, Bd. 3, 2. Aufl. (1914).
– Universitäten, in: Karl Frhr. von Stengel/Max Fleischmann (Hrsg.), Wörterbuch des Deutschen Staats- und Verwaltungsrechts (WDStVerwR), Bd. 3, 2. Aufl. (1914), S. 634 ff.
Bracher, Karl Dietrich: Die Gleichschaltung der deutschen Universität, in: Freie Universität Berlin (Hrsg.), Nationalsozialismus und die deutsche Universität, 1966, S. 126 ff.
Breuer, Rüdiger: Die öffentlichrechtliche Anstalt, in: VVDStRL 44 (1986), S. 211 ff.
Brinckmann, Hans: Die neue Freiheit der Universität, 1998.
Britz, Gabriele: Die Mitwirkung Privater an der Wahrnehmung öffentlicher Aufgaben durch Einrichtungen des öffentlichen Rechts, in: VerwArch. 91 (2000), S. 418 ff.
vom Brocke, Bernhard: Preußische Bildungspolitik, in: DVBl. 1981, S. 727 ff.
Brohm, Winfried: Strukturen der Wirtschaftsverwaltung, 1969.
Vom Bruch, Rüdiger: Am Anfang war keine Elite, sondern eine Idee, in: FuL 2004, S. 136 f.
Von Brünneck, Alexander: Verfassungsrechtliche Probleme der öffentlich-rechtlichen Stiftungshochschule, in: WissR 35 (2002), S. 21 ff.
Bucher, Peter: Der Parlamentarische Rat 1948–1949, Akten und Protokolle, Bd. 2 (Der Verfassungskonvent auf Herrenchiemsee), 1981.
Bull, Hans Peter/Mehde, Veit: Reform der Hochschulorganisation – die populären Modelle und ihre Probleme, in: JZ 2000, S. 650 ff.
Bullinger, Martin: Staatsaufsicht in der Wirtschaft, in: VVDStRL 22 (1965), S. 264 ff.
– Finanzierung der Universität nach ihren Leistungen, in: JZ 1998, S. 109 ff.
Burgi, Martin: Verwaltungsorganisation, in: Hans-Uwe Erichsen/Dirk Ehlers (Hrsg.), Allgemeines Verwaltungsrecht, 12. Aufl. (2002), §§ 51, 52.
– Selbstverwaltung angesichts von Europäisierung und Ökonomisierung, in: VVDStRL 62 (2003), S. 405 ff.
Buß, Maike: Wissenschaftsfreiheit ade?, in: FuL 2000, S. 190 ff.
Classen, Claus Dieter: Wissenschaftspolitik im Zeichen der Wirtschaft?, in: Ders. u.a. (Hrsg.), „In einem vereinten Europa dem Frieden der Welt zu dienen ...“, Liber amicorum Thomas Oppermann, 2001, S. 857 ff. (zit.: Classen, in: LA Oppermann).
Clobes, Johann Adam: Die Entwicklung der Rechtsstellung der preußischen Universitäten bis 1932, Diss. Marburg 1938.
Dahlmann, Friedrich Christoph: Die Politik, hrsg. von Friedrich Meinecke/Hermann Oncken, Bd. 12, 1924 (Wiederabdruck der 2. Aufl. von 1847).
Dallinger, Peter/Bode, Christian/Dellian, Fritz: Hochschulrahmengesetz, Kommentar, 1978.
Daxner, Michael: Das neue Hochschulrahmengesetz – (k)eine Hoffnung auf Erneuerung?, in: KJ 1998, S. 30 ff.
Denifle, Heinrich: Die Entstehung der Universität des Mittelalters, 1959.
Denninger, Erhard (Hrsg.): Hochschulrahmengesetz, Kommentar, 1984.
Denninger, Erhard u.a. (Hrsg.), Kommentar zum Grundgesetz für die Bundesrepublik Deutschland, Reihe Alternativkommentar, 3. Aufl. (2001), Loseblatt (zit.: Bearbeiter, in: Denninger u.a., AK-GG).
Detmer, Hubert: Die Novelle des Hochschulrahmengesetzes – auch eine „Rolle rückwärts“, in: NVwZ 1999, S. 828 ff.
Deumeland, Klaus Dieter: Das Hochschulrahmengesetz (HRG), Taschenkommentar, 1979.
Dittmann, Armin: Erinnerung an „Karlsruhe“ – Art. 5 Abs. 3 GG und der Hochschulrat des baden-württembergischen Universitätsgesetzes, in: Edgar Jannott/Andreas Wölfle (Hrsg.), Freundesgabe für George Turner, 2000, S. 106 ff.
Doderer, Hans-Joachim: Verfassungsrechtliche Determinanten des Zusammenwirkens von Staat und Hochschule nach § 60 HRG, in: Hans-Jörg Birk/Armin Dittmann/Manfred Erhardt (Hrsg.), Kulturverwaltungsrecht im Wandel, 1981, S. 164 ff.
von Doemming, Klaus-Berto/Füsslein, Rudolf Werner/Matz, Werner: Entstehungsgeschichte der Artikel des Grundgesetzes, in: JöR N.F. 1 (1951).
Dreier, Horst: Hierarchische Verwaltung im demokratischen Staat, 1991.

– Die deutsche Staatsrechtslehre in der Zeit des Nationalsozialismus, in: VVDStRL 60 (2001), S. 9 ff.
– (Hrsg.): Grundgesetz, Kommentar, Bd. 1, 2. Aufl. (2004).
Droysen, Johann Gustav: Aktenstücke und Aufzeichnungen zur Geschichte der Frankfurter Nationalversammlung aus dem Nachlass von Johann Gustav Droysen hrsg. v. Rudolf Hübner, 1924 (Neudruck von 1967).
Ebel, Wilhelm (Hrsg.): Die Privilegien und ältesten Statuten der Georg-August-Universität zu Göttingen, 1961.
Eggers, Philipp: Bildungswesen (1918–1932), in: Kurt G.A. Jeserich/Hans Pohl/Georg-Christoph von Unruh (Hrsg.), Deutsche Verwaltungsgeschichte (DVerwGesch), Bd. 4, 1985, S. 349 ff.
– Bildungswesen (1933–1945), in: ebd., S. 966 ff.
Ehrenberg, Christoph: Leitungsstrukturen – quo vadis?, in: FuL 2000, S. 366 ff.
Ellwein, Thomas: Die deutsche Universität, 1985.
Emde, Ernst Thomas: Die demokratische Legitimation der funktionalen Selbstverwaltung, 1991.
Erdmann, Karl-Dietrich: Die Zeit der Weltkriege, in: Bruno Gebhardt (Hrsg.), Handbuch der deutschen Geschichte, Bd. 4/2, 1976.
Erichsen, Hans-Uwe: Verfassungs- und verwaltungsgeschichtliche Grundlagen der Lehre vom fehlerhaften belastenden Verwaltungsakt und seiner Aufhebung im Prozeß, 1971.
– Mehr Autonomie für die Hochschulen – warum und wozu?, in: Hochschulrektorenkonferenz (Hrsg.), Mehr Autonomie für die Hochschulen, Dokumente zur Hochschulreform 77/1992, S. 9 ff.
Erichsen, Hans-Uwe/Scherzberg, Arno: Verfassungsrechtliche Determinanten staatlicher Hochschulpolitik, in: NVwZ 1990, S. 8 ff.
Fangmann, Helmut: Autonomie mit Augenmaß?, in: DUZ 24/1994, S. 24 f.
Fehling, Michael: Neue Herausforderungen an die Selbstverwaltung in Hochschule und Wissenschaft, in: Die Verwaltung 35 (2002), S. 399 ff.
– Hochschulen in Rechtsformen des öffentlichen Rechts, in: Jörn Axel Kämmerer/Peter Rawert (Hrsg.), Hochschulstandort Deutschland, 2003, S. 83 ff.
Felgentraeger, Wilhelm: Die rechtliche Stellung des Universitätskanzlers, in: DR 1935, S. 9.
Fichte, Johann Gottlieb: Deduzierter Plan einer zu Berlin zu errichtenden höheren Lehranstalt (1807), in: Ernst Anrich (Hrsg.), Die Idee der deutschen Universität, 1956, S. 125 ff.
Fink, A.: Kurator, in: Adalbert Erler/Ekkehard Kaufmann (Hrsg.), Handwörterbuch zur deutschen Rechtsgeschichte (HDR), Bd. 2, 1978, Sp. 1270 ff.
Fischer, Klaus: Die Universität zwischen Kreativität und Steuerung, in: FuL 2001, S. 240 ff.
Fittschen, Dierk: Wider die Einführung von Hochschulräten, in: WissR 30 (1997), S. 325 ff.
Forsthoff, Ernst: Lehrbuch des Verwaltungsrechts, Bd. I, 10. Aufl. (1973).
Frank, Stefan: Die Selbständigkeit der Universitäten in der Weimarer Republik und der Bundesrepublik Deutschland, jeweils bezogen auf das Gebiet des ehemaligen Landes Preußen, Diss. Kiel 1998.
Frankenberg, Peter: Strategische Partnerschaft, in: FuL 2003, S. 423 f.
Friedrich, Manfred: Geschichte der deutschen Staatsrechtswissenschaft, 1997.
Friesenhahn, Ernst: Staatsrechtslehrer und Verfassung, 1951.
Frotscher, Werner/Pieroth, Bodo: Verfassungsgeschichte, 4. Aufl. (2003).
Gall, Lothar: Von der ständischen zur bürgerlichen Gesellschaft, 1993.
Gallas, Andreas: Die Staatsaufsicht über die wissenschaftlichen Hochschulen unter besonderer Berücksichtigung der Staatsaufsicht über die Studentenschaften, 1976.
Geis, Max-Emanuel: Kulturstaat und kulturelle Freiheit, 1990.
– Die Entstaatlichung der Hochschulen, in: Carl Eugen Eberle (Hrsg.), Festschrift für Winfried Brohm, 2002, S. 297 ff.
– Das Selbstbestimmungsrecht der Universitäten, in: FuL 2003, S. 242 ff.

Gerber, Hans: Die *Rechtsgestalt* der Universität im Zusammenhang des staatlichen Lebens, in: Öffentliche Vorträge der Universität Tübingen, Bd. 1, 1933, S. 347 ff.
– Hochschule und Staat, Göttingen 1953.
– Hochschulrecht in der modernen Demokratie, in: DÖV 1953, S. 33 ff.
– Der Beschluß des baden-württembergischen Verfassungsausschusses über die Grundordnung der Hochschulen, in: DÖV 1953, S. 142 ff.
– Universitäten und Hochschulen (I), in: Erwin von Beckerath u.a. (Hrsg.), Handwörterbuch der Sozialwissenschaften (HSW), Bd. 10, 2. Aufl. (1959), S. 471 ff.
von Gierke, Otto: Das deutsche Genossenschaftsrecht, Bd. I, 1868 (Nachdruck von 1954).
– Deutsches Privatrecht, Bd. 1, 1895.
Giese, Friedrich: Die *Verfassung* des Deutschen Reiches vom 11. August 1919, 1. Aufl. (1919).
– Die *Verfassung* des Deutschen Reiches vom 11. August 1919, 8. Aufl. (1931).
Gieysztor, Aleksander: Organisation und Ausstattung, in: Walter Rüegg (Hrsg.), Geschichte der Universität in Europa, Bd. 1, 1993, S. 109 ff.
Glotz, Peter: Im Kern verrottet?, 1996.
Göke, Wolfgang: Zentralisierung versus Autonomie?, in: FuL 2003, S. 73 ff.
Görisch, Christoph: Wissenschaftsfreiheit und Hochschulmanagement, in: DÖV 2003, S. 583 ff.
Gradenwitz, Otto: Zur Universitätsverfassung, in: Festschrift für Paul Laband, 1908, S. 249 ff.
Graf, Friedrich Wilhelm: Rückwärts mit Tempo fünfzig auf die Überholspur, in: FAZ Nr. 11 v. 14.1.2004, S. 33.
Griewank, Karl: Deutsche Studenten und Universitäten in der Revolution von 1848, 1949.
Grigat, Felix: „Die Welt in sich aufnehmen und sich in der Welt darstellen", in: FuL 2001, S. 467 ff.
Groß, Thomas: Das Kuratorium – Hochschulautonomie durch institutionalisierte Kooperation?, in: DÖV 1999, S. 895 ff.
– Das Kollegialprinzip in der Verwaltungsorganisation, 1999.
– Selbstverwaltung angesichts von Europäisierung und Ökonomisierung, in: DVBl. 2002, S. 1182 ff.
– Wissenschaftsadäquates Wissenschaftsrecht, in: WissR 35 (2002), S. 307 ff.
Grundmann, Herbert: Vom Ursprung der Universität im Mittelalter, 2. Aufl. (1964).
Grupp, Klaus: Zur Stellung der Universitäten in den Zeiten ihres Rückbaues, in: Rolf Stober (Hrsg.), Festschrift für Gerd Roellecke, 1997, S. 97 ff.
Gundelach, Ernst: Die Verfassung der Göttinger Universität in drei Jahrhunderten, 1955.
Gusy, Christoph: Die Weimarer Reichsverfassung, 1997.
Gutjahr-Löser, Peter: Kontrolle ist gut – Vertrauen ist besser, in: FuL 2000, S. 122 ff.
Häberle, Peter: Die Freiheit des Wissenschaftlers im Verfassungsstaat, in: AöR 110 (1985), S. 329 ff.
Hagebölling, Lothar: Niedersächsische Verfassung, Kommentar, Loseblatt, Stand: März 2001.
Hailbronner, Kay: Die *Freiheit* von Forschung und Lehre als Funktionsgrundrecht, 1979.
– Rechtsfragen der staatlichen Aufsicht über die Hochschulen, in: JZ 1985, S. 864 ff.
– (Hrsg.): Kommentar zum Hochschulrahmengesetz (HRG), Loseblatt, Stand: Oktober 1992.
Hailbronner, Kay/Geis, Max-Emanuel (Hrsg.): Kommentar zum Hochschulrahmengesetz (HRG), Loseblatt, Stand: Mai 2001.
Hahn, Wilhelm: Mehr Bildung mehr Leistung mehr Freiheit, 1972.
Hahnelt, Oliver K.: Die Novellierung des hessischen Hochschulgesetzes und ihre Auswirkungen auf die Autonomie der Hochschulen, 2002.
Hammerstein, Notker: Zur Geschichte der deutschen Universität im Zeitalter der Aufklärung, in: Hellmuth Rössler/Günther Franz (Hrsg.), Universität und Gelehrtenstand 1400–1800, 1970, S. 145 ff.
– Die deutschen Universitäten im Zeitalter der Aufklärung, in: ZHF 10 (1983), S. 73 ff.

– Zur Geschichte und Bedeutung der Universitäten im Heiligen Römischen Reich Deutscher Nation, in: HZ 241 (1985), S. 287 ff.

Hank, Rainer: Eliten ohne Plan, in: Frankfurter Allgemeine Sonntagszeitung Nr. 6 v. 8.2.2004, S. 35.

Haßler, Konrad Dietrich (Hrsg.): Verhandlungen der deutschen verfassunggebenden Reichsversammlung zu Frankfurt am Main, Bd. 5/6, 1984.

Hatschek, Julius: Die rechtliche Stellung der Universitäten nach dem Allgemeinen Landrecht für die Preußischen Staaten, in: VerwArch. 17 (1909), S. 307 ff.

Heffter, Heinrich: Die deutsche Selbstverwaltung im 19. Jahrhundert, 1950.

von Hehl, Ulrich: Nationalsozialistische Herrschaft, 1996.

Helfritz, Hans: Allgemeines Staatsrecht, 2. Aufl. (1928).

Hendler, Reinhard: Selbstverwaltung als Ordnungsprinzip, 1984.

– Das Prinzip Selbstverantwortung, in: Josef Isensee/Paul Kirchhof (Hrsg.), Handbuch des Staatsrechts der Bundesrepublik Deutschland (HdbStR), Bd. IV, 1990, § 106.

Hennis, Wilhelm: Die deutsche Unruhe, 1969.

Herzog, Roman: Aufbruch ins 21. Jahrhundert, in: Manfred Bissinger (Hrsg.), Stimmen gegen den Stillstand, 1997, S. 13 ff.

Hill, Hermann: Zur Rechtsdogmatik von Zielvereinbarungen in Verwaltungen, in: NVwZ 2002, S. 1059 ff.

– Dienstleistungs- und Kundenorientierung der Verwaltung, in: NdsVBl. 2002, S. 313 ff.

Hödl, Erich/Zegelin, Wolf: Hochschulreform und Hochschulmanagement, 1999.

Hönn, Günther: Zur Universität im Wandel, in: FuL 2002, S. 132 ff.

Hoffacker, Werner: Die Universität im 21. Jahrhundert, 2000.

– Reform oder Systemveränderung, in: FuL 2001, S. 411 ff.

– Kontrakt und Kontraktmanagement: Neue Instrumente der Steuerung im Hochschulbereich, in: DÖV 2001, S. 681 ff.

– Zur Rolle von Vertrauen und Recht, Markt und Kontrakt als Steuerungselemente des Hochschulsystems, in: WissR 36 (2003), S. 92 ff.

Holert, Tom: Die etwas andere Republikflucht, in: FAZ Nr. 63 v. 15.3.2004, S. 46.

Hollmann, Michael: Der Parlamentarische Rat 1948–1949, Akten und Protokolle, Bd. 7 (Entwürfe zum Grundgesetz), 1995.

Holstein, Günther: Der *Selbstverwaltungsschutz* der Verfassungen und die Greifswalder Universitätsgüterverwaltung, in: Fritz Curschmann/ders./Heinrich Triepel, Stiftungsvermögen und Selbstverwaltungsrecht der Universität Greifswald, 1925, S. 17 ff

– *Hochschule und Staat,* in: Michael Doeberl u.a. (Hrsg.), Das akademische Deutschland, Bd. III, 1930, S. 127 ff.

Huber, Ernst Rudolf: Wirtschaftsverwaltungsrecht, 1932.

– Bedeutungswandel der Grundrechte, in: AöR N.F. 23 (1933), S. 1 ff.

– Verfassungsrecht des Großdeutschen Reiches, 2. Aufl. (1939).

– (Hrsg.): *Dokumente* zur deutschen Verfassungsgeschichte, Bd. 1, 1961; Bd. 2, 1964; Bd. 3, 1966.

– Deutsche Verfassungsgeschichte, Bd. 1, 2. Aufl. (1967); Bd. 2, 3. Aufl. (1988); Bd. 3, 2. Aufl. (1970); Bd. 4, 1969; Bd. 5, 1978; Bd. 6, 1981.

Huber, Hans: Der Aufbau des deutschen Hochschulwesens, 1939.

Hubrich, Eduard: Die Gründung von Universitäten nach preußischem Recht, in: Hirths Annalen des Deutschen Reichs 1912, S. 641 ff.

– Der Legalcharakter der preußischen Universitätsstatuten und die Notwendigkeit eines neuen Universitätsgesetzes, Greifswald 1918.

– Die Korporationsnatur der preußischen Universitäten, in: AöR 38 (1918), S. 219 ff.

– Zur Rechtslage der preußischen Universität, in: AöR 39 (1920), S. 140 ff.

Hübler, Bernhard: Die Organisation der Verwaltung in Preußen (alte Lande) und im Deutschen Reich, 1898.

Hue de Grais, Graf Robert: Handbuch der Verfassung und Verwaltung in Preußen und im Deutschen Reich, 23. Aufl. (1926).
Hufeld, Ulrich: Tragfähige „Brücke" in die Gesellschaft?, FuL 2001, S. 420 f.
– Staatlicher Schutz der Universitas litterarum, in: DÖV 2002, S. 309 ff.
Hufen, Friedhelm: Die Freiheit der Kunst in staatlichen Institutionen, 1982.
– Kulturauftrag als Selbstverwaltungsgarantie, in: NVwZ 1983, S. 516 ff.
von Humboldt, Wilhelm: Ideen zu einem Versuch, die Grenzen der Wirksamkeit des Staats zu bestimmen, 1792 (Reclam-Ausgabe, 1987).
– Werke, hrsg. von der Königlich Preußischen Akademie der Wissenschaften, Bd. X, 1903 (Nachdruck von 1968).
– Über die innere und äußere *Organisation* der höheren wissenschaftlichen Anstalten in Berlin (1809 oder 1810), in: Wilhelm Weischedel (Hrsg.), Idee und Wirklichkeit einer Universität, 1960, S. 193 ff.
Ipsen, Jörn: Hochschulen als Stiftungen des öffentlichen Rechts?, in: NdsVBl. 2000, S. 240 ff.
– Hochschulen als Unternehmen?, in: NdsVBl. 2001, S. 6 ff.
Jaspers, Karl: Vom lebendigen Geist der Universität, 1946.
Jaspers, Karl/Rossmann, Kurt: Die Idee der Universität, 1961.
Jecht, Hans: Die öffentliche Anstalt, 1963.
Jellinek, Walter: Verwaltungsrecht, 3. Aufl. (1931) (Nachdruck von 1966).
Jestaedt, Matthias: Selbstverwaltung als „Verbundbegriff", in: Die Verwaltung 35 (2002), S. 293 ff.
Kaehler, S. A.: Wilhelm von Humboldt und der Staat, 1927.
Kämmerer, Jörn Axel: Regulierung staatlicher und privater Hochschulen, in: ders./Peter Rawert (Hrsg.), Hochschulstandort Deutschland, 2003, S. 119 ff.
Kahl, Wolfgang: Die Staatsaufsicht, 2000.
– Gewährleistung öffentlicher und privater Aufgabenerfüllung durch „Staatsaufsicht", in: Hartmut Bauer/Peter M. Huber/Zygmunt Niewiadomski (Hrsg.), Ius Publicum Europaeum, 2002, S. 188 ff.
Karpen, Ulrich: – Der verfassungsrechtliche Rahmen für den Hochschulbetrieb in Deutschland, in: Jörn Axel Kämmerer/Peter Rawert (Hrsg.), Hochschulstandort Deutschland, 2003, S. 19 ff.
– Akademische Freiheit in Zeiten des Sparens, in: FuL 1998, S. 24 ff.
– Abbau von Hochschulkapazitäten, 1987.
Karpen, Ulrich/Freund, Manuela: Hochschulgesetzgebung und Hochschulautonomie, 1992.
Kaufmann, Georg: Geschichte der deutschen Universitäten, 2 Bde., 1888/1896 (Nachdruck von 1958).
Kempen, Bernhard: Bayerische Hochschulräte, in: BayVBl. 1999, S. 454 ff.
Kersten, Jens: Alle Macht den Hochschulräten?, in: DVBl. 1999, S. 1704 ff.
Kimminich, Otto: Hochschule im Grundrechtssystem, in: Christian Flämig u.a. (Hrsg.), Handbuch des Wissenschaftsrechts (HWissR), Bd. 1, 2. Aufl. (1996), S. 121 ff.
– Die Rechtsgestalt der Hochschulen, in: ebd., S. 227 ff.
Kirchhof, Paul: Wissenschaft in verfaßter Freiheit, 1986.
– Universität zwischen Freiheit und Steuerung, in: FuL 2003, S. 234 ff.
Kitzinger, F.: Die Freiheit der Wissenschaft und der Kunst, in: Hans Carl Nipperdey (Hrsg.), Die Grundrechte und Grundpflichten der Reichsverfassung, Bd. 2, 1930, S. 449 ff.
Klein, Eckart: Die verfassungsrechtliche Problematik des ministerialfreien Raumes, 1974.
Klein, Friedrich: Institutionelle Garantien und Rechtsinstitutsgarantien, 1934.
Klein, Hans Hugo: Gedanken über neuere Entwicklungen im Hochschulrecht, in: AöR 90 (1965), S. 129 ff.
– „Demokratisierung" der Universität?, 2. Aufl. (1968).
Kleindiek, Ralf: Wissenschaft und Freiheit in der Risikogesellschaft, 1998.

Klüber, Johann Ludwig: Öffentliches Recht des Teutschen Bundes und der Bundesstaaten, 4. Aufl. (1840).
Kluge, Alexander: Die Universitäts-Selbstverwaltung, 1958.
Kluth, Winfried: Funktionale Selbstverwaltung, 1997.
– Der Ordnungsrahmen des Hochschulrechts, in: Jörn Axel Kämmerer/Peter Rawert (Hrsg.), Hochschulstandort Deutschland, 2003, S. 35 ff.
Knemeyer, Franz-Ludwig: Freiheit von Forschung und Lehre – Hochschulautonomie, in: BayVBl. 1982, S. 513 ff.
– Hochschulautonomie/Hochschulselbstverwaltung, in: Christian Flämig u.a. (Hrsg.), Handbuch des Wissenschaftsrechts (HWissR), Bd. 1, 2. Aufl. (1996), S. 237 ff.
Knöpfle, Franz: Das Amt des Universitätspräsidenten nach bayerischem Recht, in: Öffentlicher Dienst, Festschrift für Carl Hermann Ule zum 70. Geburtstag, 1977, S. 311 ff.
– Die Zuständigkeit der Rechnungshöfe für die Prüfung der Körperschaften des öffentlichen Rechts, 1988.
Knopp, Lothar/Gutheil, Ulrike: Neues Hochschulrecht – Reform mit Haken?, in: NJW 2002, S. 2828 ff.
Koch, Johann Friedrich Wilhelm: Die preußischen Universitäten, Eine Sammlung der Verordnungen, welche die Verfassung und Verwaltung dieser Anstalten betreffen, 2 Bde., 1839, 1840.
Koellreutter, Otto: Deutsches Verfassungsrecht, 1935.
König, René: Vom Wesen der deutschen Universität, 1935 (Neudruck Darmstadt 1970).
Köttgen, Arnold: Deutsches Universitätsrecht, 1933.
– Die Freiheit der Wissenschaft und die Selbstverwaltung der Universität, in: Franz L. Neumann/Hans Carl Nipperdey/Ulrich Scheuner (Hrsg.), Die Grundrechte, Bd. II, 1954, S. 291 ff.
– Das Grundrecht der deutschen Universität, 1959.
Kommunale Gemeinschaftsstelle (KGSt): Das neue Steuerungsmodell, KGSt-Bericht 5/1993.
Krieck, Ernst: Die Erneuerung der Universität, 1933.
– Weltanschauung und Hochschule, in: DR 1935, S. 2 f.
Krüger, Hartmut: Der Hochschulrat aus verfassungsrechtlicher Sicht, in: Deutscher Hochschulverband (Hrsg.), Streitfall Hochschulrat, 1998, S. 69 ff.
Küchler, Tilman u.a.: Stellungnahme und Empfehlungen, in: Centrum für Hochschulentwicklung (CHE) (Hrsg.), Hochschulreform Baden-Württemberg 2000, 2000 (zit.: Stellungnahme).
Kühne, Jörg-Detlef: Die Reichsverfassung der Paulskirche, 1985.
– Die Landesverfassungsgarantien hochschulpolitischer Selbstverwaltung – ein unentfaltetes Autonomiepotential, in: DÖV 1997, S. 1 ff.
Küpper, Hans-Ulrich: Denkmuster verändern, in: FuL 2000, S. 116 ff.
Lange, Josef: Transparenz und Effizienz – veränderte Rahmenbedingungen für die Hochschulen, in: Josef Hollerith (Hrsg.), Leistungsfähige Hochschulen – aber wie?, 1997, S. 1 ff.
Lange, Klaus: Die öffentlichrechtliche Anstalt, in: VVDStRL 44 (1986), S. 169 ff.
Lenz, Max: Geschichte der königlichen Friedrich-Wilhelms-Universität zu Berlin, Bd. 1, 1910.
Lenzen, Dieter: Leitbilder – Bilderleid, in: FuL 2001, S. 586 ff.
Lepsius, Oliver: Die gegensatzaufhebende Begriffsbildung, 1994.
– Die Ökonomik als neue Referenzwissenschaft für die Staatsrechtslehre?, in: Die Verwaltung 32 (1999), S. 429 ff.
Letzelter, Franz: Die wissenschaftlichen Hochschulen und ihre Verwaltung, in: Kurt G.A. Jeserich/Hans Pohl/Georg-Christoph von Unruh (Hrsg.), Deutsche Verwaltungsgeschichte (DVerwGesch.), Bd. 5, 1987, S. 654 ff.

Leuze, Dieter: Bemerkungen zum Inhalt und zu den Grenzen der Hochschulautonomie, in: DÖD 1993, S. 1 ff.
Leuze, Dieter/Epping, Volker (Hrsg.): Hochschulgesetz Nordrhein-Westfalen – HG NRW, Loseblatt, Stand: 2001/03.
Loening, Edgar: Lehrbuch des deutschen Verwaltungsrechts, 1884.
Loeser, Roman: System des Verwaltungsrechts, Bd. 2, 1994.
Löwer, Wolfgang: „Starke Männer" oder „starke Frauen" an die Spitze der Universität?, in: Matthias Ruffert (Hrsg.), Recht und Organisation, 2003, S. 25 ff.
Löwer, Wolfgang/Tettinger, Peter J. (Hrsg.): Kommentar zur Verfassung des Landes Nordrhein-Westfalen, 2002.
Lorenz, Dieter: Die Rechtsstellung der Universität gegenüber staatlicher Bestimmung, in: WissR 11 (1978), S. 1 ff.
– Wissenschaft zwischen Hochschulautonomie und Staatsintervention, in: JZ 1981, S. 113 ff.
von Lübtow, Ulrich/Harder, Manfred: Autonomie oder Heteronomie der Universitäten, 1966.
Maier, Hans: Nationalsozialistische Hochschulpolitik, in: Helmut Kuhn u.a., Die deutsche Universität im Dritten Reich, 1966, S. 71 ff.
Mainzer, Claudia: Die dogmatische Figur der Einrichtungsgarantie, 2003.
von Mangoldt, Hans: Universität und Staat, 1979.
von Mangoldt, Hermann: Das Bonner Grundgesetz, 1. Aufl. (1953).
von Mangoldt, Hermann/Klein, Friedrich: Das Bonner Grundgesetz, 2. Aufl., Bd. I, 1966.
von Mangoldt, Hermann/Klein, Friedrich/Starck, Christian (Hrsg.): Das Bonner Grundgesetz, Bd. I, 4. Aufl. (1999).
Marquard, Odo: Philosophie des Stattdessen, Reclam-Ausgabe, 2000.
Marquardsen (Vorname unbek.): Universitäten, in: Johann Kaspar Bluntschli/Karl Brater (Hrsg.), Deutsches Staats-Wörterbuch, Bd. 10, 1867, S. 677 ff.
Martens, Wolfgang: Öffentlich als Rechtsbegriff, 1969.
Marxen, Robert: Controlling als Führungsinstrument staatlicher Hochschulen, in: Verwaltungs-Rundschau (VR) 1999, S. 307 ff.
Maunz, Theodor/Dürig, Günter (Hrsg.): Grundgesetz, Kommentar, Loseblatt, Stand: Februar 2003.
Mayer, Franz: Von der Rechtsnatur der Universität, 1967.
von Mayer, Friedrich Franz: Grundsätze des Verwaltungs-Rechts, 1862.
Mayer, Otto: Deutsches Verwaltungsrecht, Bd. 2, 2. Aufl. (1917).
– Deutsches Verwaltungsrecht, Bd. 2, 3. Aufl. (1924) (unveränderter Nachdruck von 1969).
Mayr, Christoph: Aufsichtsverhältnisse als Verwaltungsrechtsverhältnisse, 1984.
Mehde, Veith: Neues Steuerungsmodell und Demokratieprinzip, 2000.
Mehring, Reinhard: Ende der Universität, in: FuL 2002, S. 191 f.
Menger, Christian-Friedrich: Zu den Auswirkungen der Wissenschaftsfreiheit auf die Hochschulorganisation, in: VerwArch. 65 (1974), S. 75 ff.
Meyer, Georg/Anschütz, Gerhard: Lehrbuch des Deutschen Staatsrechts, 7. Aufl. (1919).
Meyer, Georg/Dochow, Franz: Lehrbuch des Deutschen Verwaltungsrechts, 4. Aufl. (1913).
Ministerium der geistlichen, Unterrichts- und Medicinal-Angelegenheiten (Hrsg.), Die Gesetzgebung auf dem Gebiete des Unterrichtswesens in Preußen (vom Jahre 1817 bis 1868), 1869.
Ministerium für Schule, Wissenschaft und Forschung des Landes Nordrhein-Westfalen (Hrsg.): Gesetz über die Hochschulen des Landes Nordrhein-Westfalen (Hochschulgesetz – HG) mit Begründungen, 2. Aufl. (2000) (zit.: Ndrh.-Westf. HG).
Mittelstraß, Jürgen: Universität und Universalität, in: FAZ Nr. 10 v. 13.1.2004, S. 8.
Möller, Hans: Fürstenstaat oder Bürgernation, o.J. (ca. 1989).
Möllers, Christoph: Historisches Wissen in der Verwaltungsrechtswissenschaft, in: Eberhard

Schmidt-Aßmann/Wolfgang Hoffmann-Riem (Hrsg.), Methoden der Verwaltungsrechtswissenschaft, 2004, S. 131 ff.
von Mohl, Robert: Das Staatsrecht des Königreiches Württemberg, Bd. 2, 2. Aufl. (1840).
Mommsen, Theodor: Die Grundrechte des deutschen Volkes, 1849 (Neudruck von 1969).
Mommsen, Wolfgang J.: 1848. Die ungewollte Revolution, 1998.
Morkel, Arnd: Die Universität muß sich wehren, 2000.
– Theorie und Praxis, in: FuL 2000, S. 396 ff.
Müller-Böling, Detlef: Für ein neues Verhältnis zwischen Staat und Hochschulen, in: Deutscher Hochschulverband (Hrsg.), Streitfall Hochschulrat, 1998, S. 53 ff.
– Die entfesselte Hochschule, 2000.
Müller-Böling, Detlef/Küchler, Tilman: Zwischen gesetzlicher Fixierung und gestalterischem Freiraum: Leitungsstrukturen für Hochschulen, in: Detlef Müller-Böling/Jutta Fedrowitz (Hrsg.), Leitungsstrukturen für autonome Hochschulen, 1998, S. 13 ff.
von Münch, Ingo/Kunig, Philip (Hrsg.): Grundgesetz, Kommentar, Bd. 1, 5. Aufl. (2000).
von Mutius, Albert: Studentenwerke als öffentlich-rechtliche Anstalten und öffentliche Unternehmen: in: ders. (Hrsg.), Autonomie öffentlicher Unternehmen in Anstaltsform, 1987, S. 21 ff.
Nassehi, Arnim: Tu felix Bavaria? Tempi passati!, in: FuL 2004, S. 12 f.
Neuhaus, Rolf (Hrsg.): Dokumente zur Hochschulreform 1945–1959, 1961.
Nipperdey, Thomas: Deutsche Geschichte 1800–1866, 1994; Deutsche Geschichte 1866–1918, Bd. 1, 1990.
Nitsch, Wolfgang u.a.: Hochschule in der Demokratie, 1965.
Oebbecke, Janbernd: Selbstverwaltung angesichts von Europäisierung und Ökonomisierung, in: VVDStRL 62 (2003), S. 366 ff.
Oldiges, Martin: Hochschulleitung und Hochschulverwaltung, in: Bernd Becker/Hans Peter Bull/Otfried Seewald (Hrsg.), Festschrift für Werner Thieme zum 70. Geburtstag, 1993, S. 647 ff.
Oppermann, Thomas: Kulturverwaltungsrecht, 1969.
– Freiheit von Forschung und Lehre, in: Josef Isensee/Paul Kirchhof (Hrsg.), Handbuch des Staatsrechts der Bundesrepublik Deutschland (HdbStR), Bd. VI, 2. Aufl. (2001), § 145.
Oppermann, Thomas/Fechner, Frank: Selbstverwaltung und staatliche Verwaltung, in: Christian Flämig u.a. (Hrsg.), Handbuch des Wissenschaftsrechts (HWissR), Bd. 1, 2. Aufl. (1996), S. 1009 ff.
– Staatliche Aufsicht, in: ebd., S. 1107 ff.
Parlamentarischer Rat: Verhandlungen des Hauptausschusses, Bonn 1948/49.
Paulsen, Friedrich: Wesen und geschichtliche Entwicklung der deutschen Universitäten, in: Wilhelm Lexis (Hrsg.), Die deutschen Universitäten, Bd. 1, 1893, S. 3 ff.
– *Die deutschen Universitäten* und das Universitätsstudium, 1902 (Nachdruck von 1966).
– Geschichte des gelehrten Unterrichts, 3. Aufl., Bd. 1, 1919; Bd. 2, 1921.
Pauly, Walter: Die deutsche Staatsrechtslehre in der Zeit des Nationalsozialismus, in: VVDStRL 60 (2001), S. 73 ff.
Perels, Joachim: Ein Gesetzentwurf zur Aushöhlung der Hochschulselbstverwaltung in Niedersachsen, in: KJ 2001, S. 145 ff.
Perels, Kurt: Zum Universitätsaufsichtsrecht, in: AöR N.F. 16 (1929), S. 110 ff.
Peters, Hans: Hochschulen, in: Erich Volkmar/Alexander Elster/Günther Küchenhoff (Hrsg.), Handwörterbuch der Rechtswissenschaft (HRW), Die Rechtsentwicklung der Jahre 1933 bis 1935/36, 1937, S. 267 ff.
– Lehrbuch der Verwaltung, 1949.
– Hochschulen (II., III.), in: Görres-Gesellschaft (Hrsg.), Staatslexikon (StL), Bd. 4, 6. Aufl. (1959), Sp. 116 ff.
– Rechtliche Grenzen und Möglichkeiten einer Hochschulreform, in: Karl Carstens/ders. (Hrsg.), Festschrift für Hermann Jahrreiß zum 70. Geburtstag, 1964, S. 319 ff.

– Öffentliche und staatliche Aufgaben, in: Rolf Dietz/Heinz Hübner (Hrsg.), Festschrift für Hans Carl Nipperdey zum 70. Geburtstag, Bd. 2, 1965, S. 877 ff.

Pfeifer, Anton: Gedanken zur Hochschulgesetzgebung des Bundes, in: Hans Filbinger u.a. (Hrsg.), Bildungspolitik mit Ziel und Maß, 1974, S. 194 ff.

Pikart, Eberhard / Werner, Wolfram: Der Parlamentarische Rat 1948–1949, Akten und Protokolle, Bd. 5/I und 5/II (Ausschuß für Grundsatzfragen), 1993.

Pitschas, Rainer: Struktur- und Funktionswandel der Aufsicht im Neuen Verwaltungsmanagement, in: DÖV 1998, S. 907 ff.

Pleyer, Klemens: Die Vermögens- und Personalverwaltung der deutschen Universitäten, 1953.

Pözl, Joseph: Lehrbuch des Bayerischen Verwaltungsrechts, 3. Aufl. (1871).

– Preußische Nationalversammlung: Stenographische Berichte der II. Kammer (Preußisches Herrenhaus) 1849/50, Bd. III; Stenographische Berichte der I. Kammer (Preußisches Abgeordnetenhaus), 1849/50, Bd. III.

Pünder, Hermann: Zur Verbindlichkeit der Kontrakte zwischen Politik und Verwaltung im Rahmen des Neuen Steuerungsmodells, in: DÖV 1998, S. 63 ff.

Pütter, Johann Stephan: Kurzer Begriff des Teutschen Staatsrechts. 2. Aufl. (1768).

Püttner, Günter: Verwaltungslehre, 3. Aufl. (2000).

Raiser, Ludwig: Die Universität im Staat, 1958.

Reich, Andreas: Hochschulrahmengesetz, 5. Aufl. (1996); 8. Aufl. (2002).

Reinhardt, Rudolf: Universität und Staat, 1951.

– Autonomie, Selbstverwaltung, Staatsverwaltung in der Universität, in: WissR 1 (1968), S. 6 ff.

Reiß, Günter: Die Rechtsetzungsbefugnis der Universität, Diss. Mainz 1979.

Richter, Werner / Peters, Hans (Hrsg.): Die Statuten der preußischen Universität und Technischen Hochschulen, Teil 1 (bearbeitet von Otto Benecke), 1929.

Richter, Wolfram F.: Perestrojka in der Hochschulpolitik, in: FAZ Nr. 10 v. 13.1.2004, S. 12.

de Ridder-Symoens, Hilde: Organisation und Ausstattung, in: Walter Rüegg (Hrsg.), Geschichte der Universität in Europa, Bd. 2, 1996, S. 139 ff.

Rimmele, Dietmar: Die Universitätsreform in Preußen 1918–1924, 1978.

Röhl, Hans Christian: Der Wissenschaftsrat, 1994.

Röken, Heribert: Hochschule und Staat, in: Harald Niemeyer (Hrsg.), Soziale Beziehungsgeflechte, Festschrift für Hans Winkmann zum 65. Geburtstag, 1980, S. 3 ff.

Roellecke, Gerd: Wissenschaftsfreiheit als institutionelle Garantie?, in: JZ 1969, S. 726 ff.

– Wissenschaftsfreiheit als Rechtfertigung von Relevanzansprüchen, in: Bernd Becker/ Hans Peter Bull/Otfried Seewald (Hrsg.), Festschrift für Werner Thieme, 1993, S. 681 ff.

– Geschichte des deutschen Hochschulwesens, in: Christian Flämig u.a. (Hrsg.), Handbuch des Wissenschaftsrechts (HWissR), Bd. 1, 2. Aufl. (1996), S. 3 ff.

von Rönne, Ludwig: Das *Unterrichts-Wesen* des Preußischen Staates, 2 Bde., 1855 (Nachdruck von 1990).

– Das Staatsrecht der Preußischen Monarchie, Bd. 2, 2. Aufl. (1864); 4. Aufl. (1882).

Roesler, Hermann: Lehrbuch des Deutschen Verwaltungsrechts, Bd. I, 2. Abtheilung, 1873.

von Roetteken, Torsten-Clemens: Rechtliche Rahmenbedingungen für Hochschulprüfungen nach dem Hochschulrahmengesetz, Diss. Frankfurt am Main 1985.

Rothenbücher, Karl: Das Recht der freien Meinungsäußerung, in: VVDStRL 4 (1928), S. 6 ff.

Rüfner, Wolfgang: Die Verwaltungstätigkeit unter Restauration und Konstitution, in: Kurt G.A. Jeserich/Hans Pohl/Georg-Christoph von Unruh (Hrsg.), Deutsche Verwaltungsgeschichte (DVerwGesch.), Bd. 2, S. 470 ff.

Rupp, Hans Heinrich: Hochschulische Selbstverwaltung, in: Albert von Mutius (Hrsg.), Selbstverwaltung im Staat der Industriegesellschaft, Festgabe für Georg-Christoph von Unruh, 1983, S. 919 ff.

Sachs, Michael (Hrsg.), Grundgesetz, Kommentar, 3. Aufl. (2003).

Salzwedel, Jürgen: Staatsaufsicht in der Verwaltung, in: VVDStRL 22 (1965), S. 206 ff.

Sandberger, Georg: Organisationsreform und -autonomie, in: WissR 35 (2002), S. 125 ff.

von Savigny, Friedrich Carl: Wesen und Werth der deutschen Universitäten, in: Historisch-politische Zeitschrift 1 (1832), S. 569 ff.

Schaffstein, Friedrich: Wilhelm von Humboldt, 1952.

Scheidemantel, Heinrich Gottfried: Die Oberaufsicht in der Staatsverfassung, 1783.

Scheidler, K. H.: Universitäten, in: Carl von Rotteck/Karl Theodor Welcker (Hrsg.), Das Staats-Lexikon, Bd. 12, 2. Aufl. (1848), S. 621 ff.

Schelsky, Helmut: Einsamkeit und Freiheit, 1963.

Schiedermair, Hartmut: Universität als Selbstverwaltungskörperschaft?, in: WissR 21 (1988), S. 1 ff.

– Deutsches Hochschulwesen der Gegenwart – Eine Bestandsaufnahme, in: Christian Flämig u.a. (Hrsg.), Handbuch des Wissenschaftsrechts (HWissR), Bd. 1, 2. Aufl. (1996), S. 37 ff.

– Autonomie im Widerspruch, in: Josef Hollerith (Hrsg.), Leistungsfähige Hochschulen – aber wie?, 1997, S. 15 ff.

– Unerlässliche Freiheit, in: FuL 2002, S. 243 ff.

– Ausbildung durch Wissenschaft, in: FuL 2003, S. 246 ff.

Schlegel, Jürgen: Hochschulräte – Diktatur der Funktionäre oder Verbesserung der strategischen Planungskompetenz der Hochschulen?, in: Volker Epping u.a. (Hrsg.), Festschrift für Knut Ipsen, 2000, S. 507 ff.

Schleiermacher, Friedrich. Gelegentliche Gedanken über Universitäten in deutschem Sinn (1808), in: Ernst Anrich (Hrsg.), Die Idee der deutschen Universität, 1956, S. 219 ff.

Schlink, Bernhard: Das Grundgesetz und die Wissenschaftsfreiheit, in: Der Staat 10 (1971), S. 244 ff.

Schlosser, Hans: Grundzüge der neueren Privatrechtsgeschichte, 8. Aufl. (1996).

Schmidt, Walter A. E.: Die Freiheit der Wissenschaft, 1929.

Schmidt-Aßmann, Eberhard: Der Verfassungsbegriff in der deutschen Staatslehre der Aufklärung und des Historismus, 1967.

– Die Wissenschaftsfreiheit nach Art. 5 Abs. 3 GG als Organisationsgrundrecht, in: Bernd Becker/Hans Peter Bull/Otfried Seewald (Hrsg.), Festschrift für Werner Thieme zum 70. Geburtstag, 1993, S. 697 ff.

– Verwaltungsorganisationsrecht als Steuerungsressource, in: ders./Wolfgang Hoffmann-Riem (Hrsg.), Verwaltungsorganisationsrecht als Steuerungsressource, 1997, S. 9 ff.

– Das allgemeine Verwaltungsrecht als Ordnungsidee, 1998.

Schmitt, Carl: Verfassungslehre, 1. Aufl. (1928) (unveränderter Nachdruck und 5. Aufl. [1970]).

– Die Grundrechte und Grundpflichten des deutschen Volkes, in: Gerhard Anschütz/Richard Thoma (Hrsg.), Handbuch des Deutschen Staatsrechts (HDStR), Bd. 2, 1932, S. 572 ff.

– *Verfassungsrechtliche Aufsätze* aus den Jahren 1924–1954, 2. Aufl. (1973).

Schmoll, Heike: „Das goldene Kalb Drittmittelwerbung“, in: FAZ Nr. 57 v. 8.3.2004, S. 4.

– „Das bundesrechtliche Korsett abstreifen“, in: FAZ Nr. 128 v. 4.6.2003, S. 4.

– Elite nicht an einem Ort, in: FAZ Nr. 4 v. 6.1.2004, S. 1.

– Frankreichs Hochschulkrise, in: FAZ Nr. 22 v. 27.1.2004, S. 10.

– Wege aus der Hochschulkrise, in: FAZ Nr. 52 v. 2.3.2003, S. 12.

Schnabel, Franz: Deutsche Geschichte im 19. Jahrhundert, Bde. 1 und 2, Nachdruck von 1964.

Schneider, Jens-Peter: Zur Ökonomisierung von Verwaltungsrecht und Verwaltungsrechtswissenschaft, in: Die Verwaltung 34 (2001), S. 317 ff.

– Das neue Steuerungsmodell als Innovationsimpuls für Verwaltungsorganisation und

Verwaltungsrecht, in: Eberhard Schmidt-Aßmann/Wolfgang Hoffmann-Riem (Hrsg.), Verwaltungsorganisationsrecht als Steuerungsressource, 1997, S. 103 ff.
Schöck, Thomas A. H.: Ziele vergeben, Budgets bereitstellen, in: FuL 2002, S. 180 ff.
Scholler, Heinrich (Hrsg.): Die Grundrechtsdiskussion in der Paulskirche, 1973.
Schrader, Wilhelm: Geschichte der Friedrichs-Universität zu Halle, 2 Bde., 1894.
Schröder, Jan: Zur Entwicklung der juristischen Fakultäten im nachfriderizianischen Preußen (1786–1806), in: Hans Hattenhauer/Götz Landwehr (Hrsg.), Das nachfriderizianische Preußen 1786–1806, 1988, S. 259 ff.
Schröder, Meinhard: Grundlagen und Anwendungsbereich des Parlamentsrechts, 1979.
– Aktuelle Fragen der Hochschulverfassung und Hochschulverwaltung, in: Winfried Brohm (Hrsg.), Drittes deutsch-polnisches Verwaltungssymposion, 1983, S. 123 ff.
– Verfassungsrechtliche Maßstäbe der Staatsaufsicht über die wissenschaftlichen Hochschulen, in: WissR 18 (1985), S. 199 ff.
Schultz, Heiko: In permanenter Bewegung, in: FuL 2003, S. 656 f.
Schulze, Hermann: Das Preussische Staatsrecht auf Grundlage des Deutschen Staatsrechts, Bd. 2, 1890.
Schulze-Prießnitz, Almuth: Einheit von Forschung und Lehre, 1981.
Schuppert, Gunnar Folke: Öffentlich-rechtliche Körperschaften, in: Handwörterbuch der Wirtschaftswissenschaften (HWW), Bd. 5, 1980, S. 399 ff.
– Selbstverwaltung als Beteiligung Privater an der Staatsverwaltung? Elemente zu einer Theorie der Selbstverwaltung, in: Albert von Mutius (Hrsg.), Selbstverwaltung im Staat der Industriegesellschaft, Festgabe zum 70. Geburtstag von Georg-Christoph von Unruh, 1983, S. 183 ff.
– Verwaltungswissenschaft, 2000.
Schuster, Hermann-Josef/Stenbock-Fermor, Friedrich Graf: Überlegungen zur Eigenart der Hochschulverwaltung, in: WissR 1 (1968), S. 28 ff.
Seele, Günter: Die Aufsichtsfunktion der Kreisverwaltung, in: Der Kreis, Bd. 2, 1976, S. 215 ff.
Seifert, Arno: Das höhere Schulwesen – Universitäten und Gymnasien, in: Notker Hammerstein/August Buck (Hrsg.), Handbuch der deutschen Bildungsgeschichte (HDB), Bd. I, 1996, S. 197 ff.
von Seydel, Max/von Graßmann, Josef/Piloty, Robert: Bayerisches Staatsrecht, Bd. 2 (bearbeitet von Graßmann), 3. Aufl. (1913).
Siemann, Wolfram: Chancen und Schranken von Wissenschaftsfreiheit im deutschen Konstitutionalismus 1815–1918, in: Hist. Jb. 107 (1987), S. 315 ff.
Smend, Rudolf: Der Begriff der freien Meinungsäußerung, in: VVDStRL 4 (1928), S. 44 ff.
– Die Göttinger Universität und ihre Umwelt (1953), in: ders., Staatsrechtliche Abhandlungen und andere Aufsätze, 3. Aufl. (1994), S. 440 ff.
– Universität, in: Heinz Brunotte/Otto Weber (Hrsg.), Evangelisches Kirchenlexikon, Bd. 3, 1959, Sp. 1568 ff.
– Die Berliner Friedrich-Wilhelms-Universität (1961), in: ders., Staatsrechtliche Abhandlungen und andere Aufsätze, 3. Aufl. (1994), S. 547 ff.
Speitkamp, Winfried: Staat und Bildung in Deutschland unter dem Einfluß der französischen Revolution, in: HZ 250 (1990), S. 549 ff.
Spranger, Eduard: Wilhelm von Humboldt und die Reform des Bildungswesens, 1910.
– *Wandlungen* im Wesen der Universität seit 100 Jahren, 1913.
Stein, Friedrich: Die akademische Gerichtsbarkeit in Deutschland, 1891.
von Stein, Lorenz: Die Verwaltungslehre, 6. Teil, 1883 (2. Neudruck von 1975).
– Handbuch der Verwaltungslehre, 3. Aufl. (1887).
Stein von Kamienski, Gottfried: Bonner Kuratoren 1818 bis 1933, in: Karl Theodor Schäfer (Hrsg.), Verfassungsgeschichte der Universität Bonn 1818 bis 1960, 1968, S. 527 ff.
von Stengel, Karl Freiherr: Lehrbuch des Deutschen Verwaltungsrechts, 1886.
Stenographische Berichte über die Verhandlungen des Verfassungs-Ausschusses der Baye-

rischen Verfassunggebenden Landesversammlung, Bd. 1 (16.7.1946–5.8.1946), Bd. 2 (7.8.1946–28.8.1946) (zit.: Stenographische Berichte Verfassungs-Ausschuss Bayern).
Stenographische Berichte der Verhandlungen des Deutschen Reichstages (Verfassunggebende Deutsche Nationalversammlung), Bd. 328, 1919; Bd. 336, Anlagen, Aktenstück Nr. 391, 1919/20.
Stern, Klaus: Das Staatsrecht der Bundesrepublik Deutschland, Bd. III/1, 1988; Bd. V, 2000.
Sterzel, Dieter/Perels, Joachim: Freiheit der Wissenschaft und Hochschulmodernisierung, 2003.
Stichweh, Rudolf: Der frühmoderne Staat und die europäische Universität, 1991.
Stier-Somlo, Fritz: Universitätsrecht, Selbstverwaltung und Lehrfreiheit, in: AöR N.F. 15 (1928), S. 360 ff.
– Hochschulen, in: ders./Alexander Elster (Hrsg.), Handwörterbuch der Rechtswissenschaft (HRW), Bd. 3, 1928, S. 180 ff.
Stifterverband für die Deutsche Wissenschaft: Qualität durch Wettbewerb und Autonomie, 2002.
Stolleis, Michael: Geschichte des öffentlichen Rechts in Deutschland, Bd. 1, 1988; Bd. 2, 1992; Bd. 3, 1999.
Tatarin-Tarnheyden, Edgar: Werdendes Staatsrecht, 1934.
Tettinger, Peter J.: Verfassungsrechtliche Vorgaben für die universitäre Selbstverwaltung, in: Klaus Anderbrügge u.a. (Hrsg.), Festschrift für Dieter Leuze, 2003, S. 539 ff.
Thieme, Hans: Die geschichtlichen Voraussetzungen für Artikel 5,3 des Grundgesetzes der Bundesrepublik Deutschland, in: Niedersächsische Landeszentrale für Politische Bildung (Hrsg.), Die Freiheit der Künste und Wissenschaften, 1967, S. 5 ff.
Thieme, Werner: Deutsches Hochschulrecht, 2. Aufl. (1986)
Thoma, Richard: Grundrechte und Polizeigewalt, in: Heinrich Triepel (Hrsg.), Festgabe zur Feier des fünfzigjährigen Bestehens des Preußischen Oberverwaltungsgerichts 1925, 1925, S. 183 ff.
– Die juristische Bedeutung der grundrechtlichen Sätze der deutschen Reichsverfassung im allgemeinen, in: Hans Carl Nipperdey (Hrsg.), Die Grundrechte und Grundpflichten der Reichsverfassung, Bd. 1, 1929, S. 1 ff.
– Die Lehrfreiheit der Hochschullehrer, 1952.
Tomerius, Carolyn: Die Hochschulautonomie und ihre Einschränkung, 1998.
von Treitschke, Heinrich: Deutsche Geschichte im neunzehnten Jahrhundert, Bd. 1, 11. Aufl. (1923).
Triepel, Heinrich: Das *Recht der Universität Greifswald* zur Verwaltung ihres Stiftungsvermögens, rechtlich und rechtspolitisch betrachtet, in: Fritz Curschmann/Günther Holstein/ders., Stiftungsvermögen und Selbstverwaltungsrecht der Universität Greifswald, 1925, S. 43 ff.
– *Quellensammlung* zum Deutschen Reichsstaatsrecht, 4. Aufl. (1926).
von Trotha, Klaus: Die Beweglichkeit der Unbeweglichen, in: Jörn Axel Kämmerer/Peter Rawert (Hrsg.), Hochschulstandort Deutschland, 2003, S. 3 ff.
Trute, Hans-Heinrich: Die Forschung zwischen grundrechtlicher Freiheit und staatlicher Institutionalisierung, 1994.
– Innovationssteuerung im Wissenschaftsrecht, in: Wolfgang Hoffmann-Riem/Jens-Peter Schneider (Hrsg.), Rechtswissenschaftliche Innovationsforschung, 1998, S. 208 ff.
– Die Rechtsqualität von Zielvereinbarungen und Leistungsverträgen im Hochschulbereich, in: WissR 33 (2000), S. 134 ff.
Turner, George: Hochschulpolitik, 1995.
Turner, Steven R.: Universitäten, in: Karl-Ernst Jeismann/Peter Lundgreen (Hrsg.), Handbuch der deutschen Bildungsgeschichte (HDB), Bd. III, 1987, S. 221 ff.
– *Hochschule* zwischen Vorstellung und Wirklichkeit, 2001.
Uerpmann, Robert: Rechtsfragen von Vereinbarungen zwischen Universität und Staat, in: JZ 1999, S. 644 ff.

Verfassunggebende Landesversammlung von Baden-Württemberg (Hrsg.), Verhandlungen der verfassunggebenden Landesversammlung von Baden-Württemberg, Protokoll-Bd. III, 41.-61. Sitzung, 1954
– Verzeichnis der Beilagen zu den Sitzungsprotokollen, Bd. III (Beilagen 1001–1320), 1954 (zit.: Beilagen-Bd. III).
– *Vorländer, Hans:* „Radikale Reform ohne Staat", in: FuL 2003, S. 429 ff.
Voßkuhle, Andreas: „Ökonomisierung" des Verwaltungsverfahrens, Die Verwaltung 34 (2001), S. 347 ff.
– „Schlüsselbegriffe" der Verwaltungsrechtsreform, in: VerwArch. 92 (2001), S. 184 ff.
– Der „Dienstleistungsstaat", in: Der Staat 4 (2001), S. 495 ff.
Waibel, Wolf-Wilhelm: Hochschulselbstverwaltung und Staatsaufsicht, in: WissR 5 (1972), S. 258 ff.
Waldecker, Ludwig: Über den Begriff der Korporation des öffentlichen Rechts nach preußischem Recht, 1913.
Wallerath, Maximilian: Kontraktmanagement und Zielvereinbarungen als Instrumente der Verwaltungsmodernisierung, in: DÖV 1997, S. 57 ff.
Walz, Gustav Adolf: Der Rektor als Führer der Universität, in: DR 1935, S. 6 ff.
Weber, Werner: Die Rechtsstellung des deutschen Hochschullehrers, 1952.
– Neue Aspekte der Freiheit von Forschung und Lehre, in: Max Kaser u.a. (Hrsg.), Festschrift für Wilhelm Felgentraeger zum 70. Geburtstag, 1969, S. 225 ff.
Wehler, Hans-Ulrich: Deutsche Gesellschaftsgeschichte, Bd. 1 und 2, 2. Aufl. (1989).
Welcker, Karl Theodor: Lehrfreiheit in Schule und Kirche, in: Carl von Rotteck/ders. (Hrsg.), Das Staats-Lexikon, Bd. 8, 2. Aufl. (1847), S. 484 ff.
Wende, Erich: Grundlagen des preußischen Hochschulrechts, 1930.
Werner, Wolfram: Der Parlamentarische Rat 1948–1949, Akten und Protokolle, Bd. 9 (Plenum), 1996.
Wigard, Franz (Hrsg.): Stenographischer Bericht über die Verhandlungen der deutschen constituirenden Nationalversammlung zu Frankfurt am Main, Bd. 3 und 6, 1848/49.
Willoweit, Dietmar: Die Universitäten, in: Kurt G.A. Jeserich/Hans Pohl/Georg-Christoph von Unruh (Hrsg.), Deutsche Verwaltungsgeschichte (DVerwGesch.), Bd. 1, 1983, S. 369 ff.
Winter, Georg: Die Reorganisation des Preußischen Staates unter Stein und Hardenberg, Bd. I, 1931.
Wissenschaftlicher Beirat zur Begleitung des Modellvorhabens für eine Erprobung der globalen Steuerung von Hochschulhaushalten im Land Niedersachsen, Zehn Empfehlungen zur Einführung von Hochschulräten, zit. nach: Deutscher Hochschulverband (Hrsg.), Streitfall Hochschulrat, 1998, S. 5 ff.
Wissenschaftsrat: Thesen zur künftigen Entwicklung des Wissenschaftssystems in Deutschland, 2000.
Wolff, Hans Julius: Die Rechtsgestalt der Universität, 1956.
– Staatsorganisation, in: Hermann Kunst/Roman Herzog/Wilhelm Schneemelcher (Hrsg.), Evangelisches Staatslexikon (EvStL), 2. Aufl. (1975), Sp. 2521 ff.
Wolff, Hans Julius/Bachof, Otto: Verwaltungsrecht, Bd. 2, 4. Aufl. (1976).
Wolff, Hans Julius/Bachof, Otto/Stober, Rolf: Verwaltungsrecht, Bd. 2, 5. Aufl. (1987); Bd. 3, 5. Aufl. (2004).
Zachariä, Karl Salomo: Vierzig Bücher vom Staate, Bd. 1, 1839.
Zierold, Kurt: Hochschulprobleme von heute, 1948.
Zinn, Georg August/Stein, Erwin (Hrsg.): Die Verfassung des Landes Hessen, Kommentar, Loseblatt, Bd. 1, Stand: Juni 1999.
Zoske, Sascha: Aufbruch in die große Freiheit, in: FAZ Nr. 39 v. 16.2.2004, S. 4.
Zwirner, Henning: Zum Grundrecht der Wissenschaftsfreiheit, in: AöR 98 (1973), S. 313 ff.

Namen- und Sachverzeichnis